भारत में परिवार की सैर

भारत में परिवार की सैर

एलिस ट्रेमबोर

Publications

कल्पज़ पब्लिकेशन्स

दिल्ली–110052

भारत में परिवार की सैर

Rs. 480

ISBN: 81-7835-458-6

भारत में 2006 में प्रकाशित
कल्पज़ पब्लिकेशन्स
सी–30, सत्यवती नगर, दिल्ली–110052
ई मेल : kalpaz@hotmail.com

लेज़र टाईपसेटिंग : मास्टर कम्प्यूटर्स, दिल्ली
मुद्रक : सालासर इमेजिंग सिस्टम, दिल्ली

मेरे पिता फ्रैड डब्ल्यू ट्रेमबोर

(1912-1999)

और माता, मैरी एल. ट्रेमबोर के लिए

विषय सूची

आभार

इस पुस्तक में उल्लिखित सभी व्यक्तियों को जिन्होंने भारत में हमारे भ्रमण के दौरान हमें हर संभव खुशी प्रदान की, उनका हार्दिक आभार प्रकट करती हूँ। विशेषकर प्रोफेसर सुभाष भट्नागर और दीप्ति भट्नागर का आभार प्रकट करती हूँ जिन्होंने हमें आश्रय दिया और अहमदाबाद के इंस्टिट्यूट आफ मैंनेजमेंट के कैम्पस पर खुले मन से हमारा आदर-सत्कार किया इनके साथ बहुत पहले ही वाशिंगटन डी सी और भारत में मेरी दोस्ती हुई थी।

इस पुस्तक में लिखे गए पत्र मेरी माता मैरी ट्रेमबोर और मेरी सास बैटी सजवेयर के लिए थे। जो उनको सूचित करने का एक साधन था और मेरे दूर रहने के बावजूद उनके साथ जुड़े रहने का एक जरिया था। मैं इन दो महिलाओं का हार्दिक और विवेक से आभार प्रकट करती हूँ। जिन्होंने इन पत्रों को लिखने की मुझे प्रेरणा दी थी।

मैरी मारगुलीज ने मेरे दौरे के शुरूआत से ही मुझे केवल प्रोत्साहित नहीं किया अपितु उन्होंने मेरे पत्रों को भी सराहा और यह जानकर मुझे अति प्रसन्नता हुई। राजीव और गीता शर्मा ने गहरी दोस्ती प्रदान की और अपने घर और हमारे घर में संबन्ध बनाये रखा।

स्टीव स्मिथ और डिक वेभर आज्ञाकारी संवाददाता थे।

अन्ने बोट्टोनी में मेरी एक भाभी है, जिनकों में बहुत पसंद करती हूँ, वह एक कलाकार भी है, जिन्होंने इस पुस्तक और इसके कवर की डिज़ाइन की थी।

मैं अपने प्यार और पति रॉब सजवैयर का धन्यवाद करती हूँ। भारत में मुझे लाने के लिए जिन्होंने हमेशा मुझे अंत तक प्रोत्साहित किया और उसके बिना ये पत्र इस पुस्तक में जगह नहीं पाते।

आमुख

जब मेरी बहिन आठ वर्ष की थी, और मैं दस वर्ष की थी तब हमें श्रवण नामक व्यक्ति रिक्शा चलाकर कलकत्ता की गलियों से गुजरते हुए स्कूल ले जाता था। वह कद में लम्बा और हृष्ट-पुष्ट था। उसकी त्वचा सांवली थी, और उसकी बड़ी-बड़ी उदास आँखें और लम्बी तथा गहरी मूंछें थीं। मैं समझती हूँ, कि उसके पैर एक छोटे बच्चे की तरह रहे होंगे। कभी कोमल तथा कभी सौम्य। किन्तु अब जैसे ही वह नियमित रूप से मंद गति से गलियां पार करता था, तो ये अकड़कर तिरछी हो जाते थे। जिसमें गाढ़ीकी पपड़ीदार झलक उसकी शेष त्वचा की तुलना में हल्की होती थीं। रोजाना दोपहर को श्रवण हमें स्कूल से ले जाता था और हमें वापस उस कोठरी वाले घर में छोड़ देता, जिसमें हमारे साथ पांच अन्य अमरीकी परिवार रहते थे। मेरे पिताजी यूनाइटेड स्टेट्स इनफारमेशन एजेन्सी के लिए कार्य करते थे, और जब कलकत्ता की सघन, गर्म, आद्र मानसून जलवायु में हमने वायुयान से बाहर कदम रखा तो तब मेरी आयु 8 वर्ष थी। और जब यहां से गए तो मैं दस वर्ष की थी।

वो दो साल मेरे दिल में तब तक समाए रहे, जब तक मैं पैंतीस वर्ष के बाद भारत वापस नहीं लौटी, अहमदाबाद में रहने वाले वर्ष के दौरान जब लोगों ने मुझसे पूछा कि क्या यह मेरी भारत में पहली यात्रा थी, तो मैं कहूँगी कि वापस लौटने के लिए तभी से प्रयास कर रही थी। जब मैं पहली बार वहां आयी थी। कभी-कभी हम खुद नहीं जानते कि हम अपने अन्दर क्या समाए हुए हैं, जब तक हम इसे किसी दूसरे व्यक्ति को बताने का

प्रयत्न न करें कि ऐसा सरल प्रश्न कौन पूछ रहा है, मुझे कभी भी भारत क्यों नहीं जाने दिया गया या इसने मुझे बाहर क्यों न जाने दिया ? मैं इस बात को समझ कर इस प्रश्न का उत्तर देने का प्रयास करना शुरु कर सकती हूँ, कि भारत में भ्रमण करना एक अनोखा अनुभव है, अपने देश की सड़कों के किनारे भ्रमण करने के अनुभव से हटकर है, यह न केवल अन्य विकासशील देशों में भ्रमण से भिन्न है, किन्तु यह वही बात है जो आय में परिवर्तन ला देती है जो केवल भारत में प्राप्त अनुभव से मिल सकता है। आप इसके बारे में पढ़ नहीं सकते हैं, इसकी मूवी नहीं देख सकते या इस पर क्लास नहीं ले सकते हैं, और उस जगत में छिपे अनुभव को पाने के लिए किसी भी चीज से हाथ धोना पड़ सकता है। हर पल तथा भारत में आने वाली उस पल की पूर्ण तीव्रता तथा उग्र प्रकृति होनहार बच्चों की पसंद हो सकती है; अन्य किसी प्रदेश में ऐसा कोई लाभ नहीं होने की संभावना है, जो अति विरोधाभासी है, और जिनमें मनोहर अव्यवस्था है न ही मैं कह सकूंगी कि किसी अन्य यात्रा ने मुझे इतना कुछ होने के लिए प्रेरित किया जितना इन्होंने किया है। मेरे पति रॉब ने भी कार्य किया और भारत में भ्रमण किया और वे उसी दिन वापस लौटना चाहते थे। वे वाशिंगटन डी सी में विश्व बैंक की नौकरी से एक वर्ष का अवकाश ले लिया था, और वे अहमदाबाद स्थित भारतीय प्रबंध संस्थान में अतिथि प्रोफेसर बने। यह एक औद्योगिक शहर है। जिसमें लगभग चालीस लाख लोग रहते हैं, और पश्चिमी गुजरात का सबसे बड़ा शहर है, एक ऐसा राज्य जिसे सफल व्यापारिक लोगों का घर होने के नाम से जाना जाता है। यह भारत का सबसे समृद्ध राज्य है। अहमदाबाद एक बड़ा पर्यटन स्थल नहीं है। जिस साल हम वहाँ गए, उस दौरान हमने बहुत थोड़े दूसरे विदेशी लोगों को देखा।

सामान्यतः भारत में हमारा ठहरना बहुत ही आनंददायक था। हमें कहीं भी नाराजगी देखने को नहीं मिली जैसा कि अन्य पर्यटकों को देखने को मिली। अहमदाबाद और उन स्थानों का जिनका हमने भ्रमण किया,

बहुत से सैलानियों को आकर्षित करते हैं। वहाँ लगभग सभी व्यापारी लोगों ने जिनसे हम मिले, हमारे साथ विनम्रतापूर्ण सद्व्यवहार किया। उनमें रिक्शा चालक से लेकर खानपान की चीजें बेचने वाले, होटलों और गेस्ट हाउसों के मालिक भी थे। मेरे मनमें यह बात है, कि हमने इस पारिवारोन्मुख देश में परिवार के रूप में आकर लोगों से सत्कार तथा वास्तविक सभ्यता प्राप्त की। जैसे ही भारत की ओर हमारा प्रस्थान का समय निकट आता गया, मुझे यह लगा कि मेरी इस यात्रा के लिए आशा थी, कि मेरे बच्चे अपने भीतर छोटा सा भारत नाम की संपत्ति जमाए हुए वहाँ से आएंगे जो बहुत वर्षों पहले अपने साथ लेकर आयी थी। मैंने दो वर्ष अपने छोटे बच्चों के साथ कलकत्ता में बिताए, और आगे आने वाली पीढ़ी में भी मुझे ऐसा ही होने की वजह दिखाई पड़ती थी। किन्तु पहले हमने कुछ कठिनाइयों को दूर किया जो आगे इस कहानी में स्पष्ट हो जाएंगी। हम अगस्त 1998 के अन्त में चलने की योजना बना रहे थे, और इस साल के बारे में जनवरी में पता चला कि हम आगामी वर्ष भारत में बिताएंगें। हमने शिनकोटीग के टापू पर फरवरी के शुरू में परिवार के साथ अल्पकालिक छुट्टियां बिताने का फैसला किया, यहां हमारे मित्रों के पास एक घर था। उन्होंने हमें उसका प्रयोग कर लेने दिया, टापू पर कार से सैर करते समय रॉब ने जोर से बताया कि हमारी अगले वर्ष भारत में छुट्टी बिताने की पूरी संभावना है। हमारे तीन बच्चे जॉर्डन 12, रोजा 9, और नाओमी 7, अपने स्टेशन वैगन में पिछली सीट पर बैठे हुए थे। जो पहले बोला वह जॉर्डन था, जिसने मेरे से खिड़की खोलने के लिए कहा क्योंकि उसने सोचा कि वह कार से गिर गया, जॉर्डन पहले जीवन में कभी भी कार से नहीं गिरा था।

उसने विशेष रूप से कहा कि वह भारत जाने के बारे में भी नहीं सोचेगा। रोजा ने गहरी सांस ली और कहा कि यह एक बुरा विचार है, और नाओमी ने एक नजर जॉर्डन पर डाली और जोर से कहा कि वह भी वहां नहीं जाएगी रॉब और मुझे यह सन्देह हुआ, कि हमें कुछ विरोध का

सामना करना पड़ सकता है और हमने हर एक भय और चिन्ताओं का निवारण कर अगले चार दिन बिताने की सोची। जैसे ही समय आया हमने उस ट्रिप के साथ जोड़-तोड़ करके बहुत-सा समय वहां बिताया। किन्तु जैसे ही हम अपने शहर वाशिंगटन डी सी में अपने घर वापस पहुंचे तो जॉर्डन ने अपने प्रिय मित्र जेडी को फोन करके उसकी माता से उसे अगले एक साल के लिए ले जाने की याचना की। जैसा कि इस पुस्तक की अन्र्त वस्तु से पता चलता है, कि उसे भारत में परेशानी नहीं थी। और वास्तव में उसने छोटे समुद्र में बड़ी मछली जैसा शायद वांछनीय अनुभव लिया हो और भांति-भांति की स्वतंत्रता का अम्बार हासिल किया हो। जिसे 12 वर्षीय बच्चा विशाल संयुक्त राज्य महानगर में पलते हुए शायद ही कल्पना करे। वह अबोध रुप से अहमदाबाद में अकेला ऑटोरिक्शा में घूमा, बिना हेलमेट के दोस्तों की मोटर साईकिल तथा स्कूटरों पर सवारी की और यहां तक कि प्रांगण जहां हम रहे वहां उसके चारों ओर गलियों में अपनी साईकिल पर सवारी की। दो या तीन किलोमीटर दूर कॉलेज के मैदान में फुटबाल मैच देखने के लिए भी गया। रोजा से शीर्घ ही स्कूल और प्रांगण में बच्चों के साथ दोस्ती हो गई और भारत में अपना ध्यान ज्यादा लगाया। उसने स्कूल में घोर प्रयास किया और उसे हिन्दी फिल्मों तथा उनके कलाकारों जो उस समय शहर में प्रसिद्ध थे, उन्हें वह चाहने लगी। हमारे ठहरने के आखरी दो महीनों के दौरान उसने हमारे छत पर रोजाना बिना तैयारी के नृत्य पार्टियों की तैयारी की जिसमें हमारे टेप रिकार्डर कैसेट से गूंजते स्वर वाली फिल्मों में नृत्य करने के लिए प्रांगण में 16 लड़कियाँ और लड़के इकट्ठे हुए। वह ऑटोरिक्शाओं को हर सप्ताह अपने भारतीय पारम्परिक नृत्य में ले जाने की आदि हो गई थी। उसने अच्छी गुजराती भाषा में अपने अध्यापक के घर जाने के लिए चालकों को निर्देश देने शुरू कर दिए। जैसे ही मैं एक तरफ सोच रही थी, मैंने देखा कि नाओमी को घुड़सवारी का पता लग गया है, और वह अक्सर आई.आई.एम. में जॉर्डन के फुटबाल दल के इर्द-गिर्द गेंद को किक मारती थी। उसके स्कूल के

प्रांगण में मित्रों के साथ अच्छे संबंध बन गए और अपनी बहिन के नृत्य की भीड़ में शामिल हो गई। उसने बहुत समय प्रांगण में अपने मित्रों के घर पर खेलकर, टी.वी. देखकर बिताया जैसे कि भारत में लगभग किया जाता है। यूनाइटेड राज्य में (घर पर हमारे पास कोई टी.वी. नहीं है और भारत में भी हमारे पास नहीं है, किन्तु जब वहां रहे तो हमने ऐसी गतिविधियों पर पाबन्दी नहीं लगाई क्योंकि हम बच्चें के अनुभव पर अपनी संस्कृति के बन्धनों को नहीं थोपना चाहते थे)।

भारत पंहुचने के कुछ समय पश्चात् दीवाली के अवसर पर नये साल की तीन सप्ताह की छुट्टियाँ की थी। हमने पहला दौरा राजस्थान का किया, जब हम वहां थे, रॉब और मैंने घर वापसी की योजना पहले ही बनानी शुरू कर दी थी। और हम इस निष्कर्ष पर पंहुचे कि यदि हम उस समय योजना बनाना शुरू कर देते हैं, तो हम और छः महीना रुक सकेंगे। हमने बच्चों से पूछा कि उनकी क्या राय है, और उन्होंने और अधिक रुकने के लिए एकदम इंकार किया। किन्तु महीनों बाद, जैसे ही हम भारत से प्रस्थान करने के बारे में सोच रहे थे, उन सभी से हमने अलग-अलग पूछा कि क्या आखिरकार हम रुक नहीं सकते। हमने निष्कर्ष निकाला कि हम बहुत पहले उनसे अपनी यात्रा को बढ़ाने के बारे में पूछ लेंगे, इससे पहले कि हम भारत में उन्हें ठहराने के लिए उनके साथ वास्तव में तालमेल बैठाऐं हमारा यह अनुभव है कि बच्चे स्वभाव में रुढ़िवादी होते हैं, और परिवर्तन उनको अच्छा नहीं लगता। हमारे सभी बच्चे बिल्कुल एक दूसरे से मिले हैं, वे सभी सहमत हुए कि वह भारत छोड़कर नहीं जाएंगे। हमने देखा कि भारत की बहुत विदेशी तथा चुनौतीपूर्ण परिस्थितियों को स्वीकार करने तथा उनको सहन करने के सिलसिले में उन्होंने अपने नए जीवन को बिल्कुल सामान्य समझना शुरु कर दिया।

संस्थान आई.आई.एम. जो बहुत ही शांत तथा हरे भरे प्रागंण में स्थित है, इसमें भवन, क्लासरुम, लाइब्रेरी, प्रार्थना स्थल, हॉल, विभागीय

तथा स्टाफ के निवास भी हैं। इस प्रांगण की स्थापना तीस वर्ष पहले की गई थी। संपूर्ण क्षेत्र में बहुत विशाल पेड़ हैं, जिनके अन्दर बन्दरों तथा पक्षियों की बहुत सी प्रजातियों जिनमें तोता तथा गिद्ध भी हैं, अपने घर बनाए हुए हैं। तारकोल से बनी तंग गलियां तथा ईटों के आड़े तिरछे रास्ते कैम्पस में बने हुए हैं, वयस्क घर से कार्य स्थल तक साईकिलों पर आते जाते हैं, छोटे बच्चे अपनी साईकिलों पर खुशी से घूमते हैं, और बुढे लोग प्रांगण की दीवारों से बाहर अपनी मोटर साईकिल से स्कूल तक यात्रा करते हैं। हमारा मकान ऐसे बीस मकान के समूह में एक पंक्ति में था। मकान ऐसे क्रम में थे कि इकट्ठे चार मकानों के भीतर एक प्रागंण था। हमारी इन पारगमन मकानों में रहने वाले परिवारों से मित्रता हो गई और जब हम अहमदाबाद में थे तो वे हमारे परिवार का एक अंग बन गए।

अधिकतर परिवार अमरीकी विश्वविद्यालयों से लम्बे कार्यकाल के लिए बुलाए गए थे, और सयुंक्त राज्य अमेरिका में हाल ही में वे सुस्थापित जीवन को छोड़कर चले आए थे। उनके भारत वापस आने के अनेक कारण थे किन्तु उनकी वृद्ध माता-पिता के निकट रहने की इच्छा अधिक प्रबल दिखाई पड़ती थी। हमारी बहुत से विभागीय परिवारों के साथ मित्रता हो गई जो वर्षों से कैम्पस में रह रहे थे और हमने उनके साथ भोजन किया, ज्ञानवर्धक वार्तालाप किया और धार्मिक त्योहारों में भी उनके साथ भाग लिया तथा हमने पड़ोसियों के साथ भी इन सब कार्यक्रमों में हिस्सा लिया। रॉब और मैंने इतना अधिक स्नेह जो हमें अहमदाबाद में ठहरने के दौरान इन आई. आई.एम.समुदाय के व्यक्तियों से मिला उसकी कल्पना भी नहीं कर सकते। वो हमारे जीवन में सहयोगी बने और जब परेशानियों ने हमें घेरा जैसे पिता की मृत्यु और जॉर्डन की विभिन्न बीमारी की परेशानियों में वे हमारे साथ सहानुभूति से रहे। हम उन अन्य व्यक्तियों से भी खुश रहते थे, जिनके साथ बातचीत करना इतना आसान नहीं था, क्योंकि हमारी एक आम भाषा नहीं थी। जैसे मनीष और रेखा सोलंकी जो हमारे मकान की सप्ताह में छह दिन सफाई करते थे, और रमण जो हमारे अत्यधिक

सचेत गाडी चालक था, मनीष तथा मिस्टर रमण प्रभावपूर्ण रूप से विचार प्रकट करने के लिए काफी अंग्रेजी बोलते तथा समझते थे, और वे गुजराती भाषा में हमारी कमी को आसानी से झेल लेते थे। रोजा और नाओमी के कैम्पस में स्टाफ के परिवारों के बच्चों में बहुत मित्र बन गए जिनमें से बहुत से अंग्रेजी नहीं बोल पाते थे। वे अपने विचार संगीत तथा नृत्य की सामान्य भाषा के माध्यम से प्रकट करते थे, क्योंकि वे गर्मी में दोपहर के बाद एक साथ नृत्य करते थे।

मेरे मामले में यह स्पष्ट हो गया कि जब मित्रता और आपसी मेल मिलाप बढ़ रहा था, तब भाषा मुद्दे से अलग थी, हम जब अहमदाबाद में थे रेखा सप्ताह में एक बार घर पर आने के लिए सहमत हो गई थी, और यह सिखाने के लिए सहमत हुई कि खाना कैसे पकाया जाता है। शुरु में वह ज्यादा अंग्रेजी नहीं बोली किन्तु मेरे शुरुआत के दिनों में हमें आपस में विचार प्रकट् करने में ज्यादा कठिनाई नहीं हुई। वर्ष के अन्त तक किचन में एक दोपहर बीत जाने के बाद मुझे आश्चर्य के साथ यह आभास हुआ कि हमने सब्जी काटने और एक साथ मिलाने और उसे हिलाने में आपस में गपशप करने में प्रसन्नता पूर्वक चार घंटे बीत गये। उसकी अंग्रेजी नाटकीय ढंग से सुधर गई, मेरा "गुजराती किचन" काम चलाऊ बन गया और अधिक महत्वपूर्ण रूप से हमने एक दूसरे के प्रति वास्तविक स्नेह महसूस किया जो हमारे जीवन में समानताओं तथा विषमताओं की पारस्परिक मेलमिलाप से उसी प्रकार उत्पन्न हुआ जैसे हमारी अपनी संस्कृति में स्त्रियों में होता है, खाने और पकाने में अपनी रूचि बताने की आवश्यकता नहीं। फुटबाल मित्रों के साथ जॉर्डन का अनुभव एक जैसा था, उनमें से बहुत से अंग्रेजी नहीं बोलते थे, हालांकि दो कोचों ने अंग्रेजी बोली और जॉर्डन ने खेल और उनकी सहायता से मित्र बनाने में सफलता प्राप्त कर ली और मौज मस्ती की तलाश में किशोरों की विचित्र चालाकी से प्रत्येक दिन सुबह को दो घन्टे सख्त प्रशिक्षण देते थे, फिर वे गाढ़े दूध के चाय के कप पर कप पीने के लिए कैम्पस के गेट के सामने सड़क पार किनारे टी

स्टाल को चल पड़ते थे और एक दूसरे को घेर कर ऐसे खड़े हो जाते थे जैसे लड़के और नवयुवक किसी उत्सव में करते हैं। ये लड़के जॉर्डन के दोस्त बन गए जो कैम्पस में एक दूसरे को देखते ही हर वक्त उसका दिल से आदर करते और समय-समय पर औपचारिक रूप से उससे मिलने आते रहते। जॉर्डन उन्हें खानपान की चीजें इत्यादि ऊपर से उसी प्रकार परोसता जिस प्रकार उसे तब परोसी जाती थी जब वह उनके घर मिलने के लिए जाता। हमारे बच्चे अहमदाबाद के प्राइवेट अंग्रेजी स्कूल में जाते थे। भारत में एक वर्ष के दौरान उनका स्कूल का अनुभव हमारे सभी के लिए बहुत बड़ी चुनौती थी। हमने एक ऐसा स्कूल तलाशा जिसके सहसंस्थापक और संदेशक में साधारण तथा विशेष रुप से भारत में शिक्षा के प्रति सूक्ष्म दृष्टि थी। जिसने हमें प्रभावित किया।

हमारे बच्चे अपने पूरे स्कूल जीवन में वांशिगटन डी सी के क्षेत्र में स्थित वाल्ड्राफ स्कूल में पढ़े। इन स्कूलों में सिर, हदय और हाथों की शिक्षा पर आधारित संतुलित पाठ्यचर्या प्रदान की जाती है। और संदेशक से वार्तालाप के आधार पर हमनें आशा की कि भारतीय स्कूल जिन्हें हमने पसंद किया इस तर्क पर खरे उतरेगें। यह स्कूल लगभग वैसा ही निकला जैसे अहमदाबाद में अन्य स्कूल और बाकी देश में, इस संबंध में इसका दृष्टिकोण शैक्षिक पूर्णतया मात्रात्मक और हृदय विदारक प्रतियोगी भविष्य से परिपूर्ण था। वास्तव में, हमने भारतीय शिक्षा का कोई क्रमबद्ध अध्ययन नहीं किया किन्तु माता-पिता के रुप में हमने स्वभाविक रुप से भारत में शिक्षा की दशा के बारे में हर समय दूसरे माता-पिताओं से बात करते रहे और हमारी रायों में इन वार्तालापों की झलक दिखाई पड़ती है।

जहां तक हम स्पष्ट कर सकते हैं, भारत के सरकारी तथा निजी स्कूलों की मुख्य धारा अपर्याप्त शिक्षक प्रशिक्षण की ब्रिटिश पद्धति से विरासत में मिली निर्भरता इस पेशे के लिए सम्मान का अभाव और कम वेतन है, जिसका परिणाम गहन मनोबल संबंधी समस्याओं से ग्रस्त हैं। और ऐसी सीमा तक भीड़भाड़ की क्लासों में लगभग 120 बच्चे होते हैं,

हालांकि औसत क्लास में संख्या लगभग 70 के आसपास होनी चाहिए, हमारे स्कूल में प्रत्येक क्लास में बहुत कम बच्चे थे जिसे चूनने का दूसरा कारण यह भी था कि शिक्षण पाठ्य पुस्तकों तथा मैचिंग कार्य पुस्तकों पर आधारित होता है। पाठ को बच्चें ज्यों का त्यों याद रखते हैं, जिनसे बार-बार टेस्ट और परीक्षा में याददाश्त से उत्तर लिखने की आशा की जाती है। मेरी राय में, व्यक्ति की सृजनात्मक सोच का विकास इन परिस्थितियों में कठिन है और इस पद्धति में विशेष रुप से इसे महत्व तथा प्रोत्साहन नहीं किया जाता है, हांलाकि शिक्षा में "सृजनता" के बारे में बहुत बातें की जाती हैं और बहुत स्कूलों की यही विशेषता है। हमारे स्कूल में योगा, कला, संगीत की क्लासों तथा आयोजित खेल-कूद के प्रभावी इंतजाम थे। किन्तु वास्तव में इनमें से कुछ ही हो पाते थे। कुछ तो निष्क्रियता और कुछ सामान्य अव्यवस्था के कारण और कुछ स्कूल की दैनिक जीवन में असंगठन के कारण नहीं होते थे। मेरे अंदर इसके निदेशक के लिए स्थायी' सम्मान और सद्भावना है। और आशा करती हूँ, कि वह अपने स्कूल के पाठ्यक्रम में परिवर्तन करा सकती हैं किन्तु वह भारत में लम्बे समय से उभरी हुई प्रवृत्तियों में विशाल अन्तर के खिलाफ काम कर रही है। इस पुस्तक में कुछ पत्र हमारे परिवार के स्कूल के अनुभव की व्याख्या करेंगे।

मैं, संयुक्त राज्य में अपने घर लौटने के कई सप्ताह के बाद इस आमुख को लिख रही हूँ। हमारा परिवार के रुप में भारत में यह वर्ष बहुत ही प्रसन्तादायक अनुभव वाला रहा जिसे बिना किसी अपवाद के किसी भी परिवार के लिए अनुशासित करुंगी। वास्तव में यह मेरे और रॉब के लिए अच्छा रहा कि हम वयस्क के रुप में अकेले भारत में रहें किन्तु बच्चों के साथ रहना एक अनूठा ही अनुभव है। जिससे बच्चे प्रत्येक दिन घर में आशा की नई किरण लाते हैं और मित्रों के साथ उनकी क्रियाकलाप तथा बातचीत इस विशालदर्शी परिदृश्य में बढ़ोतरी करते हैं। भारत में हमारे परिवार को भी ऐसा ही अनुभव हुआ यह हमारे बच्चों और उनके मित्रों के जरिये हमारे घर और ह्रदय में बैठ गये हैं।

एक दिन रेखा का 8 वर्षीय पुत्र सृजन हमारे घर आया जब मैं अपने परिवार को लंच परोस रही थी, मैंने समझा कि वह भूखा होगा किन्तु उसने शर्म से कैसा भी खाना खाने से इन्कार कर दिया और नाओमी का खाना समाप्त होने तक इन्तजार किया, जिसके बाद वे फुटबाल का खेल शुरु कर सकते थे। जब मैंने रेखा के बारे में पूछा तो हिचकिचाहट हुई, क्योंकि उसे चाँदी के बर्तनो में टेबल पर खाने की आदत नहीं है। अगले दिन सृजन लंच के समय हमारे घर पर आया, रोजा और नाओमी ने कमरे के फर्श से टेबल तक एक कपड़ा बिछाया और उसके साथ खाना खाया। वे सब खुशी से अपनी उंगलियाँ चाट रहे थे, जबकि मैंने, जॉर्डन और रॉब ने टेबल पर खाना खाया। ऐसा वरदान अक्सर नहीं मिलता है, और अब मैं महसूस करती हूँ कि हम बच्चों के साथ सैर करने कि सिफारिश क्यों करते हैं। मैं आशा करती हूँ, कि आपको इस पुस्तक के पढ़ने में उतना ही आनंद आयेगा जितना कि मुझे इसे लिखने में आनंद आया।

1

नई दिल्ली में आना और जाना

सितम्बर के अन्त में

हमारा सौभाग्य था कि भारत में हमारे पहले सप्ताह के दौरान उस होटल में जिसका यहां उल्लेख किया गया, रहने का अवसर हमें प्रदान किया गया। अधिकतर लोग ऐसी विलासिता का खर्चा वहन करने में समर्थ नहीं होंगे। किन्तु पश्चदर्शन में, यह पहला सप्ताह भारत में हमारे रुकने के दौरान बहुत महत्वपूर्ण था, भले ही हम विश्व बैंक के अतिथि न रहे हों, मैं सामान्य आवास की तुलना में इस पहले सप्ताह के आवास के लिए अधिक खर्च करने को तैयार होऊंगी, जो समय आराम पाने के लिए ही था।

हम यहां पहुंच गए, हम सब राजी हैं कि हम यहां बसने के लिए तैयार हैं; यहां के साहसिक कार्य श्रेष्ठ रहें हैं, भले ही यह कुछ महीने के लिए ही क्यों न हो। इस बीच, हम किसी होटल में हैं, ऐसे होटल के बारे में मैंने कभी कल्पना भी नहीं की है, अकेले ही इसका अनुभव करने दो। इसमें हाल ही के और कभी रहे महान भारतीय महाराजाओं की जीवनशैली तथा आदतों की अत्यधिक विलासिता प्रतिबिम्बित होती हैं। हर जगह स्टॉफ है, हर व्यक्ति के चेहरे पर मुस्कराहट और अभिनन्दन की झलक है, हर बाथरुम में असंख्य तौलिये और शेव जेल, शैम्पू तथा लोशन की असीम बड़ी-2 बोतलें जिनमें चमकीले पत्थर लगाकर अनेक अधिक मुड़ावदार दर्पण दिखाई पड़ते हैं। हर सुबह आपको आकर्षक छोटे टाट के थैले में

आपके दरवाजे पर दो या तीन अंग्रेजी भाषा के अखबार की प्रतियां टंगी मिलेगी। यहां चांदी की तीन परतों वाली हैंडल लगी हुई थालियों में मौसमी फल, चॉकलेट, बादाम और अन्य कई स्वास्थ्य-वर्धक वस्तुएं रोज सभी कमरों में दी जाती थी वहां कुछ भी साधारण ढंग से नहीं दिया जाता था।

हर कमरे में सभी सिस्टम कंप्यूटर से चलाए जाते हैं, जो इलैक्ट्रॉनिक रुप से लाइट, पर्दा, एयर कंडिशन, एलार्म लॉक आदि को नियंत्रित करते हैं, होटल में लेखन सामग्री से भरे हुए डेस्कों पर चमड़े के बॉक्स हैं, जिनमें पेन, पेन्सिल, स्केल, शॉपनर, स्टैपलर, कैंची आदि रखे हुए हैं। जिस चीज को हमने मांगा वह थी पानी की बोतल, और रात को उन्होंने हमें इसका एक केश लाकर दिया। होटल में कई अच्छे और बहुत महंगे भोजनालय हैं, इसलिए हम दूसरों से पूछताछ कर रहे थे, इस अतिसुरक्षित प्रांगण जिसमें ऐसे खाने वाले लोगों का जमावड़ा था हमने सोचा कि हम भी वहां खा सकते हैं।

हमने रोजा को बताया कि जो यहाँ स्वादिष्ट मीठी बर्फी खाने के लिए आयी थी जो उसने छोड़ दिया था, मिश्री के दाने थाली में नमक जैसे लग रहे थे, ये छह मिनट तक इसे खाते रहे। नाओमी को पपीता दिखाई पड़ा और उसने वही खाया और अपने आदतन ढंग से कोई अन्य चीज नहीं खाई। जॉर्डन होटल के खाने के बारे में काफी खुश हैं, क्योंकि रात के खाने में बहुत लाजवाब व्यंजन थे, किन्तु उनमें सभी में थोड़ा-2 मसाला लगाया हुआ था, कोई बात नहीं, हमने वहीं लिया जिसके लिए हमने कहा था। लड़कियों को फ्रेंन्च फ्राइज मन भाती हैं, जो हर जगह अन्तर्राष्ट्रीय भोजन के रुप में प्रचलित हैं।

कल हमारा यहाँ पहला दिन था -हमने लाल किला के लिए टैक्सी ली जो दिल्ली का विशालतम और अतिप्रसिद्ध दर्शनीय स्थल है, जिस महल को शाहजहां नाम के राजा ने 1600 ई. के आरंभ में बनाया था (उसने अपनी प्रियतम पत्नी के लिए ताजमहल नामक मकबरा भी बनवाया था)। यह सैर अधिक से अधिक दर्शनीय स्थलों को देखने के लिए की थी,

यह भारतीय गली के जीवन की अत्यधिकता और इसके आश्चर्य, सुन्दरता को देखने के लिए एक छोटी सी शुरुआत थी। हमने कुछ जानवर देखे इनमें से तीन हाथी ऐसे थे जिनकी पीठ पर छड़ी तथा दातुनों का बोझ रखा हुआ था, जो गली में धीरे-धीरे चल रहे थे, जो दोपहर को दिल्ली की चौड़ी सड़क में जिसमें उथल-पुथल थी, एक तरफ मरी सी चाल से चाल रहे थे। हमें एक गाइड मिला जिसने हमें वहां के भीतरी जीवन के किस्से सुनाते हुए इस किले में घुमाया। बहुत से भारतीय लोग भी दर्शनीय स्थलों को देखने के लिए वहां आए हुए थे। जैसे ही हम चारों तरफ घूमें तो हमारे साथ लगभग 15 लोग शामिल हो गए, ये अधिकतर पुरुष थे; जो हमें दिलचस्प नियत से देख रहे थे और हमारे गाइड ने अपने कर्त्तव्य को समझते हुए समय-समय पर उन्हें भगाया। बाद में, रोजा अपने ऊपर उनके प्रभाव के बारे में बात करती रही और साफ तौर पर हमारे तीनों बच्चे विशेष रुप से यहां आने के लिए कुछ लालायित होंगे क्योंकि अहमदाबाद में बहुत से पर्यटक नहीं आते हैं।

बहुत गर्मी और उमश वाला दिन था, और उन्हें गर्मी भी लगी। हमने होटल वापस जाने के लिए टैक्सी ली और बच्चे लगभग दो घन्टे के लिए बाहर घूमें, जो हमें पहले दिन समय का सही सदुपयोग सा प्रतीत हुआ। लाल किले में जिसकी हमें लालसा थी, के अतिरिक्त हमने फूलों, साड़ियों और सलवार कमीजों (बहुत सी स्त्रियां यहां पेन्ट और साड़ियां पहनती हैं) के दमकते स्टॉलों को देखा और दोनों तरफ यातायात तथा इनको मौजमस्ती से चलाने वालों को तथा प्रदूषण और लोगों की भीड़ तथा हर तरह की सवारी जो दुपहिया, तिपहिया, चौपहिया या अधिक पहिया वाली थी, भी देखी। हमने सुन्दर बच्चों जिन्होंने अपनी आँखों में काजल डाला हुआ था और दाम्पत्यों को पेड़ों की छाया में टहलते हुए देखा। दरवाजे से ठीक बाहर पैर रखते ही उत्पन्न उत्सुकता का भाव आ रहा हेम्ए और आप हमारे रहने के क्वार्टरों तथा बाकी शहर के क्वार्टरों के बीच तुलना कर सकते हैं। इस विषय पर, हम चारों तरफ शोर शराबे से भरे शहर के बीच स्थित इस होटल में जो शान्ति मिली उसकी हम प्रशंसा करते हैं। लालकिले से

वापस आते हुए रास्ते में रॉब और बच्चों ने मुझे कनॉट स्कवेयर में उतार दिया। यहां बहुत से पुस्तक भंडार हैं, मैंने भारत की गाइड खरीदनी चाही, इसलिए मैंने एक भारत की गाइड, दिल्ली का एक नक्शा, हाल ही की भारतीय इतिहास की बच्चों की अनेक पुस्तकें, पंचतंत्र की कहानियां तथा उचित आचरण की प्राचीन संस्कृत की सिद्धांत की अनेक पुस्तकें खरीदी। मैं चारों तरफ घूमी और एक पोस्ट ऑफिस दिखाई दिया, फिर एक भोजनालय भी, मैंने लस्सी पी, जायकेदार भारतीय ब्रेड और चाय ली।

संयोगवश मुझे एक टैक्सी मिल गई, जितनी दूरी पर मैं थी, वहां से यात्रा के लिए कितनी अदायगी करनी थी, के बारे में पढ़ लिया था, जो लगभग 50 रुपए (1998 में 42 रुपए 1 डालर के बराबर) किन्तु दिल्ली में जिस क्षण आप ताज महल होटल जाना चाहते हैं, कीमतें तभी बढ़ जाती हैं। हमारे चालक ने कहा 100 रुपए और मैंने कहा 50 रुपए, दूसरे ने कहा 80 रुपए और मैं चल दी; दूसरों ने आवाज लगाई 70 रुपए आखरी कीमत मैंने फिर 50 रुपए कहा। हम साठ पर आ गए और अन्त में एक चालक हमें 50 रुपए में ले जाने के लिए राजी हो गया।

घर जाते समय रास्तें में बारिश होने लगी और साफ नजर आ रहा था कगाड़ी की खिड़कियाँ बन्द नहीं हो सकती थी। इन मजबूत भारतीय कारों में चालक (जो वास्तव में दायीं ओर बैठता हैं) के सामने वाइपर लगा होता हैं, और यह वाइपर काम नहीं करता। गाड़ी चालक गाड़ी चलाते समय अपने हाथों से दोनों तरफ से विन्डशील्ड को साफ करते हैं। हम होटल में पहुँच गए और मैंने उसे वाइपर लगाने के लिए अतिरिक्त पैसा दिया। मुझे भी इन कारों में से एक कार चाहिए। ये कारे बहुत साधारण और इनमें बहुत कम कन्ट्रोल होता हैं, इन सभी में 4-स्पीड गियर सिफ्ट पर बीचों बीच डैस बोर्ड लगा होता है, जो सामने फर्श के बीच में सेट होता है। इनमें कोई सीट बेल्ट नहीं होती है, लेकिन भारत में हर चीज का जुगाड़ किया जाता है। हम अहमदाबाद में भी ऐसे जुगाड़ का प्रयोग होते हुए देख सकते हैं क्योंकि हम जहाँ कैम्पस में रहते हैं वहाँ से बच्चों के स्कूल का रास्ता 25 मिनट का है।

2

नारियल रेखा और चीटियां

पिछले सप्ताह मैंने एक हरा नारियल खरीदा और विक्रेता ने इसे ऊपर के सिरे से मेरे लिए काट दिया, मुझे विश्वास था कि जब मैं घर पहुँचूंगी तो मैं भीतर से गुदा निकालने में समर्थ होऊंगी। मुझे उसके बारे में आश्वस्त किया था, जो मुझे करना था वह था इसके ऊपरी सिरे में छेद करना और दूध को पी जाना और बाकी खाली नजर आना। मैंने छेद किया और द्रव्य बाहर निकला किन्तु यह स्वादरहित द्रव्य था। गुद्दा कोमल तथा चिकना था और निश्चय ही यह वह नारियल नहीं था जिसकी मुझे आशा थी। कुछ दिन बाद मैंने एक दूसरा नारियल खरीदा इस बार यह भूरे रंग का था, और आदमी ने इसे बाहरी ओर से काट दिया। दोबारा मुझे इसे घर ले जाने के लिए कहा गया; इसमें छेद कीजिए और दूध को पी जाइए कहा। मैंने ऐसा ही किया। अभी भी बहुत सख्त आवरण वाली गिरी इसमें रह गई थी जिसमें गुद्दा नहीं था। मैंने नारियल तोड़ने का रुढ़िवादी औजार हथौड़ा जिसे अमेरीका में प्रयोग करती थी लिया तोड दिया, अगले दिन रेखा, जो हर दिन फर्श साफ करने के लिए आती थी और मुझे सप्ताह में एक बार सिखाती थी कि भारतीय भोजन कैसे पकाया जाता है, यह सारा काम उसने संभाला हुआ था। दूसरे दिन मैंने मक्खन और घी का एक-एक

डिब्बा खरीदा पहले कभी यह सोचा भी न था कि उन्हें खोलने के लिए कैन ओपनर की जरुरत होगी। लगभग 9 बजे, मैंने अनुभव किया कि पहले मुझे नए घर में बच्चों के लिए उनके स्कूल जाने से पहले नाश्ता तैयार करना होगा। मैंने एक पड़ोसी को बुलाया जिसके चारों तरफ डिब्बे रखे हुए थे किन्तु कोई ओपनर नहीं था और पिन के लिए जब मुझे एक ओपनर नजर पड़ा तो मैंने एक ओपनर खरीदने की पेशकश की, और आखिर में, मैं जीमोल पड़ोसी के पिछले बगीचे में चली गयी जिसने पुरानी डिब्बे में से एक छुरी निकाली। मेरा अल्प दर्शिता अपने पड़ोसियों को जानने में साबित हो गई और मैंने अभी कैन ओपनर नहीं खरीदा क्योंकि इन कैनो को खोलने के लिए चाकू का प्रयोग किया जाता है। रेंगने वाली जीवों के क्षेत्र में, लम्बी काली दीमक धीरे -धीरे हमारे घर में आ रही थी।

तीन दिन पहले पता चला कि हमारे लिए घर में पर्याप्त कमरे नहीं थे। पहले,जैसे हमने कभी-कभी अमेरीका में जियो और जीने दो के बारे में निश्चय किया था। किन्तु बहुत जल्दी दरवाजों के चारो तरफ दरारें फैल रही थीं और मुझे सन्देह हुआ कि उन्होंने रसोई के नीचे एक बिल बना लिया था। मैंने पहले भी पड़ोसी से जीवनाशी नियंत्रण की रणनीति के बारे में बात-चीत की थी और उसने डी.डी.टी. छिड़कने वालों को बुलाने की बात मानी। जैसे चीटियों का दल ज्यादा बढ़ता गया तो मैंने एक काइनाइट की एक कैन ली जिसमें पाइरेप्रिन ओर मैलाथिमन घोल स्प्रे था और मैंने छिड़काव कर दिया। रात को, मैं और बच्चे यह देखने के लिए कि फर्श पर चीटीयां जिन्दा हैं या नहीं, 9 बजे घर वापस आए तो चीटीयों को मरा हुआ पाया। न केवल एक बार बल्कि अब मैं सोने से पहले भी मैं इसका आनन्द लेती हूं। देखिए कर्क रेखा पर किस तरह का जीवन है। मुझे पता नहीं कि जो डी.डी.टी. मैं प्रयोग कर रही हूं मानवता उससे कहीं बेहतर है लेकिन

यह ज्यादा दिन तक चलने वाला दिखाई नहीं देता। आश्चर्य कि बात है कि अन्य बेचारी चीटीयां मेरे इस साल जाने से पूर्व गायब हो जाएंगी।

स्कूल पूर्णतः समुद्री यात्रा के रास्ते में आने वाली अड़चनों की तरह है। यहां अध्यापक बच्चों पर डांट फटकार मारते हैं और उनसे बातचीत करने में अजीब सा तरीका अपनाते हैं। इसलिए उदाहरण के लिए, स्कूल जाने के पहले दिन ही नाओमी ने तब चिल्लाना शुरु किया जब वह मेरे साथ खानपान गृह में थी, और उसने नाश्ता खाना पसंद नहीं किया। एक अध्यापक ने उससे बड़ी ही बेरहमी डाट लगायी। इससे कुछ नहीं हुआ और नाओमी सुबक-सुबक रोने लगी। रोजा एक दिन घर आई और बताया कि उसके अध्यापक ने उसे कक्षा का मूर्ख बताया है, और दूसरे अध्यापक ने गलत शब्द का प्रयोग किया। ये सब बातें मेरे 1960 में कलकत्ता में स्कूल की बीती हुई बातों को याद दिलाती हैं। ऐसा लगता है मानों मैं कभी-कभी पीड़ादायक घटनाओं का अनुभव कर रही हूँ। मैंने सुभिज्ञ किन्तु अचेतन अध्यापकों के कारण नुकसान उठाया। इससे ही सभी प्रकार की नई यादों की कहानियां सामने आ रही हैं। मैं लड़कियों को कलकत्ता में अपने स्कूल जीवन के बारे में बता रही हूँ, और हम सब ऐसी स्थिति का फायदा उठा रहें हैं जिसमें हमें ऐसी चीजों को जिसको हम पसंद करते हैं का आदी हो जाना चाहिए, और अध्यापकों का भारतीय उच्चारण समझना कठिन है, इस सभी का उन्हे आदी होना पड़ेगा। बातों को मूलरुप से विभिन्न तरीकों से करने के लिए हमारा अभ्यस्त होना एक चुनौती देना है। दोनों ही अच्छे तथा इतने अच्छे नहीं हो सकते हैं। अन्त में माँ की ओर से इन पंक्तियों के साथ जो मैं लिख रही हूं। जॉर्डन कैम्पस से दो फुटबाल खिलाड़ियों के साथ शहर में फुटबाल मैच देखने के लिए गया था। मैंने उन्हें छोटी सी होन्डा मोटर स्कूटर पर तीनों को जाते हुए देखा। आप मेरी हल्के से

आश्चर्य युक्त कल्पना ऐसे कर सकते हैं कि दो व्यक्तियों के लिए बनाए वाहन को मैंने स्वयं बिना हैलमेट के चलाते हुए देखा है। यहां सीट बेल्ट इत्यादि की कोई बात ही नहीं और बहुत ही कम लोग यहां यातायात में हेलमेट का प्रयोग करते हैं। मैं अपने गले से दिल तक भरा प्रेम भेज रही हूँ।

3

रहन-सहन और दिवाली

अक्टूबर मध्य

अधिकारियों तथा प्राधिकारियों के साथ व्यवहार भारत में सर्वव्यापक तथा स्पष्ट आध्यात्मिक जीवन भारतीय जीवन की दो मौलिक विशेषताएं हैं। जिसकी अपनी विशिष्ट धार्मिक क्रियाएं उनके साथ जुड़ी हुई हैं। संयोगवश हमने भारत में अपने ठहरने के दौरान सरकारी गतिविधियों की बजाए आध्यात्मिक प्रकार की गतिविधियों में अधिक भाग लिया।

पिछले सप्ताह हमने अहमदाबाद में यहां के पुलिस कमिश्नर के पास पंजीकरण किया, जिसे विदेशी नागरिकों को कराना आवश्यक होता है। यहां आने के तुरंत पश्चात मैं वहां गयी और फॉर्म लिए फोटो समेत तीन प्रतियों में भर कर तथा शासकीय मोहर और शासकीय हस्ताक्षर सहित विभिन्न अलग-अलग सरकारी कागजों के साथ कुछ दिन बाद वापस कर दिए। मैंने एक घंटा इन्तजार किया और अन्त में उन्होंने मुझे बताया कि केवल इस दस्तावेज की आवश्यकता है और उस दस्तावेज की फोटोकॉपी करने वाला उस इमारत में कोई फोटो कॉपियर नहीं था। यह कैसी इमारत थी जो प्रदूषण से कई वर्षो से काली पड़ी हुई थी। गंदी सीढ़ियां हर

जगह पुराने कागजों के टुकडों के ढेर, साफ सुथरे ढंग से लगें हुए बंधे हुए थे जिन्हें क्लिप या स्टेपल नहीं किया गया था वे खुले हुए पड़े थे या उन्हें सावधानी पूर्वक भर के सिल दिया था। जिस पर धूल की कई-कई परतें थी। प्रतीक्षा कक्ष में, सीटों पर लगे गद्‌दे सड़े हुए थे, हर एक दीवार में अनेक लोगों के सिर के नारियल तेल के गहरे धब्बे लगे हुए थे जब उस पर सिर लगाकर बैठते हैं।

उन्होंने चुपके से इशारा किया और कहा कि गलियों के पार एक फोटो कॉपियर है। मैं गेट के आस-पास घूमी परन्तु कापी की दुकान जैसी कोई चीज पर नजर नहीं पड़ी। मैं घूमती रही तभी मुझे एक बैंक दिखाई दिया जिसमें मैं अन्दर गयी यह उन लोगों से भरा हुआ था जो एक लम्बे काउन्टर पर लेन-देन कर रहे थें। मैं काउन्टर के इर्द गिर्द घूमी और स्टाफ तथा ग्राहकों को देख कर हंसी आई, कमरे के बीच में लगे शीशे के दरवाजे को खटखटाया। मैं अन्दर जाकर चकित रह गयी, वहां डेस्क पर एक आदमी बैठा हुआ था जिसने मुझे नमस्ते की। मैंने कहा मैं पुलिस स्टेशन से आयी हूँ मुझे कुंछ फोटो कॉपी करवानी है। क्या यहां कॉपियर है, मैं इसे प्रयोग कर सकती हूं, या किसी को पैसे देकर कापियां करवा सकती हूँ? उसने अपने डेस्क के नीचे बजर दबाया और उसी समय एक सहकर्मी निकला। उसे कापियां करवाने के लिए भेज दिया। फिर बजर दबाया और दूसरा सहकर्मी निकला। यह चला गया और जब वह वापस आया तो उसके हाथ में मेरे लिए ठण्डे पानी का गिलास था। अक्सर ऐसा होता है, क्योंकि भारतीयों में सत्कार की उदार भावना होती है और इससे मुझे भ्रम हो जाता है क्योंकि मैं नल का पानी पीने की हिम्मत नहीं कर सकती किन्तु मैं नाराज भी नहीं करना चाहती थी। मैं बात को घुमना चाहती थी और मैंने बात करनी शुरु कर दी और पाया कि वह बैंक का मैंनेजर है। मैंने उस दिन की बैंक की गति विधियों पर टीका टिप्पणी की और कहा कि अमरीकी लोगों की तुलना में शायद भारतीय अपनी आय का

अच्छा प्रतिशत बचाते हैं? उसने बड़ी गम्भीरता से अपना सिर हिलाया और कहा कि हां भारतीय वास्तव में ही अमरीकी लोगों से अधिक बचाते हैं। उसने मुझे गर्व से बताया कि उसकी लड़की कंप्यूटर इंजीनियर है। फिर सहकर्मी मेरी कॉपियां ठीक ढंग से कराकर आया मैंने हर व्यक्ति का धन्यवाद किया और पुलिस स्टेशन की ओर अपना रास्ता पकड़ लिया। प्रतियां उनको सन्तोषप्रद लगी किन्तु उन्होंने मुझसे दस वर्ष से अधिक की आय वाले परिवार के हर व्यक्ति को अगले दिन आने के लिए कहा जिससे हमारे पासपोर्टो की जांच की जा सके। जॉर्डन ने स्कूल से छुट्टी की और हम वापस पुलिस स्टेशन गए। दोबारा, हमने प्रतीक्षा की और आखिरकार एक व्यक्ति हमें हमारे पासपोर्ट सहित हाल में स्थित दफ्तर में बुलाकर ले गया। हमने दरवाजे के बाहर इन्तजार किया और कई बार हमारे गाइड ने दफ्तर के भीतर दरवाजे के किनारे से झांका। जैसे ही उसने ऐसा किया मैंने अपनी आंखों के सामने उसे बदलते हुए देखा, वह अलग-थलग और अजीब बोल चाल आदर और सत्कार वाला बन गया और जब तक हम पुलिस आयुक्त के कार्यालय में रहे वह ऐसा हीं रहा। हम अन्दर गए और डेस्क के सामने बैठ गए। उसने हमारी ओर ध्यान न देते हुए फोन पर कुछ समय लगाया। फिर उसने फोन नीचे रख दिया और हमें नमस्ते किया हमारे बारे में पूछताछ की हम यहां कैसे और क्यों है, आदि की बातचीत में मुग्ध हो गया। मुझे लगा कि हमने उसके दैनिक कार्य में दखल दिया है। हमने उसके सामने हर कागज पर हस्ताक्षर कर दिए हमारा आदमी बड़ी ही नम्रता के ढंग से आगे की ओर झुकते हुए उसके सामने हर पेज उलटता गया। हम चले आए। उस अनुष्ठान पद्धति के परिणाम स्वरूप हमें एक दूसरे के यहां बुलाया गया था। यह कैम्पस में बच्चों का त्योहार था या पूजा थी जिसे रॉब ने आयोजन किया। हम घर में घुसे और हमें प्रतीक्षा करने के लिए कहा गया क्योंकि हमारा मेजबान और उनकी सास ने तैयारियां पूरी की थी। हमारे मित्र, सुभाष अपने माथे के बीचों-बीच लाल टीका, जिसमें चावल के दो दाने भी लगे थे, और उसने बताया यह दिन

बच्चों की सुरक्षा का पारम्परिक वार्षिक त्योहार है और विशेष रूप से पतियों के कल्याण के लिए एक सप्ताह पहले एक त्योहार भी आया था। उसने कहा उसकी पत्नी दीप्ति और उसकी माता ने पूरा व्रत रखा, और तब तक कुछ नहीं खाया जब तक कि उस रात को तारे न दिखाई पड़ गए थे। पति के त्योहार करवाचौथ के लिए, पत्नी को चन्द्रमा दिखाई पड़ने तक इन्तजार करना पड़ता है। कुछ ही क्षणों में, हमें सुभाष की माता के शयन कक्ष में बुलाया गया जिसमें एक चौड़ा बेड, लैम्प, दरी और टेलीविजन रखा हुआ था। इसके कोने में जमीन से लगी हुई दीवार पर देवी की तस्वीर वाला एक मन्दिर था और आस-पास दूसरे देवी देवताओं की अनेक तस्वीरें थी। फर्श पर देवी के सामने थाली में गेंदा की पंखुड़िया, कुछ प्रसाद और जलती हुई लौ का घी का दीपक था। दीप्ति ने मन्दिर के सामने बच्चों को बैठने के लिए बुलाया; फिर उसने हर एक के माथे पर लाल तिलक लगाया, हर एक कलाई में लाल धांगा (कंगन) बांधा। उन्होंने मेरे और रॉब के लिए भी ऐसा ही किया और स्पष्ट किया कि अब घी से बनी मिठाईयां (जिसे रेखा रसोई में बना रही है) लाएगी, बच्चों और मन्दिर के सामने उछाल देगी और जब वे थाली में गिराएगी तो बच्चें उन्हें ज्यादा से ज्यादा लपकेंगे। जैसाकि एक छोटा सा पिनाता है। बच्चे तुरन्त समझ गए और खेल बहुत शानदार था जिसमें चारों तरफ खुशी का माहौल था। त्योहार का समापन हो गया। मैंने अपने बच्चे के कल्याण के लिए इस पूजा को करने के लिए उसके द्वारा किए इस प्रयास के लिए धन्यवाद दिया। हमने न चाहते हुए अगले दिन लाल तिलक को धो डाला। मेरी कलाई में अभी कंगन बंधा हुआ है।

पुलिस स्टेशन हमारी अपनी अल्प दर्शिता के कारण हमारे वीजा भारत छोड़ने से एक महीने पहले समाप्त हो गए, और नवीकरण की प्रक्रिया में मेरा और रॉब का आठ दिन का समय लगा। इसमें कम से कम चार बार पुलिस आयुक्त के कार्यालय में जाने का समय और राज्य की

राजधानी भी जाने का समय भी है। जिसमें आने और जाने के 45 मिनट लगते हैं। हमें विशेष बैंक की शाखा में दो वीजाओं की नवीकरण की फीस और स्थानीय मेडिकल कॉलेज में एच.आई.वी. टेस्ट करवाने के लिए भी भुगतान करना पड़ा था। (एच.आई.वी.टेस्ट एक मानक है जब आप भारत में जाने के लिए वीजा के लिए आवेदन करते हैं।) सरकारी कार्यवाई डाकखाने जाने से लेकर पुलिस में सीमा शुल्क वाले जहाज में लाए गए सामान का दावा करने तक अति गंभीर रुप से लिया जाता है, और अंतिम पूछ-ताछ तक विभिन्न प्रकार की जटिल प्रक्रिया का अनुकरण किया जाता है। मैं कई बार इन प्रक्रियाओं से परेशान थी और छींटा कशी तथा उदास मन से मैंने रोष जताया किन्तु मैंने शीघ्र ही महसूस किया कि मैं काम करवाने के अपने ही अवसरों को खो रही हूं। मुझे तीव्रता से सम्मानजनक सत्कार मिला जो अच्छी नीति होने के लिए बेतुका बर्ताव नहीं है।

दीपावली

एलिस हमारे लिए नाश्ता लंच और चाय बनाने में व्यस्त थी क्योंकि हम सब भूखे थे और स्कूल की छुट्टी के दौरान घर पर पढ़ाई कर रहे थे। मैंने, रॉब ने सोचा कि में कुछ संक्षिप्त विचार भेजूंगा। हम कई दिनों से दीवाली के रुप में ज्ञात युद्ध क्षेत्र में रह रहे थे, जो भारतीयों के लिए दीपकों और पटाखों से नया वर्ष होता है। उत्तरी भारत के लोग रात में पटाखे जलाते है, दक्षिणी भारत में इन्हें वे रात्री प्रभात में जलाते है। क्योंकि दोनों ही क्षेत्र के लोग इस कैम्पस में रहते हैं, हमारे यहां लगातार पटाखों की धूमधाम होती है जो वायु में सल्फर तथा धुआं फैला देता है। दैनिक चुनौतियों तथा हमारी अलग-अलग रहन-सहन की प्रणालियों के बाबजूद भी हम अति आनंदित महसूस करते है, जो नाओमी, रोजा और जॉर्डन को भी इतनी अच्छी तरह रास आ रही है।

जैसा रोजा ने दूसरे दिन कहा, "मैं इस स्थान को छोड़ने की कल्पना भी नहीं कर सकती।" महीने से भी कम के समय में वे अपने मित्रों के साथ

पहले से अधिक व्यस्त रही। हम अहमदाबाद की बाहरी सीमा पर स्थित कैम्पस में अन्य परिवारों से बिल्कुल घिरे हुए हैं। जीवन की गति आनंददायक है, अपनी मातृभूमि से धीमी है, काम पर पहुंचने के लिए 2 से 10 मिनट का समय लगता है जिसमें यह भी निर्भर करता है कि क्या मैं डाकखाने पर रुकती हूं या पाम या नीम के पेड़ों के नीचे कभी-कभी मोरों, पेड़ों पर कूदते बन्दरों या अन्य रंगबिरंगें पक्षियों वाले जंगल में रुकती हूं।

4

राजमार्गों पर निर्भरता

अक्टूबर के अन्त में

भारत में हमारे ठहरने के दौरान, हमने विशेष दौरों तथा यात्राओं से अपने आप को बचाते हुए देखा कि हम किस प्रकार वाहनों और सड़कों पर जिनमें हमको यात्रा करनी पड़ती है से बचे और क्या हमें रात को सड़कों पर यात्रा करनी चाहिए। सभी सड़कों पर अधिक यातायात है किन्तु शहरों में आपको धीरे चलना अनिवार्य है, जबकि राजमार्गों पर गति की कोई सीमा नहीं है और अधिक संख्या में ट्रक ड्राइवर जो लापरवाही और नशे के लिए प्रसिद्ध हैं, इसमें सीट बेल्ट की तो बात ही छोड़ो, हमें ट्रेन से यात्रा करनी बेहद सुरक्षित और भरोसे मंद लगी चाहे यातायात की प्रणाली तीव्रगामी या अधिक आराम दायक नहीं है। उदयपुर जाते हुए रास्ते में, हमें द्वितीय श्रेणी शयनयान का टिकट मिला और जिसमें हमारे पांचों के बैठने के लिए चार बंर्थों वाला डिब्बा था। रेलवे सोने के लिए बिस्तर इत्यादि देता है जो साफ होते हैं किन्तु कहीं पर सफेद नहीं होते हैं, और हमने शानदार चैन की रात बितायी जिससें हमारे बच्चें प्रफुल्लित हो गए, जिन्होंने इससे पहले कभी शयनयान में यात्रा नहीं की थी।

कल रॉब हमारे घर के सामने खुद ही गिर पड़ा और धरती पर रगड़ खायी। आप ठीक ही पूछेंगे कि ऐसा नाटकीय करिश्मा कैसे हुआ? हम कार से निकल ही रहे थे जो उदयपुर से अहमदाबाद लाई थी और हम

अभी तक वही कपड़े शरीर पर पहने हुए थे। हमारे अन्य वास्तविक तथा महत्वपूर्ण कपड़े उधड़ गए थे तथा पसीने में लथपथ हुए पड़े थे। लगभग यह आना-जाना 260 कि.मी. है इसमें कुछ तो बड़ी मुश्किल से पार होने वाला है और इसमें कुछ हिस्सा मुझे गोल्ड हिल कोलोरैडो में जाने वाली दुर्गम सड़क के अन्तिम छोर की याद दिलाती है जिसके बारे में मुझे सदैव आशंका थी कि यह ऐसे स्थानीय लोगों द्वारा जानबूझ कर इसे पार न करने योग्य बनाया जिन्होंने हमें अपनी परेशानी से बचने के लिए उसे चलने के लिए समतल नहीं बनाया। हमने अहमदाबाद वापस आने के लिए कार और ड्राइवर को किराए पर लिया क्योंकि केवल ट्रेन और बसें रातों को आती जाती हैं। और उस दिन के लिए बुक थी जिस दिन हम जाना चाहते थे। पता चला कि कार पांच आदमियों के लिए शयन यान की तुलना में ज्यादा महंगी नहीं थी और जब मैंने इसे आरक्षित किया तो ड्राइवर से दो बार पूछा जो बहुत सतर्क था। और सड़क के बीचों-बीच केवल वही था जिसने किसी को भी आगे नहीं निकलने दिया हम बहुत ही खतरनाक माल वाहकों या ट्रकों से मुश्किल से बचे जो मोड़ पर निकल रहे थे। यदि यह थोड़ा सा भी न बचा होता तो हादसे का बहुत बड़ा नजारा हो सकता था, जिसमें हम सब सड़क पर मुड़ते तथा उठते हुए तथा ब्रेक लगाते हुए तथा भोंपू बजाते हुए चल रहे थे। हमने कम से कम इन ट्रकों में छह ट्रकों को विभिन्न विकृत अवस्थाओं तथा एक दूसरे से टकराए हुए तथा सड़क के दोनों तरफ चट्टानों की दीवारों में धंसे हुए देखा। किसी भी वाहन में कोई सीट बेल्ट नहीं थी और इस प्रकार हम पिछली सीट पर सरक कर बैठ गए और काफी सिकुड़ कर बैठें।

हम एक दूसरे से भिड़कर नहीं बैठे थे क्योंकि हममें से केवल चार ही उदयपुर से आए थे। यह हमारा एक जोखिम था जब हम पूरी रात ट्रेन में सोने के पश्चात उदयपुर स्टेशन पर पहुंचे, हम एक ऑटोरिक्शा ड्राइवर से मिले जिसने हमें होटल ले जाने के लिए समझाया। जब तक हम वहां पहुंचे तब तक हमने उसे उदयपुर में ठहरने के समय के लिए उसे किराए पर ले लिया था। उसने कहा कि वह सारी जिन्दगी उदयपुर में रहा, और

मैं इस शहर से प्रेम करता हूँ उसने यह तब कहा जब हमने उससे पूछा कि वह कहां से आया है। काफी विश्वास के साथ उसने हमें प्रेम तथा स्नेह से कस्बा दिखाया और हमने इसके लिए उसकी भावनाओं की कद्र की। पहले दिन वह हमें कॉपरेटिव आर्ट स्कूल दिखाने के लिए ले गया जहां पर्यटकों के फायदे के लिए इसमें चित्रकारी करने के लिए इजाजत दी जाती है, जो राजस्थान की स्मारिकाओं के रुप में कृतियों को खरीदने के लिए रूक जाते हैं, यह ऐसा राज्य है जहां उदयपुर स्थित है, (यह पाकिस्तान सीमा से लगता हुआ गुजरात के उत्तर में दूसरा राज्य है) हम अन्दर गए और चारों तरफ देखा और उस समय चलने के लिए तैयार थे लेकिन जॉर्डन चित्रकारों के साथ फर्श पर बैठा था और ऐसे पुराने रेशम के टुकड़े पर हाथी की रुप रेखा की चित्रकारी कर रहा था जिसका किसी के द्वारा प्रयोग नहीं किया जा रहा था। उसने वहां रुकना तथा चित्रकारी करना चाहा और इसलिए हमने उसको वहां छोड़ दिया और चार या पांच घंटे के पश्चात उसे लेने के लिए वापस लौटे। अभी भी वह फर्श पर बैठा हुआ था। प्रसन्नता से चित्रकारी कर रहा था और ऐसा लगा कि मानों हर एक का अच्छा समय व्यतीत हुआ।

हमारे उदयपुर रुकने के दौरान, जॉर्डन ने शहर की कोई चीज नहीं देखी सिवाय आर्ट स्कूल के भीतर की चीज और एक ऐसा महल उसने डिजाइन किया जिसको हमें देखना था। हर सुबह हम उसको वहां उतार देते थे और हम उसे लगभग 4 बजे रोजाना वहां से ले लेते थे। वह एक अच्छा चित्रकार भी बना रहा था। एक चित्रकार तो उसका अनुदेशक ही बन गया; उसके आगे बैठ गया और लघु चित्रकारी तैयार करने में हर सफलता रुपी पत्र पर उसकी सहायता की। सामग्री ऐसे ब्रुशों की थी जो गिलहरी के बालों के बने होते हैं, कुछ तो इतने सुन्दर होते कि वे बाल की एक लहर में बन जाते हैं, और रोगंन खनिज पदार्थो से बना होता है, जैसे गेरु, नीले के लिए रावट और काले के लिए कार्बन। और सुनहरे तथा चांदी के पत्ते जिन्हें पीसा जाता है और फिर मझोला से मिलाया जाता है। कुछ तस्वीरें प्राचीन मुगल लघु चित्रों की प्रतियां हैं और कुछ संग्रहालय की

तस्वीरे हैं जिन की चित्रकार चित्रकला की पुस्तकों से नकल करते हैं और रेशम तथा संगमरमर पर चित्र बनाते हैं। कुछ चित्रकार स्कूल में ही काम करते हैं, और कुछ जिनके दूर बसे गावों खेत हैं, सप्ताह के अन्त में अपने घर के ऊपर चित्रकारी करते हैं और अपने तैयार किए चित्रों को कॉपरेटिव में बेचने के लिए लाते हैं। यहां एक क्वालिटी की रेंज है, लेकिन अधिकतम काम बहुत ही कोमल तथा संवेदनशीलता से किया जाता है।

किसी भी हालत में वे जॉर्डन को लेने के लिए आए हुए दिखाई दिए और वह भी उनके साथ चला गया और उन्होंने उसे गर्मी में कुछ महीने बिताने के लिए कहा जब स्कूल बन्द हो जाते हैं। जैसे सप्ताह बीत गया, हमें आश्चर्य हुआ वह क्यों नहीं रुका, क्योंकि स्कूल कुछ अगले दिनों तक नहीं खुलेगा। यह इस स्कूल का मालिक निकला जिसका रेस्टोरेंट समेत शहर में एक गेस्ट हॉउस भी था और इसे हमारे देखने के पश्चात और हमने इसे साफ सुथरा पाया; हमने जॉर्डन को ठहरने दिया। स्कूल का ही कोई व्यक्ति उसको शुक्रवार की रात को ट्रेन में बैठा देगा। हमने उससे आज अहमदाबाद से बात की और उसने बताया कि अनेकों चित्रकारों के यहां उसको हर रात्रि को भोजन करने के लिए बुलाया जाता है। वह अपने आप खुशी से नहीं समाता। हम तकरीबन भूल गये कि उसकी प्रतिभा नजर आ रही है और साथ ही वह प्रशिक्षण जो उसने वाल्डोर्फ स्कूल के किन्दर गार्डन के समय चित्रकारी में लिया था वह निर्विघ्न अंगुलियां चित्रकारी शुरु करने में समर्थ थी और उसके मेजबान उसकी दक्षता से खुश थे। एक दिन हमें थोड़ा समय उसे उतारने में लगा पुराने शहर के चारों चक्कर लगाने से पूर्व हम नमस्ते करने के लिए गए। जैसे हमने उसके अगले तल पर दरवाजा खटखटाया और हमने उसे तथा उसके अध्यापक को वार्तालाप करते देखा हमने खुशी से अध्यापक को पूरे दिन आसन जैसी स्थिति में बैठे देखा जिसमें दोनों टांगे एक दूसरे के ऊपर खींच कर रखी जाती हैं। कुछ बातों ने फिर से देखने के लिए प्रेरित किया और मैंने देखा कि उसके पैर में छः अंगुलिया थीं जो उसने घुटने के ऊपर मोड़कर रखी हुई थीं।

5

उदयपुर

नवम्बर के शुरु में

उदयपुर महलों का शहर है, सिटी पैलेस जो महाराणाओं का ठण्डा महल था, और एक प्रकार का सामन्त राजाओं का जिन्होंने यहां 450 वर्ष पूर्व राज्य किया, यहां लेक पैलेस या समर पैलेस और मानसून पैलेस है। इन महाराणाओं का ठीक विचार था, शीत महल विशाल पिकोला नामक झील पर स्थित है, जिसके किनारे लाल फूलों वाले कमल से ढके हुए हैं, समर पैलेस झील के बीच में बना हुआ है और गर्मी में जल से हवा इसके सम्पर्क में आती है, मानसून पैलेस झील के ऊंचे तथा सीधे खड़ी चट्टानों की चोटी पर है। सिटी पैलेस में छोटी-छोटी कमरों में चढ़ने उतरने की सीढ़ियों, अन्दर तथा बाहर पत्थर तथा शीशे जड़े हुए तथा रंगीन शीशों से अलंकृत है, और हर जगह कोमल नक्काशी दार पत्थर की तस्वीरें बनी हुई थी। एक तरफ महाराणा का महल है तथा दूसरी तरफ जनाना या स्त्रीयों का महल है, स्त्रीयों का महल छोटा और साधारण है। जैसे ही हम ऊंचे और लोहे से जड़े हुए लकड़ी के दरवाजों से होकर महल से दूर घूमें तो हमने पत्थर पर टिके 10 से 12 फुट ऊंची छह टुकड़ो की तीन जालियां देखीं जिनमें 10 इंच लम्बे लोहे के नुकीली कीलें लगी थी। हमें कुछ क्षण के लिए हैरानी हुई कि उनका चोर रास्ते के लिए कैसे प्रयोग किया जा सकता था, इतना अधिक ऊंचा कि घुड़सवार के लिए बैठना मुश्किल था। हमें धीरे-धीरे

ध्यान आया कि उन द्वारों के सामने मित्ति पातकों के रुप में प्रयोग किए जाने से हाथियों को निरुत्साहित करने के लिए रहे होंगे। पता चला कि पुराने शहर में जॉर्डन के गेस्ट हॉउस के बाहर बाग वाली दीवार सिटी पैलेस दीवार के पीछे थी। केवल हमने झील में बोट से चमकते हुए सफेद लेक पैलेस को देखा। यह ऐसा पैलेस है जिसे आप सभी दूर पोस्टरों पर देख सकते हैं, और इसकी लागत वही होती जो न्यूयार्क या ज्यूरिच में विलासितापूर्ण होटल की होती है। इसमें राज्य अध्यक्षों तथा धनवान व्यवसायी यात्रियों को खाना खिलाया जाता है। यह सुन्दर है, किन्तु बहुत ही सम्मोहक भी है। लेक में एक दूसरा टापू भी है जिसमें एक छोटा सा महल है जिसमें ज्यादा लोग नहीं बसे हैं। टापू को अब वर्तमान महाराणा के रिहायश जो कहीं उदयपुर में है, के लिए फूल उगाने के लिए उपयोग किया जाता है। एक दिन सलीम जो हमारा गाइड है और रिक्शा चालक भी है, हमें शहर तथा लेक पैलेस के अच्छे दृश्य दिखाने के लिए शहर में कई घाटों पर लेकर गया। भारत में लगभग हर जलाशय में जाने के लिए सीढ़ियां लगी होती हैं यहीं लोग स्नान करते हैं, और कपड़े धोते हैं, और कुछ नदियों की पवित्रता को बनाए रखने के लिए अनुष्ठान भी करते हैं। दो या तीन आदमी अपने आपको और अपने कपड़ों को धो रहे थे तथा हमारी लड़कियां उनको सबसे ऊपर की सीढ़ी पर खड़ी होकर देखने लगी। पहले सूखे कपड़ों को पानी की सतह पर फैलाया फिर जैसे वे पूरी तरह भींग गए उन्हें निकाला तथा और उन्हें बार-बार डुबोना शुरु किया। आगे, उन्हें एक सीढ़ी के बाद दूसरी सीढ़ी पर एक करके रख दिया और उन्हें दानेदार साबुन से रगड़ा। जब कपड़ों मैं साबुन पुरी तरह लग गया तो इसे मरोड़ कर रख दिया तथा उन्हें सीढ़ी पर जोर-जोर से मारना शुरु किया और फिर एक तरफ रखा जिससे साबुन इसमें गल जाए क्योंकि और बाकी कपड़ों में भी साबुन लगा दिया था। फिर उन्हें एक-एक करके फैलाया और पत्थर पर थपकी से कुटाई की जिसमें चारों तरफ बहुत अधिक साबुन निकला। अन्त में, धोबी जिसके हाथ पैर इस समय तक बिल्कुल साबुन से सने हुए थे, उसने टीशर्ट और निक्कर पहने हुए ही पानी में छलांग लगा दी और स्नान किया। इसमें कुल 45 मिनट लगे और रॉब

तथा मैंने वहां से चलना चाहा। हालांकि लड़कियां फिर भी चलने को तैयार नहीं थी इस ऊपर की सीढ़ी पर बैठने तथा इस पूरी प्रक्रिया को देखने का अनुरोध किया। "हम उसे कपड़ों को निचोड़ते हुए देखना चाहते हैं।" उन्होंने ऐसा तीव्र प्रतिक्रिया में कहा। इसलिए हमने झील में उसके सामने जब धोबी ने कपड़ों को निचोड़ना शुरु किया तो एक क्षण के लिए उसे देखा। थोड़ी देर में पानी के बीच में स्त्रियों को घाट पर एक जैसी धोबन संस्कार करते हुए कपड़े पहनकर तथा उतारकर बहुत से बच्चे तथा औरतों को रंग बिरंगें ढंग में देखा अन्त में एक दूसरे के बालों को सूखाते हुए देखा। हम सभी इस निष्कर्ष पर पहुंचे कि भारत में कपड़े अमेरीका से अधिक स्वच्छ है। किन्तु झीलों तथा नदियों के बारे में मुझे पता नहीं है। दूसरे दिन, सलीम हमें मित्र की कपड़े की दुकान पर ले गया और जिससे लड़कियों को यह स्पष्ट हो गया कि यह भारत में बने कपड़ों की दुकान हो सकती है। जैसे ही रोजा को इसका संदेह हुआ, उसने आनंदमय रुप से अपने जूतों में ठोकर मारी, काफी लम्बी कूदी पहुंच गई जहां क्लर्क और टेलर बैठते हैं और थोड़ी देर में अपने पूरे पैरों तक विभिन्न कपड़े इकट्ठे कर लिए। शीघ्र उसे सब कुछ मिला जिसकी उसने इच्छा की। उसने अपनी सलवार कमीज जो साड़ी की वैकल्पिक ड्रेस है बनवाई जिसमें बैगी, पैन्ट तथा कन्धों पर लटकने वाली स्कार्फ ड्रेस थी। अगले दिन यह तैयार हो गई थी, और खुशी से नाच उठी क्योंकि उसकी कपड़ों की चाह पूरी हो गई। अब नाओमी ने सोचा कि यह स्थान साड़ी बनवाने के लिए उपयुक्त है तो टेलर ने उसके लिए शर्ट तथा अन्डर शर्ट भी बना दी। जैसे ही दोनों लड़कियों ने अपनी सुन्दर ड्रेस में दुकान से प्रस्थान किया, राहगीर मुस्कराए तथा उन्हें भारतीय वेशभूषा में देखकर उनका प्रसन्नता से चुम्बन किया। रॉब और मैंने इस समय तक दुकानदार से परिचय कर लिया जब तक लड़कियों ने अपने कपड़े पसन्द किए। मिठास युक्त दुग्ध की चाय के कई कप पी लिए। मेरी उदयपुर की अतिप्रसन्न स्मृति एक सांयकालीन सूर्यास्त के लिए मानसून पैलेस पर चढ़ने वाली यात्रा होगी। छोटा रिक्शा चढाई वाली सड़क पर तेजी से चढ़ गया। जिसमें हम सभी पांचों के साथ सलीम भी था। हम दूसरे विशाल लकड़ी के दरवाजे से महल के आंगन में

घुसे-इस बार नुकीली कीलें नहीं थी क्योंकि हाथियों का इस खाली जगह में आने-जाने का खतरा नहीं था और हमने अपने आपको चार ऊंची मंजिलों वाले एकान्त, समतल तथा हवादार महल में पाया जिसमें कई भूमिगत गुफायें थी, जो सब दर्शकों पक्षियों तथा हाथियों के लिए खुले थे। खिड़कियों में बहुत ही कम रंगीन शीशे रह गए थे और हर जगह चकाचौंध करने वाली लाइटें थी, जो हर आने वाली रात को तेज रोशनी की तरह महल को जगमगा देती है। हम भवन के चारों ओर घूमें तथा हमने पीछे पाया कि सूर्यास्त देखने के लिए लम्बा चौड़ा मैदान पश्चिमी दिशा में है। हमारे चारों तरफ राजस्थान के इस भाग की ऊभरी हुई तथा शकुंदार धंसी हुई पहाड़ियां थी, जो झाड़ियों तथा पेड़ों से ढकी हुई थी; उनकी खाईयां पश्चिमी दिशा की ओर जा रही थी। जैसे आकाश में धुधंलापन आता गया, हमें महल की दूसरी मंजिल के कोने में चील का एक घोसला बना हुआ दिखाई दिया, इसके चारों तरफ से सफेद चमकीली हड्डियां थी। कुछ अबाबीलों ने मिट्टी की गुफाओं का परिसर बना हुआ था और वह इसमें सो रही थी, इसके बाहर तथा भीतर सूर्यास्त के दौरान मंडराने और चहचाहट वाली उड़ाने थी। जैसे ही सूर्य लाल होकर छिपने लगा, हमने कुछ अन्य पर्यटकों जिनमें भारतीय तथा अन्य भी थे, के साथ उसे देखा, जो वहां उसकी चमक से ओतप्रोत होने के लिए इकट्ठे हुए थे। उसी क्षण जब हमने गेट से प्रवेश किया तो सभी दृश्यों में शान्ति युक्त चटचटाहट वाली ध्वनि से भरा शोर था। यह महल का पहला तल था जो एक रेडियों स्टेशन में तबदील हो गया था। जब मैंने खुली दहलीज में झांका तो मैंने ऊपर चारों तरफ मजबूत बिजली की दर्जनों तारें और हल्की रोशनी तथा ट्रांसमीटरों से जुडे हुए टेबल वाले कोने देखे, जिसमें साफ सुथरे बने पलंग पर एक आदमी बैठा था जो कभी माइक्रोफोन पर बातें कर रहा था तथा कभी आकाश में ऊपर से आने वाली झरझरी ध्वनियों को मॉनिटर कर रहा था। इस समय वह समाचार-पत्र पढ़ रहा था। जैसा कि महल के पीछे, खिड़कियों में शीशे नहीं थे और बाहर भीतर पक्षियों के उड़ने से सायंकालीन हवा मिलती थी। मैं रात्रि भोज के लिए तरल पेय पदार्थ खरीदने के लिए कैम्पस के पिछले गेट से बाहर आयी। मेरे पास जूस बनाने के लिए कोई

जूसर नहीं था और अन्य सभी "जूस" जो बोतलों में भरे होते हैं उनमें अत्यधिक चीनी तथा परिरक्षकों से युक्त थे। इसलिए बच्चों को अधिक पसंद आया। मैं स्टोर तक गयी और एक सुन्दर लड़की से मुलाकात हुई जिसने अंग्रेजी में यह पूछा कि आप कहां से आए हैं। वार्तालाप के दौरान उसने बताया कि उसका नाम हीना था, वह 15 वर्ष की थी और 11वीं में पढ़ती थी। इससे पहले मैं कुछ बोलूं वह चली गई और जैसे ही घर के लिए मैं गली में बाहर निकली तो उसने मोटर साईकिल पर भोंपू बजाया और मुझे दरवाजे तक लिफ्ट दी। मैं विवाहित थी इसलिए पिछली सीट पर जमकर बैठ गयी। मैंने असंख्य भारतीय नागरिकों को ऐसा करते देखा और हम चले आए और उसने कुछ ही समय बाद गेट पर उतार दिया। भारतीय चालक लाइसेंस 18 वर्ष में प्राप्त कर सकते हैं। जिसमें मोटर साईकिल के लिए भी लाइसेंस सम्मिलित हैं।

6

चलचित्र देखने के लिए जाना और पानी की समस्या

मध्य नवम्बर

हमने भारत में चलचित्र देखे और वे पश्चिमी मनोरंजन के करिश्में बहुत ही निर्दयता तथा संघर्ष से होते हैं। हमने केवल संगीत को देखा जिसमें बहुत सारे गाने तथा साधारण वेशभूषा में नृत्य भी था, हमने कभी कला वाली फिल्म नहीं देखी, जैसा कि वृतांत से स्पष्ट है कि, षडयंत्रों का अनुकरण करना बहुत आसान है, इसलिए व्यक्ति को इस कारण दूर नहीं रहना चाहिए कि वह हिन्दी नहीं समझ पाता।

पिछले रविवार को रोजा, नाओमी और मैं चलचित्र देखने के लिए गए (रॉब और जॉर्डन एक प्रार्थना सभा में जिसमें हेब्रू की शिक्षा दी जाती है) किसी ने कहा मुझे पहले टिकट आरक्षित कराने के लिए आना चाहिए, मैंने वही किया और मुझे बताया गया कि सुबह के शो के लिए उन्हें खरीदने में मुझे कोई परेशानी नहीं होगी। हम शो आरंभ होने से लगभग पांच मिनट पहले थिएटर पहुंच गए और खिडकी में बैठे आदमी ने कहा कि शो की सारी टिकटें बिक चुकी हैं, किन्तु उसके पास 70 रुपये की कुल तीन

टिकटें बची हैं। मैंने उन्हें खरीदा थिएटर में प्रवेश किया जो बिल्कुल भरा हुआ था और एक प्रवेशक ने हमसे सामने की पंक्ति में जाने के लिए कहा, सामने की पंक्ति में तीन घन्टे चलचित्र देखने से जोर से इंकार किया तो मैं लड़कियों को पीछे खाली पड़ी अति सुन्दर सीटों पर ले गई। हम बैठ गए लेकिन अचानक हमें उसी प्रवेशक ने उठाया अब तक हमें फिर बैचनी सी महसूस हुई, वही व्यक्ति जिसने हमें सामने की पंक्ति में बैठाया था वास्तव में, पंक्ति में तीन सीटें थी। हम बैठ गए और हमने अपने आप को बड़ी स्क्रीन पर सीधी टक टकी बांधकर देखते हुए पाया। रोजा इतनी अप्रसन्न थी कि वह दूसरी पंक्ति में दो सीटों पर जाकर बैठ गई और नाओमी मेरी गोद में बैठ गई, हमने अपनी गर्दन थोड़ी सी उठाई और फिर बैठ गए जब दोबारा कठोर प्रवेशक ने हमें अपनी सीटों से उठने के लिए टोका जिसने हमें सामने की सीटों पर जाकर बैठने के लिए जोर से कहा। जैसे ही मैं खड़ी हुई मैंने देखा कि थिएटर वास्तव में भर चुका था, और मैंने धीरे-धीरे महसूस किया कि भारतीय थिएटरों में आपको सीट खरीदनी होती है जब आप समूह में है न कि टिकट के लिए जहां आप बैठना चाहते हैं। चाहे विश्वास करो या न करो हम पूरे तीन घन्टे के शो में सामने की पंक्ति में बैठे रहे। असीम प्रेम की कोई गति नहीं होती है।

इस फिल्म का नाम कुछ कुछ होता है और यह बालीवुड (मुम्बई हालीवुड) की प्रस्तुति है जिसमें रोचक गाने तथा नृत्य हैं, जिसके संगीत की विशेषता यह है कि यह भारतीय संगीत पश्चिमी पॉप और गिलबर्ट और सुलीवान के हल्के विलयन का एक प्रकार है। इस चलचित्र को देखने के लिए भारत में तूफान-सा आ गया और इस चार सप्ताह पहले हम इसे देखने गए थे, लड़कियां बार-बार उधार मांग रही थी, कई कैसिटों पर गाने सुन रही थीं, इसलिए हम थिएटर में घुसने के समय तक सारी चीजें पूरी तरह जान चुके थे। संवाद हिन्दी में थे किन्तु जैसा ऐसी कहानियों में होता है, हमको हर चीज बिना परेशानी के समझ आ गई लड़का लड़की से

मिलता है। जो उसे प्यार करती है लड़का दूसरी लड़की से मिलता है जिसे वह प्यार करता है, लड़का दूसरी लड़की से शादी कर लेता है, इससे पहली लड़की की भावनाओं के साथ अत्यधिक खिलवाड़ किया जाता है। पहली शादी वाली लड़की कई वर्षो के पश्चात मर जाती है, उस शादी से पैदा हुई लड़की अपने पिता और पहली लड़की के साथ शादी करने की व्यवस्था करती है।

रोजा और नोओमी ने यह फिल्म बहुत पसंद करी लेकिन उनको दुख इस बात का हुआ कि उन्होंने पहली पंक्ति से देखी और मैंने उनको विश्वास दिलाया कि मैं दुबारा फिल्म दिखाने ले जाऊंगी, और बालकनी से देखेंगे और तुम्हारी सहेलियों को भी साथ में लेंगे। मैंने भी पंसद करी क्योंकि यह साफ सुथरी और अच्छी फिल्म थी। उसमें कोई लडाई झगडा नहीं था, और सारी महिलाओं ने पुरे कपड़े पहने हुए थे। इस फिल्म से हमारे दिल को बहुत सुकुन मिला और हम इस रविवार को फिर जाएगें।

जितना अधिक मैं घूमी उतना अधिक मैं छोटे से समुदाय की प्रशंसा करती हूं, हमारे कैम्पस में हमारे बहुत रुचिकर और भले पड़ोसी हैं जिन्होंने हमें यहां रहने के लिए शानदार ढंग से गले लगाया और जो हमारे कल्याण के बारे में शुभ चिंतक है। किन्तु सेवाओं के संबंध में भी यह ठीक है। पिछले गेट के बाहर बनी झोपड़ी में ऐसे व्यक्ति से अपने कपड़े प्रेस करवा सकते हैं जिसने अपने आपको पिछली दीवार के निकट जमा लिया है। एक बड़ा खाली इस्त्री थी जिसमें गरम कोयला भरा था, और झोपड़ी के भीतर कपड़े से बने प्लेटफॉर्म पर इसका प्रयोग करता है। बाहर बालू मिट्टी के सामने कुछ धंधकने वाले कोयले पड़े हुए हैं इस्त्री में इसे ईंधन के काम लिया जाता है और इस्त्री को गर्म करते रहते हैं दूसरी को प्रयोग किया जाता है। कुछ कदम और चलोगे तो आप योगी ट्रेडर स्टोर पर मोटर ऑयल खरीद सकते हैं, जो प्रोंविजनल स्टोर से अगला है, जहां पर

आयुर्वेदिक पैर की क्रीम से लेकर पेय पदार्थ तक कोई भी चीज आप खरीद सकते हैं। इससे आगे अनाज तथा फल सब्जियों का स्टोर है, जिसमें औरतें चावल तथा गेहूं की शुद्धता के बारे में एक दूसरे को इन्हें दिखाते हुए बातचीत करती रहती हैं। और कोने के आस-पास एक महिला टेलर है, एक डॉलर से कम देने पर भी आपके कपड़े सिल देगी, इसके बीच में एक छोटा सा बूथ है जहां पर आप फोन कॉल कर सकते हैं या फोटोकॉपी करा सकते हैं या फैक्स भेज सकते हैं, अगली छोटी पट्टी में, एक फार्मेसी है, एक अन्य टेलर, और आइसक्रीम की दुकान, फिर एक खुला फल व सब्जी का स्टॉल है जिसमें 6 और 9 बजे (सांय) के मध्य काफी भीड़ हो जाती है, और गली के पार एक स्टेशनरी स्टोर है, और एक ऐसा स्थान है जहां आप नाखून पॉलिस और ब्रा खरीद सकते हैं।

दूसरी शाम को जैसे ही में सब्जी भण्डार से घर की ओर जा रही थी। मैं एक एपार्टमेन्ट भवन के सामने खुदाई कर रहे बड़े मोबाइल ड्रिलिंग के पास से गुजरी जिस गली में बहुत सारा गंदा पानी निकल रहा था। उस दिन के बाद एक पड़ोसी ने मुझे बताया कि उसने पता किया कि वे क्या कर रहे थे, और सूचित किया कि वे एपार्टमेन्टों को प्राइवेट पानी प्रदान करने के लिए कुआं खोद रहे थे। मुझे हैरानगी और बेचैनी सी हुई। अहमदाबाद जैसा शहर सुबह और शाम एक घन्टे ही अपने निवासियों को पानी प्रदान करता है। मुझे लज्जा महसूस हुई कि मैं यह जाने बिना लगभग छह सप्ताह से भी अधिक रही, कि अधिकतर अहमदावादी पूरे दिन बिन पानी के रहते हैं। आई. आई. एम का अपना कुआं है और दिन में 24 घन्टे पानी चलता है।

अब रेखा, एक ऐसी महिला है जो मुझे खाना पकाना सिखाती है, मुझे बताती है कि वह कैम्पस में अपनी माता के घर में हर शाम को अपने परिवार के कपड़े धोती है (रेखा और उसका पति और बेटा कैम्पस से

ज्यादा दूर नहीं रहते हैं)। भारत में पानी की अत्यन्त कमी है, और हो सकता है इसके अन्य कारण भी हो कि नियमित पानी सेवा क्यों इतनी मुश्किल है। मैं नहीं समझती हूँ। यदि हमारे बच्चों की पाठ्यचर्या कोई संकेत है तो भारतीय स्कूलों में बच्चों को बताना तथा शिक्षित करना कि उनके देश तथा पूरे भूमण्डल पर पर्यावरणीय समस्याएं क्या क्या हैं। कैंम्पस के भीतर ऐसे सभी प्रकार की सेवाएं हैं जो छोटे व्यवसायी लोगों के उद्यमों द्वारा प्रदान की जाती हैं। हमारे पहुंचने के थोड़ी देर बाद मेरे पड़ोसी लक्ष्मी ने कहा हमें हर सुबह अपने दरवाजे पर दूध मिल सकता है। उसने कहा कि मैं दूधिया से सुबह 5 बजे मिलती हूँ जब वह दूध देता है, और हर सुबह वह उसे यह बताने के लिए कि कितना और किस प्रकार का दूध उनको हर सुबह दरवाजे पर चाहिए, इसके लिए दरवाजे से बाहर बैग में रखने के लिए टोकन प्राप्त करती हूँ। वास्तव में इस देश में बहुत से लोग सुबह पांच बजे उठ जाते हैं। किन्तु ऐसा न करने के लिए राजी न होते हुए मैंने एक छोटा सा नोट जिसमें शुद्ध बड़े अक्षरों में दूध की कुछ मात्रा मांगने के लिए लिखा था। एक रात को दरवाजे पर बैग टांग दिया हालांकि मुझे पता नहीं था कि वह अंग्रेजी भी पढ़ सकता है। सुबह को दूध आ गया था, जिसे पूरी तरह दिया गया था। इसके पश्चात मैं हर रात को एक नोट तथा बैग छोड़ देती थी। लम्बे समय तक मुझे तब तक बिल नहीं मिलता था या भुगतान नहीं करती थी, जब तक कि मैंने अन्तिम रुप से नोट बिल के लिए कहते हुए एक नोट सहित दूधिया के लिए 200 रुपये न छोड़ दिए हो। जिससे मुझे यह आश्चर्य होता कि कहीं इसे समझने योग्य है कि मैं क्या चाहती हूं। मैंने बहुत दिन बाद बड़े ही सुन्दर हाथ से निम्न लिखित रुप में लिखी अंग्रेजी के बिल प्राप्त किये। सबसे ऊपर मकान संख्या फिर अक्तूबर 1998 के मास का दूध का लेखा अमुलगोल्ड (ब्रान्ड) मिल्क कुल पैकेट 58 × 8 (रुपये) कुल रकम 464, भुगतान किया 200 शेष 264। फिर उसके शानदार हस्ताक्षर और तारीख। आज तक मैंने इस आदमी को

देखा तक नहीं और उसके लिए हर रात को नोट छोड़ देती हूँ। मैंने उससे मासिक बिल भेजने के लिए कहा है।

ऐसे भी लोग हैं जो कैम्पस में आकर सब्जी, ब्रेड रोल, अण्डे, दक्षिण भारतीय स्नैक बेचते हैं और आपकी सभी पुरानी चीजों को नई बनाने कि पेशकश करते हुए पाला पड़ता है। इस देश में बहुत सारे लोग हैं और सभी को अपनी जीविका कमाने की जरूरत होती है। कुछ सेवा प्रदान करके कमाते हैं, इसलिए ये छोटी-छोटी और चल उद्यम हमारे गेटों के बाहर और भीतर हर जगह हैं।

7

श्रीमान रमण

नवम्बर के अन्त में

जब हम पहली बार अहमदाबाद में पहुंचे, तो मैंने सोचा कि हम अहमदाबाद में घूमने के लिए एक कार खरीदेंगे। तथापि, कैम्पस के हमारे मित्र और प्रायोजक ने बड़ी बुद्धिमता से सुझाव दिया कि हम बच्चों को स्कूल आने जाने, रॉब और मुझे दूसरे स्थान दिखाने के लिए एक ड्राईवर किराए पर रख लें। मिस्टर रमण 60 वर्ष के हैं और वे लगभग चालीस वर्ष से आई.आई.एम ड्राइवर है। वह भारत में बाकी ड्राइवरों की तरह नहीं है, वह सावधान और धीरे चलाने वाला है, और भीड़-भाड़ वाले यातायात में पूरी तरह तनाव मुक्त रहता है। हमने निर्णय किया कि यह एक सुलझा हुआ आदमी है जिसे हमने अपने बच्चों को रोजाना स्कूल लाने और ले जाने का काम सौंपा। इस दौरान हमारे परिवार में इस आदमी के प्रति अत्यधिक स्नेह पैदा हो गया। जिसने हमें हमारे अहमदाबाद ठहरने तक हमें पूरा शहर घुमाया।

आज सुबह मैं, तब से जब मुझे दस दिन पहले ठण्ड लग गई थी पहली बार झिलमिलाते प्रभात की सैर के लिए निकली। मौसम ठण्डा और अक्सर शान्त होता है। पक्षी तथा बन्दर हमें बिस्तर से जगाने के लिए अपनी ऊंची आवाज लगाना शुरु कर देते हैं। मैं जैकेट और स्कार्फ भी

पहनती हूँ, मैं एक दम चल देती हूँ, आनन्द और राहत महसूस करती हूँ कि मैं दोबारा फिर सैर करुँ। सभी नियमित रुप से सैर करने वाले व्यक्ति जो प्रातःकाल भ्रमण करते हैं भी भ्रमण कर रहे होते हैं, जैसे ही मैं अपने ड्राइवर मिस्टर रमण के घर के निकट से गुजरती हूँ तो मैं उसे कमीज पहने हुए तथा लुंगी लपेटे हुए अपनी पुरानी कार की धीरे-धीरे और मजे के साथ धूल मिट्टी साफ करते हुए देखती हूँ। उसने छत को झाड़ा और फिर उसने पिछला गेट खोला तथा पिछली सीट पर सहजता से चीजें निकालने के लिए झुका।

लगभग एक घन्टे बाद वह हमारे और दूसरे परिवार के बच्चों को स्कूल ले जाने के लिए निकलता। कार एक छोटी नकचपटी जैसी काली कार जिसमें इंजन रुप और ट्रंक बराबर आकार के लगे हैं। सीट और तिरछे जैसे बोर्ड काले तथा सफेद मखमल से त्रुटिहीन ढंग से गद्दे लगे हुए हैं, और सीटों पर मोटी रुई वाली चादर की वो दो परतें लगी हैं जो बहुत ही आरामदायक हैं। स्टियरिंग व्हील के ऊपर डैस बोर्ड में शीशा जड़ित है जिसमें सभी डायल लगें हैं और डैस बोर्ड के मध्य में चाबी लगी होती है। स्टैंडर्ड शिफ्ट स्टियरिंग कालम में स्थित है। स्टियरिंग व्हील के बीच में बहुत ही संवेदनात्मक हार्न लगा होता है, जो हल्का दबाने पर अत्यधिक चीख मारता है। यह बहुत अच्छी बात है, क्योंकि रमण इसका बहुत प्रयोग करता है। ट्रकों तथा सभी तीन पहिया वाले ऑटोरिक्शाओं के पीछे कृपया हार्न बजाए अलंकृत ढंग से रंगीन शब्दों में लिखा होता है। अक्सर, ऐसे वाहनों में पिछला दृश्य देखने का दर्पण नहीं होता, या उनका प्रयोग नहीं किया जाता है, इसलिए दूसरे ड्राइवरों के लिए साईकिल चलाने वालों तथा पैदल चलने वालों के लिए, उन्हें यह बताने के लिए कि पीछे से आप आ रहे हैं हार्न बजाना एक शिष्टाचार समझा जाता है। बच्चों की पढ़ाई-लिखाई के संबंध में हमें कुछ परिवर्तन दिखाई पड़ता है। अब उन्हें सुबह उनकी वर्दी पहनाई जाती है और मिस्टर रमण को मिलने के लिए प्रसन्नता से झूमते हुए दरवाजे पर खड़े होते है, जो 7:55 बजे अपनी कार के पास उनका इन्तजार कर रहा होता है। उनके पास गर्म चॉकलेट, फल, टोस्ट, अन्न और कभी-कभी नाश्ते के लिए तोड़-तोड़ कर पकाए गए

अंण्डे होते हैं (अण्डे जिन्हें गली में कोने वाली दुकान से खरीदते हो, जिसमें 30-30 अण्डों की ढेरी लगी होती है और आप उन्हें कल के अखबार से बने कागज के लिफाफे में घर ले जाते हैं), और आजकल लड़कियां हर सुबह को नारियल के तेल अपने सिर मे लगाना चाहती है। उन्होंने देखा है कि तेल लगे बाल काले दिखाई पड़ते हैं क्योंकि वे भी अचानक अपनी सभी मित्रों की तरह काले बाल रखने की इच्छा रखती है, हम उनके बालों में रोजाना आयुर्वेदिक तेल लगा रहें हैं। मुझे अवश्य कहना चाहिए, इससे कंघा करना आसान हो जाता है और मैं हर किसी जो लम्बे छल्लेदार बालों की समस्या से जूझ रहे है, इसका प्रयोग करने के लिए कहती हूँ।

मैं सोचती हूँ हमने स्कूल के समय में कुछ तालमेल बैठाया है, और अब वह तालमेल उन्हे सुन्दर लग रहा है। सोमवार, बुधवार, और शुक्रवार को वे 8:30 बजे से 2:40 बजे तक जाते हैं, दूसरे दिनों में 4 बजे तक और हर मास में पहले और तीसरे शनिवार को 12:15 बजे तक जाते हैं। वे गणित, पर्यावरण, विज्ञान, कंप्यूटर, अंग्रेजी, हिन्दी, गुजराती, कला, सामाजिक विज्ञान, शारीरिक शिक्षा पढ़ते हैं। अब बच्चो नें सहपाठियों के साथ सम्पर्क बना लिए हैं, और विभिन्न अध्यापकों के विशेष स्वभाव को समझते हैं, वह समय जब पानी पीने के लिए जा सकते हैं, और कब पानी पीने के लिए नहीं जा सकते इत्यादि वे बिल्कुल ठीक से समझते हैं, और अपराहन में मुस्कुराते हुए घर आते हैं। यह असमान समायोजन वैसे ही महसूस किया जाता है जैसे कि सभी रिक्शा जिनसे हम जाते हैं।

कल मिस्टर रमण नदी पार फर्नीचर की दुकान पर ले गए। नदी के ऊपर पुल के दोनों मार्गो पर एक गोल चिन्ह है, जिसमें एक हाथी की तस्वीर है, जिसमें हाथी के ऊपर आर-पार एक तिरछी रेखा खींची गई जो दर्शाती है कि "पुल पर कोई हाथी नहीं आना चाहियै।" जैसे ही मैं दुकान में घुसा मेरा पैर फर्श पर सूखे सीमेन्ट के ढेर पर पड़ा और मुझे शोरुम में पड़ी कुर्सी पर बैठने के लिए कहा गया। दुकान से आगे एक मस्ज़िद है, और दीवारों पर कुरान के श्लोकों के सुन्दर सुलेख है। दुकान बड़ी, धूल भरी तथा धुंधली है। इस तल पर तीन आदमी काम पर रहे हैं। एक आदमी

कुर्सी में कील जड़ रहा है और दो आदमी बेतों के लम्बे टुकड़ों को थामने के अपने पैरों का प्रयोग करते हुए मुड़कर बैठे हुए हैं जिन्हें वे या तो काट रहे या छील रहे हैं। उनके पैर उतने दक्ष हैं जितने कि उनके हाथ ताकि जब वे बेत के टुकड़े को बदल कर रखते हैं तो वे एक साथ चारों छोरों को बदलने में ऐसा करते हैं। उनकी पैरों की अंगुलियां हाथों की अगुलियों के साथ वैसे ही काम करती हैं जैसे वे बार-बार चलती हैं। उनके पैरों के तलुओं जिसमें अच्छी-खासी धूल थी। वे काम करते हुए मेरे ऊपर टक टकी बांध कर देखते और हँसते। अब एक आदमी स्टोर में घुसता है तो वह सीमेन्ट के कंकरो के पास मोड़कर बैठ जाता है। 30 सेकेन्ड के भीतर उसने लगभग 6 इंच ढेर से दूर दरवाजे की तरफ खिसका दिया। फिर कुछ और सेकेन्ड सपाट चोटी का शंकुनुमा ढेर जिसे वह बनाना चाहता है, उसे हाथों से इकट्ठा करने में लगाता है। वह ढेर पर खाली सीमेन्ट के बैग डाल देता हैं और अपने पास छोटे छिछले पानी के कटोरे से अपने हाथ से सीमेन्ट डालता है। जैसे ही मैं स्टोर से चल देती हूँ मैं दूसरे आदमी को पैर मोड़ कर बैठा हुआ देखती हूँ, जो धीरे से और जानबूझकर सफेद चमक की कठोर सैकड़ों ठिकरियों को जंग जैसी रंग वाली सीमेन्ट का प्रयोग करते हुए सामने के दरवाजे के बाहर एक आकर्षक ड्योढी बनाता है।

घर आते समय, हमें गली के साथ-साथ एक हाथी टहलता हुआ मिलता है। यह यातायात के प्रवाह के साथ चल देता है या रुक जाता है, जिससे चल रहे यातायात में एक लहर सी पैदा हो जाती जैसे ही ट्रैफिक लाइनों पर चलता है या रुक जाता है, दिन की ओर लोग तकरीबन ध्यान नहीं देते। हम रेल रोड क्रासिंग की ओर चलते हैं और जहां बड़ा जाम लगा होता है वहां रुक जाते हैं, ट्रेन गुजरती है और हर व्यक्ति अपनी मोटर गाड़ी को इसके गेटों के खुलने की उम्मीद में स्टार्ट करता है, किन्तु ऐसा एक ऑटोरिक्शा ड्राइवर के साथ नहीं हुआ, मेरी कार की खिड़की के ठीक आगे इन्तजार करना शुरु कर देता है। वह पुलिस सायरन की तरह आवाज लगाता है जैसे ही ट्रैफिक प्रतिक्रिया के फलस्वरुप आगे की ओर

खिसका, वह अपनी चतुराई में खुशी से कुड़कड़ाना शुरु कर देता है, इस भीड़-भाड़ में प्रसन्नता पूर्वक गाड़ी चला देता है।

हाल ही में, मिस्टर रमण हमको अपनी दो लड़कियों और बहन को दिखाने के लिए ले गया, जो सभी अपने-अपने अलग कमरों में थीं लेकिन हमारे कस्बे के हिस्से में रहती थीं। दोनों लड़कियों ने पेशेवर आदमियों से शादी की है जिनमें से एक अर्थशास्त्र का अध्यापक जो 11 वीं और 12 वीं की कक्षा को पढ़ाता है और दूसरा पेट्रोलियम कम्पनी में काम करता है। हर परिवार में दो बच्चे हैं और रहने के कमरे तथा रसोई के अलावा दो कमरे हैं। एक महिला अंग्रेजी ट्यूटर के रुप में पार्टटाइम काम करती है। हम समझते हैं कि लड़कियों की शादी ठीक हुई है और उन दोनों परिवार के लिए जीवन समृद्धशाली दिखाई देता है। मिस्टर रमण केरल से आए हैं, जो दक्षिणी भारत में एक तटीय राज्य है और उसकी लड़कियां केरल को अपनी मातृभूमि समझती हैं, मलयालम, जो केरल की भाषा है, उसे अपनी "मातृभाषा" समझती हैं, जिसे वे अपने बच्चों को सिखाती हैं, वे केरल से जुड़े मलयालम टेलीवीजन प्रोग्राम के लिए चन्दा देती हैं ताकि उनके बच्चे टी. वी. से भाषा सीख सकें। हमारा बहुत ही हार्दिक ढंग से स्वागत किया गया और हमको अद्‌भुत स्नैक तथा स्वीट और तरल पेय परोसे गए। बाद में, हम कॉर्नर के चारों तरफ घूमे और मिस्टर रमण "गांव" जाने के बारे में कुछ बड़बड़ाया। वहां एक तंग गंदगी भरी सड़क थी जिसमें चारों तरफ बहुत सारी गायें थी। हम कार से बाहर निकले और धूल भरी सड़क के साथ-साथ कई छोटे-छोटे जगमगाते मन्दिरों तक गए। हम कुछ नीचे कमरों वाले भवनों में होकर गुजर रहे थे। फिर रमण हमको दायीं ओर ले गया और हम तंग गदंगी भरे रास्ते में चले जिसके दो तरफ ऐसे परिवारों के खुले दरवाजे और दृश्य तथा शोर था जो एक ही कमरे के मकान में अपना खाना पका रहे थे। इस अन्धेरे में, हमें दो बड़ी जुगाली करती हुई भैंसे तथा रास्ते में खुली जगह में एक छोटा-सा बछड़ा बंधा हुआ मिला और हम फिर ऊंची नीची पक्की सीढ़ियों पर चले, जिनके दो तरफ रोशनी युक्त कमरे थे। एक कमरे में तो कई बच्चे ऐसी चारपाई

पर बैठे हुए तथा लेटे हुए थे, जो फ्रेम में रस्सियों से बुनी हुई थीं और इस पर टी.वी. देख रहे थे।

दूसरे तल पर, हम एक छोटे कमरे में घुस गए जिसमें एक सोफा तथा एक टी.वी. था। हमारा, मिस्टर रमण की बहन ने हार्दिक ढंग से सत्कार किया यह विधवा है, जिसके दो किशोर बच्चे हैं। वह किसी दफ्तर में काम करती है, और उसके बच्चे स्कूल जाते हैं। वे बहुत ही विनम्र और हमारे जाने से थोड़े से घबराए हुए थे, और अंग्रेजी नहीं बोलते थे, इसलिए हम ज्यादा देर तक नहीं रुके, यथापि हमारे चलने से पहले रॉब ने उनकी तस्वीर लेने के लिए कहा, वे सहमत हो गए, और माता ने फोटो खिंचवाने के लिए अपनी लड़की से उसके बाल खोलने के लिए कहा ये वास्तव में ही लहलाते हुए उसकी पीठ से कमर तक आ गए। रोजा बहुत ही आनंदित हो गई और इन्हें छूने के लिए उछली यह बिल्कुल ही प्रफुल्लतामय दृश्य था, और लड़की इससे खुश थी जिसे हमने उसकी सुन्दरता का मुख्य केन्द्र बिन्दु माना। इसलिए इसमें फोटो हमारी लड़कियों के साथ भी लिए गए और फिर हम खोर में बंधी साफ सुथरी भैंस के बड़ी धुंधली आकार की सीढ़ियों से नीचे उतर आए, मध्य स्थान के चारो ओर एक साथ रह रहे लोग, छोटे मन्दिर से बड़ी उत्सुकता से हमें उस रास्ते पर मिले जिससे हम अपनी कार में बैठने के लिए जा रहे थे।

8

विवाह का मौसम

मध्य दिसम्बर

यह भारत में विवाह का मौसम होता है। मि. रमण बताते हैं कि दिसम्बर और जनवरी शादी करने के लिए शुभ महीने हैं, और इसलिए हर जगह विवाह बंधन में लोग बंध जाते हैं। कम से क़म दिन में एक बार हम ताजी फूलों से ढकी एक कार देखते हैं, जो इतनी बारीकी ढंग से तारों से बुनी होती हैं कि आपको हैरानी होगी कि ड्राइवर शीशे से बाहर कैसे देख सकता है। सड़क के साथ-साथ आप रातों रात टेन्ट लगे हुए देखते हैं, जो विवाह स्वागत की शुरुआत का संकेत देते हैं। अधिकतर लोग घरों या मकानों में रहते हैं, जो एक बड़े कार्यों के लिए बहुत छोटे पड़ जाते हैं, इसलिए लोग सार्वजनिक क्षेत्रों या पार्कों को किराए पर ले लेते हैं, जिससे वे आमंत्रित लोगों का स्वागत करने के लिए तैयार हो सकें।

हाल ही में हमारे कैम्पस में एक शादी थी, और स्थल की सजावट शून्य में से कुछ निकालना एक वास्तविक सबक था। कई दिन पहले आप को स्थल पर डाले गए निर्माण उपस्कर जैसी चीजों के ऊपर नजर पड़ती है, ये प्रायः ऊंट गाड़ी से लाए जाते हैं। फिर कई आदमी साईकिलों पर सुबह आते हैं और “सेट” को बनाना शुरु कर देते हैं। वे घास के मैदान या कंकर वाली जगह में पतले लकड़ी के खम्बे खड़े करने के लिए खड्डे

खोदते हैं जो "दीवारों तथा "छतों" को थामें रखते हैं। जब खम्बे जम जाते हैं तो वे धागे से बनी चादरे तान देते हैं या फ्रेम जैसी लकड़ी की पंडाल जोड़ देते हैं, जिन पर वे कई गज लम्बी सफेद मलमल फैला देते हैं जिसमें प्रायः रंगीन डिजाइनों के सुन्दर खाने छपे होते हैं। ये घिरे हुए क्षेत्र उतने छोटे हो सकते हैं जितने कि पगडण्डी या कई एकड़ बड़े हो सकते हैं। (एक रात, हमने पुराने शहर की एक गली में की जा रही शादी की तैयारी देखी, जिसमें प्रवेश द्वार पर रंगीन लाइटों का भारी इंतजाम था) फिर एक विस्तृत प्रवेश द्वार उसी रास्ते में बनाया जाता है जिसमें मुगल महलों की याद दिलाने वाले गुम्बद तथा छतरी के आकार के सुन्दरतः चुन्नटदार रंगीन संस्मारकीय स्तंभ होते हैं। इस सभी में लगभग तीन दिन लगते हैं।

सुन्दर ढांचा तो एक तरफ खड़ा किया गया और रसोई बनाई गई जिसमें लम्बी मेजों पर बड़े-बड़े भोजन पकाने के बर्तन, बड़े चमकीले पानी पीने के टोटी वाले जग और कठौती रखे थे। शादी के दिन बाहर निकट एक नल था, क्रोकरी का और कपों का ढेर और अन्य थालियों की धुलाई की जा रही थी, और धूप में सुखाने के लिए कपड़ों पर फैला दिए गए थे। जैसे ही दिन निकलता गया, बहुत से लोग खाना पकाने के लिए एकत्रित हुए। बहुत सारे रसोईया, परोसने वाले और बर्तन धोने वाले और बड़े लाइटों के लिए मुख्य ढांचे के बाहर बिजली की तारों को तान रहे थे। इस घेरे की सीमाओं पर बड़े पाम के वृक्षों की कतार और इसमें हर पेड़ पर पत्तों को प्रदीप्त करने के लिए ऊपर की ओर चमकीले एल्यूमिनियम ढक्कन वाले तीन बड़े-बड़े बल्ब लगे थे। अन्त में ये सब हरे पारदर्शी पत्तों से ढक दिए गए, ताजे फूल प्रवेश द्वार पर टांग दिए गए और छोटा मिट्टी के दीये घड़े में रास्ते के साथ जलाए गए।

उस शाम को, हम विवाह देखने के लिए आए (रोजा और नाओमी को अधिक प्रसन्नता हुई) और हमने सुन्दर सजी-धजी दुल्हन-दुल्हा देखे जो घेरे में एक तरफ बने बड़े चबूतरे पर अतिथियों का स्वागत कर रहे थे। शुभ चिंतको की पार्टियों के मध्य जो उन्हें आर्शीवाद देने आए थे, दम्पति चबूतरे पर सिंहासन जैसी सजी कुर्सी पर बैठ गया। अगले दिन लड़कियों

ने पूछा कि क्या उनके पास में फूलों की माला है, और फिर उन्हें घर पर लाया गया और उनके बिस्तर के चारों तरफ फर्श पर क्रम से लगा दिया। उसी दिन सारा सामान परिसर से हटा दिया गया और ले गए और केवल घास के मैदान में छोटे-छोटे खड्डे के निशान रह गए थे। जैसे ही हम नृत्य सीखने के पश्चात अन्धेरे में अपने घर वापस आते हैं तो हम प्रायः जगमगाते बारातों को देखते हैं। एक रात को हम निकट से गुजरे और मिस्टर रमण ने गाड़ी खड़ी करने के लिए एक स्थान ढूंढा जिससे कि हम बाहर निकल सकें और देख सकें। भड़कीली वर्दी पहने हुए लगभग 60 या 70 आदमी, स्त्रियां और बच्चे थे, जो स्वर्ण जड़ित जीन वाले सुन्दर सफेद घोड़े पर बैठे दूल्हे को घेरे हुए चौड़ी सड़क के किनारे चल रहे थे। घोड़े की आंखों पर पट्टियाँ क्यों बंधी थी? क्योंकि बारात में आगे चलने वाले अनेक साधारण कपड़े पहने हुए नौजवान थे और अत्यधिक आतिशबाजी चलाने में व्यस्त थे, हर बार एक आतिशबाजी चल जाती थी घोड़े सहित हम सब उछल जाते थे, घोड़े को दुल्हे द्वारा जकड़कर पकड़ा गया था। पगड़ी बांधे हुए दुल्हा घोड़े पर जमकर बैठ गया क्योंकि जब पटाखा चले तो गिर न जाए। शोर शराबा मचाने वालों के पीछे शानदार संगीत गाता हुआ स्वर्ण जड़ित वर्दियां पहने एक पीतल का बाजा (बैन्ड) चल रहा था। यह सम्पूर्ण टहलकर चलने वाली बारात सभी प्रकार की बिजली की लाइटों से पूरी तरह प्रदीप्त थी, जिनको लेकर दोनों तरफ आदमी चल रहे थे। कुछ प्रदीप्त ट्यूबों को उठाए हुए थे, और अन्य महीन मलमल जैसी पंखुड़ी की आकार की थी, शीशे की परत की कटी-चांदी धातु से बने विशाल दीप्त वृक्ष रंगीन तापदीप्त 6 बल्ब ऊपरी लौ आकार के बल्ब लिए हुए थे। तुम पहले से ही पूछ रहे होगें कि इन जलती हुई लाइटों को जलाने के लिए बिजली कहां से आई, लेकिन इस बात के दृश्य से मैं इतना वशीभूत हो गई कि इसने मुझे कुछ समय के लिए आश्चर्य में डाल दिया कि इसे कैसे किया गया। इस घटना क्रम के लिए दी जाने वाली विद्युत एक साईकिल सवार द्वारा दी जा रही थी, जिसके पास पीछे रखे छोटे इंजन में सपाट बेड था, जो सावधानी पूर्व क भीड़ से फासला रखे हुए था, जहां कहीं घोड़ा रुकता जाता या चौकन्ना हो जाता वहीं थम जाता था और जब जरुरी हो तो चाल बढ़ा देता। जैसे

ही यह गुजरा तो आप पुट-पुट की धीमी आवाज सुन सकते थे, जो आगे-आगे जा रहे बैन्ड की आवाज में मिल जाती थी। हम अनेकों पथिकों के साथ-साथ चले जो भीड़ में शामिल हो गए क्योंकि इसी गली से तब तक रास्ता जाना था जब तक यह दूसरी सड़क की तरफ न चली जाए। जैसे ही बारात पहुंचने की जगह आ गई बढ़िया कपड़े पहने कुछ आदमियों ने हमें अनार के दाने दिए जिन्हें वे चलते-चलते खा रहे थे, जो स्वागत जलपान था और हो सकता है कि दम्पति के लिए सगुन भी हो।

9

चानुका

दिसम्बर के अन्त में

इस पुस्तक में यह पत्र एक ऐसे समुदाय की जानकारी देने के लिए सम्मिलित किया गया कि उस समुदाय के बारे में बहुत कम लोग यह जानते हैं कि ये लोग भारत में रहते हैं। हांलाकि हमारा परिवार गत समय में ज्यादा सर्तक नहीं था, हमने अहमदाबाद में एक छोटे याहूदी समुदाय किन्तु गंभीर और खुशहाल समुदाय से संबंध बनाने का निर्णय किया, जिससे हम भारत में रह रहे यहूदी समुदाय से कुछ सीख सके। यह हमारे लिए एक लाभदायक अनुभव साबित हुआ।

यह चानुका है, अहमदाबाद में भी यह होता है। पुराने शहर में रॉब और जॉर्डन मेंगेन एब्राहम (स्टार आफ एब्राहम) नामक स्थानीय यहूदी प्रार्थना सभा में प्रत्येक रविवार की सुबह एक साथ हेब्रू सीखने में बिताते रहे हैं। एक साथ हम चानुका की पहली रात को मन्दिर में त्योहार में उपस्थित थे, जिसमें प्रार्थना तथा चानुका की लौ प्रज्वलित करना सम्मिलित था इस छुट्टी के लिए विशेष मोमबत्ती है, जिसमें बच्चों की सुन्दर कपड़ों की प्रतियोगिता होती है, नौजवान तथा वृद्ध व्यस्कों का गायन प्रंतियोगिता, लॉटरी चित्रकारी और एक रात्रि भोजन होता है। (हमें अभी आई. आई. एम के क्रिसमस अनुष्ठान के लिए एक आमंत्रण प्राप्त हुआ है, जिसके सुन्दर कपड़े और चित्रकारी प्रतियोगिता सम्मिलित है, ये घटना क्रम यहां

किसी भी प्रकार के अनुष्ठानों के लिए अधिक संभाव्य स्तर है।) यह समागम एक पुराना समागम है, और एक बार सैकड़ों परिवारों ने इसकी रचना की थी, लेकिन 1947 में भारत के बंटवारे के समय से और 1948 में इजरायल राज्य बनने तक, इसलिए इनकी संख्या कम हो गई है, और 60 या 70 परिवारों से ज्यादा नहीं है। मन्दिर के चारो तरफ कभी यहूदियों की जनसंख्या अधिक रही थी। किन्तु अब, एक महिला ने मुझे बताया वे सारे शहर में रहते हैं, और कुछ केवल छुट्टी के दिन अनुष्ठान में ही एक दूसरे से मिल पाते हैं। उसने सिफारिश की जब रात को हम वहां थे तो संख्या काफी अच्छी थी, यज्ञमण्डप व्यस्को की बड़बड़ाहट तथा बहुत से बच्चों के ऊंचे स्वरों से वास्तव में बिल्कुल ओत-प्रोत था। लम्बे बालों वाली वृद्ध महिलाओं से लेकर माता-पिता की बाहों में छोटे-छोटे बच्चों को लिए, सभी आयु के लोग थे। इसलिए अच्छी खासी भीड़ के बाबजूद भी उस रात यहूदी समुदाय अहमदाबाद में धीरे-धीरे गुप्त होता नजर पड़ा, दो किशोर बच्चों की माता ने मुझे बताया, जब हम शाम को देर से भोजन लेने के लिए पंक्ति में खड़े हुए थे कि उस का परिवार शीघ्र ही इजरायल या अमेरिका चला जाएगा, ताकि उसके बच्चों की शादी गैर यहूदी सदस्यों या अहमदाबाद के यहूदी समुदाय जिनको अयोग्य समझा जाता है, के साथ शादी नहीं करेंगे। मिस्टर रमण हमें कस्बे से दूर तथा नदी के पार ले गया, और हमको प्रार्थना घर के कोने के साथ ठीक बाहर एक गली के पास खड़ा कर दिया, जिसको शादी के लिए बहुत सारी रंगीन लाइटों से सजाया जा रहा था। मंदिर सफेद और कत्थई चूने की चित्रकारी से सजा भवन है, जिसमें चारों ओर ऊंची लोहे की जालियां लगी हैं। संगमरमर की सीढ़ियां चौड़े प्रवेश द्वार को जाती है, और आप दरवाजे में घुसने से पूर्व स्क्रीन के किसी भी ओर चल देते हैं। संगमरमर इसको मजबूत किस्म का और आकर्षक बनाता है, किन्तु भवन वास्तव में उसमें अलग ही दिखाई देता है, कि इस पर अभी रंग किया हुआ प्रतीत होता है, जबकि इसके चारों ओर लगभग दूसरे संगमरमर प्रदूषण और जलवायु के कारण जर्जर हुए दिखाई देते हैं।

यज्ञ मण्डप में बहुत ऊंची छत वाला एक विशाल कमरा है, और बिजली तथा तेल लैम्पों से जगमगाया होता है, जो हमेशा से लगे हुए छत

के पंखों के साथ ऊपर लटके हुए हैं। दोनों दीवारों में बहुत सारी खिड़कियां हैं, और कमरे के पीछे की ओर एक उठा हुआ चबूतरा है, जो प्रदीप्त ट्यूबों से जगमगाया हुआ है, और एक डेविड स्टार में छह बिन्दुओं में से हर बिन्दु पर रंगीन लाइट बल्ब लगे हैं। जैसे ही हमने प्रवेश किया, गायक (कोई यहूदी धर्मशास्त्री न होने के कारण यह आदमी शाम के अनुष्ठानों के लिए मास्टर भी था) एक सन्दूक की ओर मुंह करके गा रहा था, जो कमरे से दूर सिरे के साथ स्वर्ण कशीदा से नीले मखमल वाले पर्दे से ढका हुआ था।

यह परम्परागत मन्दिर है, और रॉब ने कहा था कि शनिवार को महिलाएं गैलरी की सीढ़ियों में बैठ जाती हैं, किन्तु जैसे ही प्रवेश करते हैं हमें भूमितल पर महिलाएं बैठी नजर पड़ती हैं, इसलिए हम सब एक लकड़ी के बने मंच पर इकट्ठे बैठ जाते हैं, केवल बाद में जैसे कमरा भर जाता है इसमें दिखाई दिया कि ये सभी महिलाएं और लड़कियां कमरे की दूसरी तरफ बैठी थी जहां पर हम बैठे थे। जब लड़कियां और मैं वहां से चली तो मेरे पड़ोसी ने कहा कि वास्तव में महिलाएं छुट्टियों में एक साथ इसलिए बैठती हैं, कि वे इकट्ठे बात करना पसंद करती हैं, क्योंकि वे अन्यथा एक दूसरे से कभी-कभी मिलती हैं। सभी महिलाओं ने साड़ियां या सलवार कमीज पहनी हुई थी। किन्तु वास्तव में उनके माथे पर लाल बिन्दी लगी हुई थी। जैसा कि सभी हिन्दु महिलाएं लगाती हैं, सभी किशोरों ने जीन्स और टी शर्ट पहनी हुई थी और बिल्कुल पश्चिमी दिखाई देते थे।

जब गायक का गायन समाप्त हो गया तब हम सभी खड़े हो गए, और खिड़की के पास दीवार से लगे चानुक की ओर मुंह किया, जैसे ही हमने हेब्रू गीत गाए उसने पहली रात दो मोमबत्ती जलाई (रॉब ने बताया कि जब वह और जॉर्डन नाच सीखने के लिए दिन में पहले वहां रहे थे तो उन्होंने देखा कि कोई व्यक्ति चानुका को पालिश लगा कर चमका रहा था) स्पष्टतया यह खिडकी के निकट लटकी हुई थी, ताकि बाहरी लोग इसे आसानी से देख सकें। सामान्यतः मेरा यह विचार था कि बहुत सी खिड़कियों के माध्यम से प्रार्थना घर के आस-पास बहुत कुछ निकल आता है, और

आस-पास को भी अन्दर लिया हुआ था। अब प्रत्येक बच्चे को नाम से पुकारा जाता है, छोटे बच्चों को भी भोजन के लिए प्लास्टिक के आकार का छोटा सा तोहफा दिया जाता है, हमारे बच्चों को वह मिला। मंच पर बैठे हमारे सूचना दाता पड़ोसी ने कहा कि संत समागम बहुत पुराने फायदाग्राही ऐसे थे, जिनकी आदत कई वर्षों से यह देखने की रही थी, कि हर बच्चे को चानुकाय में प्रार्थना घर से तोहफा मिला है। फिर शाम के लिए, एक बहुत ही फुर्तीले व्यक्ति ने सुन्दर वेशभूषा की एक प्रतियोगिता की घोषणा की, और अचानक यज्ञमण्डप में वेशभूषा पहने हुए बच्चों से एक-एक परेड करके घर गया। बहुत से सेना अधिकारी, राजकुमार, हिन्दू दुल्हा-दुल्हन थे, एक अध्यापक जो अपना चश्मा लगाए और हाथ में झोला लिए माता के साथ था, जिसने चानुका बारबी गुड़िया आदि के अर्थ पर एक भाषण दिया। एक बच्चे ने भिन्न-भिन्न वेशभूषाओं में दो बार प्रवेश किया। हम सभी ने तालिया बजाई। गायन प्रतियोगिता के लिए भवन की ओर प्रांगण के बाहर हमें आमंत्रित किया गया था, जहां एक सिरे पर कराव के सहित एक स्टिरियों लगा था। रॉब ने गायन प्रतियोगिता में प्रवेश करने के लिए दिन में पहले ही हमारे लिए हस्ताक्षर कर दिए थे, और हमारे पास "नाटक खेलने" के लिए दूसरा नम्बर था। आप कल्पना कर सकते हैं रॉब के ऐसा करने पर मैं कितना खुश थी, किन्तु जैसा भारत में प्रायः होता है मैंनें कुछ सीखा और मैं अनुभव से प्रसन्न थी। शाम के पाठयक्रम यह स्पष्ट हुआ कि ऐसी प्रतियोगिताएं केवल नाम की हैं, वास्तव में वे ऐसा कार्य ढांचा है जिसके भीतर विषम रुप की गई सभाओं में एक दूसरे के लिए मनोरंजन प्रदान करते हैं। यहां सभी वर्गों के लोग थे। सभी यहूदी थे, और एक ऐसे देश में जिसमें किसी प्रकार की इतनी अधिक विभिन्नता नहीं है ऐसा कार्यक्रम ऐसे लोगों के विभिन्न समूहों को एक साथ लाने का तरीका होना चाहिए, जो स्वयं को एक जैसे कार्यक्रमों को देखने आते हैं।

इससे हम ऊपर उठे और छत पर सांरगी से "क्या आप मुझे प्यार करते हों" गाना गाया, जो कभी डेनेवर में रॉब के माता-पिता की शादी की

50 वीं सालगिरह पर गाये गए प्रदर्शन से सीखा था। अब अमेरिका में किसी भी अभिनय शैली में सबसे पहले मैं ऐसे लोगों के सामने जिनको पहले कभी नहीं देखा है, ऐसी चीज पेश करने पर भी विचार नहीं करुंगी, और यदि विचार किया तो यह मुझे ऐसा लगेगा जिसकी मुझे आदत नहीं है। और अपनी उजागर की गई भावनाओं को दबाने के लिए अपने आप को सामान्यतः मूर्ख बनाऊंगी। किन्तु यहां प्रदर्शन के बारे में बहुत चलती फिरती गंभीरता थी। प्रस्तुतिकरण में भीतर की भावना वही थी जो श्रोताओं को मन भायी। सेकेंडो में जैसे ही हमने माइक संभाला इससे पहले हमने मुंह खोले श्रोताओं से मिलने के लिए सोचा और बाद में सीधे संभाषण दिया। मुझे प्रसन्नता है कि हमने इसे किया क्योंकि बाकी भेंट के बीच हम एक जगह बैठ गए थे, तो हमें निश्चय ही वही पता होता था जो सांय में लगाए श्रोताओं के माहौल के बारे में पहले पता होता था। हमारे बच्चे हमारे खाने से पहले चापलूसी से परेशान हो रहे थे उतनी ही नम्रता से जितनी कि बाकी श्रोताओं ने किया भेट को प्राप्त करना बन्द कर दिया, लेकिन इसी बीच मैं और अन्य हर किसी ने जोर से गाना गाया ताकि मन्दिर के पीछे गली में चल रही शादी से आ रहे संगीत को दबा सके। 15 संगीत प्रस्तुति के पश्चात निर्णायक मंडल ने घोषणा कि यह पुरस्कार वितरण का समय था। प्रत्येक प्रकार की प्रतियोगिता के लिए पुरस्कार देने के लिए अलग-अलग आदमी को बुलाया गया था, इससे पहले बहुत सुन्दर वृद्ध महिला जिसके ढीले लहरदार बाल थे, ने पुरस्कार दिए। अहमदाबाद में पानी की कमी के कारण पानी को बड़ा स्टेनलेस स्टील के बर्तन में रखा गया था, जहां दिन में एक या दो घण्टे ही नल से पानी आता है। (जब पानी चल रहा होता है आप घर में उपलब्ध बर्तनों को पानी से भर सकते हैं, इसलिए जितने अधिक बर्तन आपके पास होंगें उतना ही अधिक पानी आप भर सकते हैं।) मेरे को वेशभूषा प्रतियोगिता के लिए पुरस्कार देने के लिए कहा गया, इसके चुने जाने के लिए मुझे सम्मान महसूस हुआ। बच्चों ने प्रसन्नता से मुझसे हाथ मिलाया पुरस्कार लिया और माइक के निकट अन्य बुजर्गों से हाथ मिलाया। जब उन्होंने गायन संबंधी पुरस्कार दिए तो मुझे यह कहने का गर्व हुआ कि हमने दूसरा पुरस्कार जीता,

हालांकि निश्चित ही यह प्रतिभा के लिए उत्साह और शान्तवना से अधिक नहीं था। यह एक बैटरी से चलने वाली घड़ी थी।

अब 9:30 अपराहन का समय हो गया था, जो भारतीयों का सामान्य रात्रि भोज का समय है, और भोजन लम्बी मेज पर परोसा गया, जिस पर स्टिरियो तथा पुरस्कार रखे थे। रॉब और बच्चे परोसने वालों की कतार के निकट थे, और मैं पीछे की ओर दो किशोरों की माता से बात करते हुए तब तक के लिए खड़ी हो गयी, जब तक मुझे एक बहुत अच्छी खाने की प्लेट न दे दी जाए। शाकाहारी मसालेदार स्वादिष्ट खाना था, जिसमें नाश्ता और मिठाईयां थीं, जिसको सभी बच्चे खूब खा रहे थे। लड़कियों ने हमारे साथ खाया, लेकिन जॉर्डन ने हेब्रयू सीखने के वक्त पिछले सप्ताह में कुछ मित्र बना लिए थे, और इस रात को उसने इस भीड़भाड़ में कुछ अन्य नवयुवकों के साथ खाना खाया, और सायंकाल से देर रात का समय उनके साथ बिताया और 10:15 बजे तक भी चलने को मुश्किल से तैयार हुआ। जब हम इंतजार कर रहे मिस्टर रमण तक लड़खड़ाते हुए पहुंचे (हम जो कहते है उसकी कोई बात नहीं घर जाने और वापस आने की बजाए वह हमारी प्रतीक्षा करना पसंद करता है जो, मैं समझती हूँ।) यहां कोई मानक प्रथा है, जैसाकि अब हम इस सप्ताह की हर रात को अपने चानुकाय की मोमबत्ती जलाते हैं। हम अपने मित्रों द्वारा भेजे गए शानदार नए वर्ष के आरंभ होने के कैलेण्डर जिन्हें हमारे मित्रों ने भेजा है, की परतों को खोलकर क्रिसमस की तैयारी भी कर रहे हैं, और यह साथ-साथ दोनों परम्पराओं को निभाते हैं। चुनौतियों तथा खुशी की भावना इसमें है जैसा कि हम इस समय हर साल करते हैं। हम आप सभी के लिए वैसी ही प्रसन्नता और आनंदमय छुट्टी की कामना करते हैं, जैसा हम भारत में रह कर छुट्टी का आनंद लेते हैं।

10

क्रिसमस

हम हमारे परिवार में यहूदी और ईसाई दोनों छुट्टियाँ मनाते हैं। भारत में हमारा क्रिसमस वैसा ही स्मरणीय अवसर था जैसा कि हमारा चानुका था, और हमने महसूस किया कि हमने उत्सव को गुजरात राज्य में ईसाई अल्पसंख्यकों में कई लोगों के साथ-साथ मनाया।

यह क्रिसमस के बाद का दिन है। कल का दिन कई नए मित्रों के साथ बिताया हुआ दिन बारी-बारी से शांतिपूर्ण, हलचल भरा, आनंदपूर्ण, और सुखद दिन था। हमारे लिए क्रिसमस की शुरूआत 24 को हो गई थी। (क्या असाधारण वाक्य है। घर पर, चाहे इसे पसंद करूँ या नहीं, क्रिसमस की शुरुआत सितम्बर में विद्यालय बाजार के लिए तैयारियों के साथ हो जाती है। तत्पश्चात बड़े दिन के मौसम का आगमन और उसका व्यवसायीकरण तथा तनाव, ढेर सारी मस्ती और सब कुछ बहुत खूब, जब तक कि आखिर में हम क्रिसमस की सुबह ट्री के पास फुरसत से होकर बैठ नहीं जाते, और उस जमीन को याद करने का संघर्ष, जिस पर वर्ष के इस समय हम चल रहे हैं।) जैसा कि, हमारे साथ रमण इस मौसम में प्रमुख रूप में हैं। जब कई सप्ताह पहले मैं और वह एक पौधशाला में बगीचे के लिए गमलों के पौधे खरीद रहे थे, मैं एक बड़े गमले में लगे हुए नोरफॉक आइजलैंड पाइन को क्रिसमस ट्री के रूप में उपयोग करने के लिए खरीदना चाहती थी। हमने कई पौधे देखे और खारिज कर दिए, और बगैर एक भी खरीदे वापस आ गए, चूंकि हमारे पास समय था। वह एक

कठोर मनुष्य नहीं है, किंतु जैसे ही हम वहाँ से निकलकर दूर पहुँचे, उन्होंने कहा कि वह हमें हमारा क्रिसमस ट्री देना पसंद करेगा। मैं आश्चर्य चकित और प्रभावित थी, और मैंने कहा कि मुझे इसके बारे में सोचने की जरूरत है, क्योंकि मैं निश्चित कर लेना चाहती थी कि क्या उनसे इतना बड़ा उपहार स्वीकार करना ठीक है। वह एक धनी आदमी नहीं है, परंतु उन्होंने अपने संसाधनों को अच्छी तरह से प्रबंधित किया हुआ है, और हमें जता दिया है कि वह आरामदायक स्थिति में हैं। अगले दिन हमने उन्हें उनके प्रस्ताव के लिए धन्यवाद दिया, और प्रस्ताव स्वीकार किया।

क्रिसमस की पूर्वसंध्या के लगभग दोपहर में वह एक आदमी के साथ प्रकट हुए जो बहुत अच्छे गमले में क्रिसमस ट्री लाया था। यह लगभग 2½ फीट लम्बा था, और फिर रमण ने मुझे गंभीर मुद्रा में समझाया कि इससे बड़े ट्री के अनुसार पर्याप्त शाखाऐं नहीं थी। और इसे उन्होंने काफी चयन करने के पश्चात चुना। मैंने उन्हें धन्यवाद दिया और यह जताने का प्रयास किया कि हमने उनके मित्रतापूर्ण कार्य को कितना सराहा है। वह एक धर्म परायण हिन्दू है, जो अक्सर सड़क किनारे के मंदिरों पर जाते रहते हैं जब वह हमारी प्रतीक्षा कर रहे होते हैं क्योंकि शहर में घूमने के लिए हम उनकी कार का उपयोग करते हैं। और वह हमारे आस-पास के कई भारतीयों में से प्रथम थे जिन्होंने अपनी सहायता और शुभकामनाएं हमें दी जब हमने अपना त्योहार मनाया।

मैंने ट्री को कपड़े से ढंकी हुई दो छोटी मेजों पर रखा, तत्पश्चात सुनहरे धागे से बुने हुए कपड़े को गमले के चारों ओर लपेटा, और ट्री को सजाने के लिए बच्चों की विद्यालय से घर आने तक प्रतीक्षा करने लगी। मैंने यहाँ कुछ गहने खरीदे हुए थे, और वे मेरी कान की बालियों के साथ, पाइन पर चमकीले और झिलमिलाते आभूषण लग रहे थे। हमने दीवारों को फूल के हारों से ढक दिया, घर में ट्री के चारों तरफ मोमबत्तियों को लगा दिया, और चौकोर, जमी हुई मोमबत्तियों को घर के ऊपर से और ट्री के बीच से संतुलित कर दिया, जैसे ही देर अपराहन और शाम हुई, कमरा जगमगाने लगा।

हमारा परिवार क्रिसमस उत्सव कमेटी के प्रभारी द्वारा प्रांगण में इस अवसर पर मंच पर क्रिसमस गीत गाने के लिए आमंत्रित था। रॉब शहर से बाहर था, और उसने दिन की शुरुआत में ही सूचित कर दिया था कि उनका विमान, जिसे शाम 6 बजे तक वापस आना था, आने में विलम्ब हो गया था। मैंने मान लिया था कि कार्यक्रम उसके बगैर ही जारी रखना पड़ेगा। मैंने रात के भोजन में नूडल्स और सबसे सुंदर आलुचा टमाटरों से, जिन्हें मैंने शायद ही कभी देखा था, लाल सॉस बनाया (बच्चों द्वारा बहुत सराहा गया, जो अक्सर चावल, दाल और चपाती रोजाना रात को खा रहे थे।) वे रसोईघर में रुके रहे, जबकि मैंने ट्री के अंदर और उसके चारों ओर की मोमबत्तियाँ जला दी, तत्पश्चात मैंने उन्हें आकर देखने के लिए कहा, और कुछ देर के लिए घर के अंधियारे में उस सुंदर दमक को हम सभी सराहते रहे। रात्रि के भोजन के पश्चात हमने अपने "नृत्य गान" वाले कपड़े पहने, और कार्यक्रम के लिए रात्रि लगभग 8 बजे प्रांगण में घूमते रहे। प्रख्यात वास्तुविद लुइस कान ने आई आई एम की रूपसज्जा की, और ऊपर से खुला हुआ लुइस कान प्लाजा रंगीन रोशनियों, कतारों और अनेक बड़ी प्रदीप्त कागज की सितारे नुमा कंदीलों से जगमगा रहा था। सबसे पहले परिवार्षिक मनपसंद, फैंसी-ड्रेस प्रतियोगिता छोटे नन्हे बच्चों और बड़े बच्चों के लिए हुई। वहाँ एक गांधीजी, एक इंदिरा गांधी थे, जिन्होंने संक्षिप्त, सटीक और सही भाषण दिया। विभिन्न आयु के ब्राह्मण थे, एक भारतीय शास्त्रीय नृत्यांगना थी, सिंह राजा का साम्बा, एक राजकुमार, एक सिक्ख, और कुछ रहस्यमय बूढ़ें गुदड़िया की तरह के लोग भी थे, (कभी-कभी कार्य करने वाले) दोनों माइक से हसीं मजाक कर रहे थे। उसके बाद व्यस्कों द्वारा एक लम्बा प्रहसन हुआ जो एक स्वामी का नकली साक्षात्कार मालूम पड़ता था, और उसके पश्चात फ्रांस से नए आए हुए पांच छात्रों को स्वतः ही एक फ्रेंच क्रिसमस गीत गाने के लिए आमंत्रित किया गया, जो उन्होंने बहुत अच्छी तरह से गाया। अब हमारी बारी थी, और परिचय कमेटी के प्रभारी द्वारा "प्रोफेसर रॉबर्ट स्वेयर, एलिस स्वेयर, जॉर्डन, रोजा और नाओमी" के रुप में करवाया गया, परंतु इससे पहले कि हम अपना अंतिम क्रिसमस गीत गाएं, उसने हमें रुकने के लिए कहा।

रॉब आश्चर्यजनक रुप से लगभग पाँच मिनट पहले ही पहुंचे थे, टैक्सी उसे सीधे प्लाजा ले आई थी (टैक्सी ने उसके सामान के साथ प्रतीक्षा की, जबकि हम गा रहे थे, फिर उसे हमारे घर ले गई।) सबसे पहले हमने अपने मेजबानों को भारत में उनके मित्रवत व्यवहार और स्वागत के लिए धन्यवाद दिया, फिर "जिंगल बेल्स" के साथ शुरुआत की, जिसके लिए कमेटी ने विशेष तौर पर अनुरोध किया था। हमारा गायन हमारे अनेक मनपसंद क्रिसमस गीतों के साथ जारी रहा; और श्रोतागण हमें सराहते और मदहोश मालूम पड़ रहे थे। हमने "साइलेंट नाइट" को अपने अंतिम गीत के रुप में चुना था, और जैसे ही हमने गाने की अंतिम पंक्ति का गाना प्रारंभ किया, किसी ने प्लाजा के पीछे अनेक पटाखे छोड़े। हम जान चुके थे कि भारत में पटाखों के बगैर किसी तरह का उत्सव नहीं होता।

तत्पश्चात एक मोमबत्ती की शोभायात्रा ने प्लाजा में प्रवेश किया, जिसके पीछे तीन ऊंट थे, उनके ऊपर तीन आदमी अरब के रेगिस्तान की पोशाक में बैठे थे, जैसे ही वे मंच की ओर पहुँचे (जी हाँ, ऊँट सीढ़ियाँ चढ़ सकते हैं), मंच के कोने में एक शिशुसदन को प्रकट करने के लिए जैसे ही पर्दे खींचे गए एक बड़े प्रकाशमान तारे को एक रस्सी से प्लाजा को पार करवाया गया। तारे ने अपनी यात्रा शिशुसदन पर समाप्त की, ऊँटों को स्वयं इसके सामने जोर से जमीन पर झुकने के लिए राजी किया गया, और इस दृश्य को देखकर आश्चर्य से सब खड़े हो गए।

अब फैन्सी ड्रेस और चित्रकला प्रतियोगिता के लिए पुरस्कार दिए जाने का समय था, जो सप्ताहांत के पहले से प्रारंभ हो चुकी थी, संकाय के छात्रों के द्वारा शैक्षणिक उपलब्धियों और कर्म-चारिवृंद के परिवारों के लिए भी पुरस्कार थे। फिर सभी को मिठाईयां बांटी गई, और मैंने रोजा और नाओमी को उनके मित्रों से 10:30 बजे जबरन ले जाना पड़ा। रॉब ने उन्हें बिस्तर पर लिटाया, पर 11:30 बजे तक जॉर्डन नहीं लौटा था। मैंने अपनी हल्दी-रंगी ऊनी शॉल ओढ़ी, और यद्यपि मुझे अंदाजा नहीं था कि वह कहाँ मिलेगा, मैं प्रांगण से होती हुई प्लाजा की ओर यह देखने के लिए

बढ़ी, कि क्या वह और उसके मित्र-प्रांगण के फुटबाल खिलाड़ी अब भी वहाँ है। जैसे ही मैं पहुँची, मैंने जोर से चिल्लाने और चीखने की आवाजें सुनी, और जब मैं प्लाजा के कोने में पहुँची, मैंने अच्छी तरह से प्रकाशमान मेज के चारों ओर तीन या चार की पंक्ति में लोगों की भारी भीड़ को इकट्ठा देखा। अंततः मैंने जॉर्डन को मेज के पास लोगों के बीच दबा हुआ पाया, और उसे जबरन घर वापस ले गयी। जब हम घर की ओर जा रहे थे, जॉर्डन ने मुझे बताया कि वे यहाँ एक का खेल खेल रहे थे, जिसका नाम हॉजी है, और कहा "माँ यह मेरा अब तक का सबसे अनोखा क्रिसमस है"। मैं भी यही कहना चाहूंगी, कि यह वास्तविक रुप से एक बहु सांस्कृतिक उत्सव था। क्रिसमस की सुबह लगभग 7:30 बजे हम चमकीली पन्नियों में लपेटे हुए उपहार, जो ज्यादातर परिवारों द्वारा भेजे गए थे, जो ट्री के अंदर और चारों ओर रखे हुए थे, और फर्श के स्तर के हमारे फर्नीचर पर रखी हुई जुर्राबों को पाकर उठे। (उस दिन से पहले, जैसे ही मैंने दादा-दादी द्वारा भेजा पुलिंदा खोला, मैंने ध्यान दिया कि प्रत्येक उपहार खुल चुका था। बक्से के साथ एक सीमा शुल्क फार्म था, जिस पर स्टाम्प के साथ उपहार सहमति थी। मैंने उपहार को लपेटने वाले कागज को ठीक से लपेट दिया, जितनी अच्छी तरह मैं लपेट सकती थी, और कोई भी ज्यादा बुद्धिमान नहीं था। ज्यादातर पुलिंदे जो हमने यहाँ कभी प्राप्त किए हैं खोले जा चुके हैं।

हमारी बहुत ही धीमी-शैली थी और मधुर खुला सत्र था, और तब लोग हमें हमारे घर पर छुट्टियों की शुभकामनाएं देने के लिए पधारने शुरु हो गए। इसने हमें थोड़ा सा नाजुक एहसास दिया, यद्यपि ऐसे अन्य लोगों का दरवाजे पर पधारना, जो प्रतिदिन भी आते हैं, जैसे सब्जी बेचने वाली महिला, सब्जी देने आई, वह आदमी जो हमारे कपड़े धोता है, आदि। भारत में एक अन्य साधारण कामकाजी दिन की शुरुआत की घोषणा कर रहे थे। सब्जी वाली महिला को आश्चर्यचकित करते हुए, रॉब ने उसका लगभग सारे दिन का माल खरीद लिया, उसे प्लास्टिक की थैलियों में पैक किया और बच्चों के साथ हमारे प्रांगण से सड़क के पार अहाते की दीवार

से बाहर की ओर सटे हुए कबाड़िया टाट से बने छोटे ढालू मकानों में रहने वाले लोगों को सब्जी के थैले देने चला गया। जॉर्डन ने बताया कि उन्होंने प्रत्येक व्यक्ति को क्रिसमस की शुभकामनाएं दी, और उनके द्वारा दिया गया सामान स्वीकार कर लिया गया प्रतीत होता था।

क्रिसमस की रात्रि के लिए हमने एक अकेली जर्मन माता को उसके तीन बच्चों के साथ, जिसे हम जानते थे कि वह हमारे विद्यालय की सहायता करने के लिए इंग्लैण्ड से यहाँ आई, एक अमेरिकन कलाकार जो कि नृत्य अकादमी में जहाँ लड़किया नृत्य सीखती है, एक नाटक का मंचन कर रहा है और उसकी युवा कोरियाई अभिनेत्री मित्र, जो यहाँ कत्थक का अध्ययन कर रही है, जो एक भारतीय शास्त्रीय नृत्य का प्रकार है, को आमंत्रित किया था। उसने हमें पैरों की कंदुकाओं का नृत्य के अभ्यास से हुए बड़े घाव दिखाए। हमने अंग्रेजी, जर्मन, कोरियाई और वेल्श भाषा में क्रिसमस गीत गाएं, औरचावल, दाल, चपाती, और भारतीय शैली के भरवां हरी मिर्च (आलूओं और मसालों के साथ) खाएं जिसके बाद मिठाई खाई प्रत्येक व्यक्ति ने योगदान दिया।

यह हमारे मोमबत्तियों से प्रकाशमान कमरे में पूरी तरह से छोटा सा भावुक दृश्य था, जिसमें हम सब घर से दूर फर्श पर बैठे हुए गा रहे थे, और नाओमी ने अच्छी भावनाओं, अपने घर और दादा रुडी पितामह को याद करके, और विशुद्ध परिभांति के कारण रोने लगी।

हम अपनी दुनिया से शांति और संतुष्टि की गर्मजोशी की भावना के साथ और ऐसी आशाओं के साथ कि अन्य लोग हमारे अच्छे भविष्य के साथ साझा कर सकते हैं और करेंगे, और फिर हम सोने चले गए। मैं इस क्रिसमस को मेरी अब तक की सबसे अच्छी क्रिसमस में से एक के रुप में याद रखूंगी, जो ऐसे लोगों के साथ मनाई गई, जो हमारी परंपराओं को सराहना नहीं करते, परंतु वे इसे अभिस्वीकृति देने के लिए अपनी सीमाओं से आगे निकल गए।

11

शहरी गांवों का जीवन और आस-पास की समस्याएं

यह नए साल का दिन है, और मैं अहमदाबाद में 1999 की शुरुआत करके खुश हूँ। इस सुबह रॉब और मैं, हमारी सुबह की सैर के लिए सड़क पार "मोर उद्यान" या "सैखालों के उद्यान" में गए, और दो युवा लड़कों ने जो मुस्कुराहट के साथ हर सैर करने वाले को देख रहे थे, हमें गुलाब के फूल दिए। रॉब नाओमी को घुड़सवारी पर सिर्फ कुछ किलोमीटर दूर ले गया था, जो गुजरात के सबसे पुराने औद्योगिक घरानों में से एक साराभाई घराना के एक सदस्य द्वारा चलाए जा रहे एक प्रयोगात्मक निजी विद्यालय के प्रांगण में था, उसी घराने ने गुजरात में आई आई एम और कई अन्य वैज्ञानिक और औद्योगिक संगठनों की स्थापना की थी। (मृणलिनी साराभाई और अब उनकी पुत्री मल्लिका को अंतर्राष्ट्रीय तौर पर भारतीय शास्त्रीय नृत्यांगनाओं के रूप में जाना जाता है, जो कि अपनी नृत्य अकादमी की स्थापना के 50 वर्ष पूर्ण करने पर उत्सव मना रहीं है। यहीं पर हमारे बच्चे लोकनृत्य और तबला सीख रहे है।) यह यहाँ एक प्रकार की प्रथा है। जो भी हो, घुड़सवारी कार्यो में रुचि लेने के लिए विद्यालय प्रयास कर रहा है। सामान्यतः सप्ताहांत की सुबहों को हम ऑटोरिक्शा बुलाकर जल्दी जाते हैं, और आई आई एम के द्वारों के बाहर बहुत ठंड होती है। रास्ते में हम हमारी शालों में सटकर इकट्ठा बैठे होते हैं, क्योंकि ठंडी हवा हमारे चारों

ओर से घुसती है। हम बंगलों से गुजरते हैं जो कुछ दशकों पहले निर्मित हुए हैं और अपने ऊपर गर्मियों, उमसदार मानसूनों, और धूलभरी सर्दियों का साक्ष्म ओढ़े हुए है। फिर हम प्रवेश करते हैं जिसे रॉब "ग्रामीण जीवन सड़क" कहते हैं, एक धूल भरी सड़क जिसके दोनों किनारों पर लगभग पाँच फीट ऊँची ईट की दीवारें हैं। चटके हुए ऊमर और दीवारों के बीच कुछ धूलभरे हिस्से हैं जो कि लोगों के छोटे से गांव को लिए अपने बन चुके हैं। सबसे पहले आप उगते सूर्य की उन्हें सुखाने के लिए प्रतीक्षा करते गाय के गोबर के उपले बनते देखते हैं, फिर हवा निकले हुए, जमीन में गड़े हुए साईकिल के पहिये के ट्यूब दिखाई देते हैं जो छोटे बछड़ों के लिए अटकने वाले खूंटों के रुप में काम करते हैं, जो अन्यथा खतरे में पड़ जाऐंगे यदि वे बहुत दूर तक भटक जाते हैं। फिर दिखते हैं उनकी माताओं के चौड़ी प्रेमविहल शरीर, जुगाली करते हुए, अपनी चचेरी बहनों विशाल जल भैसों से मुलाकात करते हुए, जो सुबह के कोहरे के काले झुण्ड में खड़ी है।

कुहासे में धुंआ होता है जो सड़क के किनारे रहने वाले लोगों द्वारा चाय और गर्मी के लिए जलाइ जाने वाली छोटी आग से उठता है। वे चमकीले एल्यूमिनियम और स्टील के चाय के बर्तन खड़खड़ाते हुए लपटों के बहुत नजदीक बैठ जाते हैं, ठीक वैसे ही जैसे मैं अपने रसोईघर में करती हूँ। चमकीली साड़ियाँ और पुराने शॉल है, बच्चों के शरीर के निचले हिस्से नग्न है और उनके माता-पिताओं के नंगे पैर हैं, अस्तव्यस्त बाल हैं और कई तीलियों वाली झाडूओं की आवाजें हैं, जो आस पड़ोस को अहमदाबाद की धूल-मिट्टी से भरी हवा से सारी रात गिरने वाली धूल, पत्तियाँ और गंदगी को साफ करने से आती हैं। हम अन्य सड़क पर रहने वाले लोगों के पास से गुजरते हैं, जो ठण्ड से उन्हें बचाने वाली किसी भी चीज में लिपटे हुए हैं, जो अपने काम करने की जगहों सड़क या भवन निर्माण स्थलों या अन्य दैनिक मजदूरी कार्यो के लिए अपनी सुबह की पैदल यात्रा की शुरुआत कर चुके हैं। हम जैसे ही आगे बढते हैं, इस खुले हुए, आस-पड़ोस के वासियों द्वारा अवहेलना किए जाते हुए, कुछ बकरियों, बछड़ों और साईकिल वालों की ओर मुड़ते हैं। फिर हम एक सड़क पार करते हैं, और

भव्य नए बंगलों से गुजरते हैं, जो नए रंग रोगन और जटिल नक्काशी किए गए लकड़ी की खिड़कियों, दरवाजों और सजावटों से दमक रहे हैं। इनमें से कुछ के बाहर गरीब परिवार रहते हैं। जिन्होंने अहातों की बाहरी दीवारों के सहारे आसानी से टूटने योग्य दुर्बल झुग्गियाँ बना ली हैं। वे अपने सुबह के कामकाज कर रहे हैं जबकि उनके धनी पड़ोसी सड़कों पर सुबह की सैर व्यायाम कर रहे हैं, या अपनी छतों पर अथवा खुली खिड़कियों में सुबह का अखबार पढ़ रहे हैं। हम एक विभाजित राजमार्ग पर आते हैं, और इसे इस मोटरीकृत कागज के कप में पार करते हैं, शांत रहने की कोशिश करते हुए, और एक विशाल जल स्तंभ से गुजरते हैं। अंत में हम एक जापानी शैली में विकसित बंगले पर पहुँचते हैं, जो कि क्रीम और गुलाबी रंग से पुता है और छत पर एक पंख है और दरवाजे पर एक विशाल प्लास्टर का ड्रैगन बना है। रिक्शा हमें अगले दरवाजे पर छोड़ता है, और नाओमी अपने स्वर्ग के छोटे से टुकड़े में प्रवेश करती है, वह पैरों को ढंकने वाला वस्त्र और हेलमेट पहन लेती है, और अपने घोड़े पर चढ़ जाती है।

वह घुड़साल के मैदान में गायब हो जाती है, और अक्सर उसके वास्तविक जीवन में परेशानी पुनः प्रवेश करती है जब वह घर जाती है। वह घुड़सवारी और घोड़ों के बारे में तीव्र लगनशील है, और अपने शौक के साथ ढेर सारा समय व्यतीत करती है। यहाँ जितना वह पसंद करती है, उतनी घुड़सवारी कराना साम्यर्थ में है, और जब भी संभव होता है, हम उसे अक्सर ले जाते है, अब वह सीधे बैठ सकती है और कुशलता से तेज चल सकती है, जबकि सिर्फ कुछ सप्ताह पहले वह काठी पर घबराई हुई कठपुतली की तरह लगती थी। वह अपने घोड़े के आगे से गिर भी चुकी है, जिससे हम उसका स्वयं का घुड़सवारी हेलमेट खरीदने के लिए प्रेरित होना, क्योंकि उसका एक हेलमेट नीचे गिर गया जब वह नीचे गिरी।

एक दिन जब नाओमी और मैं रिक्शे में बैठकर घर आ रहे थे, हम एक शवयात्रा के पास से गुजरे और मुर्दे को अर्थी पर कंधे पर रखकर सड़क से श्मशान घाट या अंतिम संस्कार के स्थान पर ले जाते देखा। मृत शरीर छोटा था, (परंतु व्यस्क, मैं सोचती हूँ) और एक सफेद कपड़े से

ढंका हुआ था, जिसके ऊपर फूल बिखरे थे। एक अन्य दिन हमने एक विवाह देखा जिसमें सभी महिलाएं अपनी सुंदर साड़ियों में साथ-साथ इकट्ठी थीं और घर के दरवाजे पर बातें कर रही थी। मुझे आश्चर्य होता है यदि आप गुजरात राज्य में होने वाली "सांप्रदायिक" तनावों के बारे में पढ़ रहे या सुन रहे होते हैं। शब्द "सांप्रदायिक" का यहाँ अर्थ भारत में विभिन्न अल्पसंख्यकों के साथ व्यवहार से संबंधित जटिल मुद्दे होते हैं, जो भारत की धर्मनिरपेक्षता की परंपरा से जुड़े होते हैं। हमने स्वयं इसका कोई प्रमाण बिल्कुल नहीं देखा है, परंतु प्रतिदिन हम स्थानीय समाचार पत्र में पढ़ते हैं, कि राज्य में अल्पसंख्यकों के विरुद्ध हिंसा की ताजा घटनाएं हुई हैं। कई वर्ष पहले मुस्लिम समुदाय निशाने पर था, अब ईसाई है, जिनके चर्च, प्रार्थना कक्ष, और आश्रम जलाए जा रहे हैं, और चर्चो पर हमला किया जा रहा है। हिन्दू अति वादी राजनैतिक दल शिव सेना और इसकी तरह के अन्य दल यह सब कर रहे हैं। कल के समाचार पत्र में शिव सेना द्वारा अंतिम निर्णय पत्र के भेजे जाने का उल्लेख था, जिसमें अहमदाबाद के मुख्य खरीदारी बाजारों के सभी व्यापारियों को अंग्रेजी में लिखी हुई नाम पट्टिकाएं 19 जनवरी तक हटाने का आदेश था, अथवा उनको शिव सैनिकों द्वारा मुंह काला करने का सामना करने का वर्णन था। वे दावा करते हैं कि असली राष्ट्र भक्त भारतीयों को औपनिवेशिक ब्रिटेन की भाषा प्रयोग करने की आवश्यकता नहीं है, इसके बजाय उन्हे हिन्दी या गुजराती प्रयोग करना चाहिए, कम से कम जैसा समाचार पत्र सूचना देता है। सतह के नीचे गड़बड़ी करने वाली लहर यहाँ इससे जुड़ी है, और मैं समझती हूँ कि यह शासक दल-भारतीय जनता पार्टी के साथ करना पड़ेगा, और देश के लिए जो नीती निश्चित करती है। यह एक जोरदार हिंदू दल है, और 1990 की शुरुआत में अयोध्या में मस्जिद के विध्वंस में अंशतः जिम्मेदार दल था। जो कुछ हम यहाँ पाते हैं, हो सकता है सच्ची धर्मनिरपेक्ष राजनीति के रख रखाव की आशाओं और जरूरतों के लिए स्वयं को असमान समझने वाली धर्मआधारित शासक दल हो। स्थानीय समाचार पक्षों में भाजपा और विपक्षी कांग्रेस पार्टी में कारोबारी आरोप और सांप्रदायिक स्थिति जो कि इस बीच नहीं सुधर रही है, को लेकर परीक्षा

संकेतो की अंतहीन बयानबाजी है। श्री रमण दृढ़ धारणा के साथ अनुमान लगाते हैं, कि दो वर्षो में अगले राष्ट्रीय चुनावों में कांग्रेस जीतेगी, किन्तु यह नेहरू और इंदिरा गांधी का दल भाजपा के सत्ता में, सबसे ज्यादा जिम्मेदार या प्रभावशाली दल नहीं था।

परंतु यह मामले यहाँ हमारे दैनिक जीवनों से बहुत दूर दिखाई देते हैं, ठीक उसी तरह से जैसे वाशिंगटन में राजनैतिक पर्वत और घाटियां हमसे और डी.सी. रेखा से तीन ब्लॉक बाहर हमारे घर से काफी दूर मालूम पड़ते थे।

12

हमारी पहली आपातकालीन चिकित्सा

जनवरी के आरम्भ में

यह पत्र उन सबसे खराब कई दुर्घटनाओं का वर्णन करता है, जो हमारे परिवार ने अनुभव की जब हम भारत में थे। जब मैं रसोईघर में प्याज काट रही थी, मेरे बाएं हाथ की बीच वाली उंगली का काफी हिस्सा कट गया, अंततः यह पूरी तरह से ठीक हो गया। स्थानीय दवाखाने का मेरा अनुभव भारत में यात्रा करने वाले अन्य लोगों के लिए उपयोगी हो सकता था। मुझे चिकित्सा सुविधा में मूलभूत स्वच्छता नहीं दिखी, ना ही वे व्यक्ति व्यक्तिगत रुप से स्वच्छ थे जिन्होंने वहाँ मेरी सहायता की, मुझे हाथ धोने के लिए कोई स्थान नजर नहीं आया, और मैं नहीं सोचती कि उस आदमी ने जिसने मेरी उंगली की मरहम-पट्टी की, अपने हाथ धोये थे। यह मेरा बुरा अनुभव था, जो बाद वाले अनुभव से स्पष्ट होती है।

यह एक कहानी है, जिसे मैं आप सबके साथ साझा करने का इरादा नहीं रखती थी (इसके कारण स्पष्ट हो जाऐंगे), किन्तु मैंने बच्चों के बारे में ज्यादा विस्तृत नहीं लिखा है, और मैंने सोचा कि मैं उनके बारे में लिखने में कुछ समय व्यतीत करुंगी। यह कहानी जॉर्डन के बारे में है, जिसके बिल्कुल सामने के दांत पिछले सप्ताह दुर्घटना ग्रस्त हो गए। वह अपने एक मित्र के साथ ऊपर बाहरी छत पर फुटबाल खेल रहा था, जिसका

एक किनारा कई लम्बाईयों के तारो से जुड़ा है। सहानुभूति दिखाने के पश्चात, और पहले अपने मित्र को तारों का ध्यान रखने की चेतावनी देकर वह गेंद को जोर से उछालने के लिए ऊपर उछला और एक तार से होकर नीचे आ गया। जिसने उसे उसके ऊपरी दांतों के अंदर पकड़ लिया, सामने के दांत का टुकड़ा टूट गया और बीच के दो दांत ढीले हो गए। मैं तेजी से गई और मैंने उसे छत के फर्श पर रक्त के छोटे से तालाब में बैठा दर्द से सुबकते हुए पाया, बाद में मैंने पाया कि हो सकता है इसके स्थायी परिणाम होंगे।

वह बिस्तर पर उस बड़े छेद के साथ लेट गया जहाँ उसका दांत हुआ करता था, और मैंने एक दंत चिकित्सक बुलाया, जिससे हम रॉब के परिवार के पुराने मित्रों के घर एक दिन पहले सामाजिक रुप से मिले थे। मैंने दांत ढूंढने का ज्यादा प्रयास नहीं किया, यह सोचकर कि यह दुबारा लगाने के लिए उपयोगी नहीं होगा। पर इस दंत चिकित्सक ने कहा कि अगर मैं उसे पा सकूं, तो हमारे काम का होगा। उसने मुझे प्रयास करने से पहले इसे दूध से धोने के लिए कहा। अंततः जॉर्डन ने इसे छत के दरवाजे के पास पाया, वहाँ से लगभग 15 फीट दूर जहाँ वह दीवार से टकराया था, और उसने पहचान लिया, किन्तु हमारी मित्र हिना, जो उसे ढूंढने में सहायता कर रही थी, ने कहा "ओह नहीं, यह तो सिर्फ लहसुन है।" यह दांत की चौड़ाई का एक इंच लम्बा, बहुत सफेद चिकने और संपूर्ण दांत में बदल गया। मैंने इसे वापस रख दिया, और आशा की कि ना तो जॉर्डन, ना ही मुझे कभी इस प्रकार के दर्द का अनुभव फिर से करना पड़ेगा। वह उदास, थका हुआ, और भयभीत लेटा था और एक क्षण उसने कहा "यह मेरी गलती है, माँ।" एक स्वागत हिना के बारे में। उसकी आयु 15 वर्ष है, उसने मुझे अपनी मां की जानकारी के बिना अपनी बहन की दी हुई मोटर साईकिल पर मुझे कई सप्ताहों पहले सवारी दी थी, जो अवैध रुप से था, मैं जोड़ सकती हूँ। तब से वह हमारे दिलों में परिवार के सदस्य की तरह हो गई है। नाओमी के साथ खेलती है, दर्पण के सामने अभिनय करती है, और रोजा के साथ शादी के कपड़ों के बारे में योजना बनाती है, और जॉर्ड

न के साथ तकियों से झगड़ा करती है। वह शर्मीली और गंभीर भारतीय किशोरी नहीं है, जैसी कि ज्यादातर यहाँ मिलने की संभावना होती है, किंतु एक बुलबुलाती हुई, तेजी से बहती हुई नदी के समान, छोटे नैन-नक्श, चमकीली आँखें, ही ही करती हुई, और गर्राती हंसी वाली लड़की है।

अंत में हम दंत चिकित्सक के दफ्तर में गए। अहमदाबाद में आप उस वाक्यांश का अर्थ सीखते हैं-अपना रास्ता खुद-बनाना, यहां कोई पते नहीं है, और यदि वे हैं भी, तो वे लागू नहीं होते। शारे डाक पत्रों पर भी उनमें "पास" या "सामने" लिखा होता है। जब आप कहीं भी निर्देश के लिए फोन करते हैं, आपको नगर का नाम पहले दिया जाता है, और फिर संभावनाओं का क्षेत्रफल घटाने के लिए निशानों की एक श्रृंखला, फिर आप इस मान्यता पर पहुँचते हैं कि किसी चीज को पहली बार पाने के लिए, भले ही वह पास ही हो लम्बा समय लगेगा, और वास्तव में, और इस शाम को इस दंत चिकित्सक का कार्यालय पता करने में सामान्य शुरुआती गलतियों और फोन करने के पश्चात, पूरा एक घण्टा लगा। इस जगह को ढूंढ पाने में मुझे और रमण को बहुत परेशानी हुई, उसके ऊपर बेचारा जॉर्ड न कार में बैठा हुआ पिनपिना रहा था। और अंततः हमने इसे ढूंढ लिया और संयुक्त राज्य अमेरिका के किसी छोटे से दंत चिकित्सक के कार्या लय की तरह हमने इसे साफ और भलीभांति प्रकाशमान कार्यालय पाया सिवाय कुछ महत्वपूर्ण फासलों के जैसे कि मरीज को एक्स-रे से बचाने की लिए वहाँ लेड एप्रन नहीं था।

डा. शिल्पा मंगलदास ने जांच की और, दांत जो निकल गया था, को दृढ़ता से और सहानुभूतिपूर्ण ढंग से ऊपर की ओर यथास्थान लगाने के पश्चात (जॉर्डन को छत का दर्द फिर से याद दिलाया), और उसे टिट्नेस का इंजेक्शन, दर्द निवारक दवा देकर स्वयं को संतुष्ट किया कि, इस समय जो भी संभव था, कर दिया गया है। मैंने उससे पूछा कि उसने मुझसे दांत को दूध में धोने के लिए क्यों कहा, और उसने कहा कि भारत में जहाँ अन्य सभी पदार्थों की स्वच्छता अनिश्चित है, दूध ऐसे मामलों में सबसे ज्यादा विश्वसनीय पदार्थ है। उसने हमें एक्स-रे के लिए तीन दिनों

में आने के लिए कहा, और यह कि अब जो कुछ हम कर सकते थे वह तीन सप्ताह के लिए यह "इंतजार करना और देखना" कि क्या दांत अपनी जगह दृढ़ रहता है। इसी बीच, वांशिगटन में अपने मित्र को वहाँ हमारे दंत चिकित्सक को फोन करने और सलाह लेने के लिए कहा। हमें सुकून पहुँचाते हुए उसने उसी बात की पुष्टि की जो शिल्पा ने कही थी, और हमने समय पर शिल्पा की मदद पाने के लिए उससे हुई मुलाकात पर कृतज्ञ महसूस किया। (जब मैंने पूछा, उसने कहा कि उसने दंत चिकित्सा का शुरुआती प्रशिक्षण नैरोबी केन्या में लिया, जहाँ वह पैदा हुई थी और समाप्त अहमदाबाद में किया।) चूंकि हमने एक्स-रे करा लिया था और दांत की पकड़ मजबूत है, किंतु पूर्वानुमान यह है कि, सबसे बेहतर परिणाम होने पर भी, ये दांत हमेशा कुछ कमजोर और भुरभरे रहेंगे, दांत की जड़ और कैप्स के साथ यही संभावित होगा, और इसके अलावा भगवान ही जानता है।

अतः हमारी पहली दुर्घटना के दीर्घकालीन परिणाम हुए। अवश्य ही, यह टकोमा पार्क में हमारे अपने पिछकाड़े में घटित हो सकता था। मैं वर्णन कर सकती हूँ कि यह उस दिन घटित हुआ जब जॉर्डन राजस्थान में उदयपुर जाने के लिए पुनः कला विद्यालय में एक सप्ताह गुजारने के लिए, जैसा कि उसने अक्टूबर में किया था, ट्रेन पकड़ने वाला था।

एक सप्ताह हो गया है, और वह दर्द से काफी मुक्त है, और पहले जैसा हो रहा है, सिवाय इसके कि वह अब और इतने विश्वास से नहीं मुस्कुराएगा, वह अब अक्सर अपने होंठ बंद रखता है। किसी के लिए भी जिसे उसकी चमकदार मुस्कुराहट याद है, यह देखना थोड़ा दुखद है। उसकी दूसरे सत्र की परीक्षाएं इस सप्ताह शुरु हो रही हैं-जो दो सप्ताह तक चलेंगी। तीन घण्टें प्रतिदिन बीज गणित पढ़ रहा है, और अपनी सारी कक्षा में आगे रहने के लिए अपने गणित के अनुशिक्षक से पढ़ाये जाने पर आनंद का अनुभव करता है। उसे विज्ञान अनुशिक्षण की भी आवश्यकता है, किंतु वह अन्य सभी विषयों में बेहतर रहने में सक्षम है, यद्यपि भारत पर आधारित सामाजिक अध्ययन उसे थोड़ा परेशान करता है।

अब जॉर्डन अकेले शहर में आटोरिक्शा में घूमता है, तबला सीखने के लिए अपने नृत्य अकादमी में तबला शिक्षक को अंग्रेजी सिखाने की अदला-बदली करता है, हमेशा उपस्थित रहने वाले रात के चौकीदार के साथ सड़क छाप गुजराती में हंसी-मजाक करता है।

जो अकादमी के द्वार और उससे लगे हुए दादी माँ के बंगले की अच्छी तरह से सुरक्षा करता है, और, जब उसका दांत जख्मी नहीं हुआ था, सारे आई आई एम के प्रांगण में टीम के साथ फुटबाल खेलता है। वह अपनी विद्यालय की वेशभूषा में स्वच्छ लगता है, अपने अन्य भारतीय साथियों की तरह औपचारिक वेशभूषा को ज्यादा पसंद करते हुए, सिर्फ फुटबाल के लिए पैंट पहनता है।

13

पतंग उत्सव

14 और 15 जनवरी को हर वर्ष संपूर्ण गुजरात अपने पतंग-उत्सव, जिसे 'उत्तरायण' कहते हैं, को मनाने के लिए रुक सा जाता है। (बाकी भारत भी इस अवसर को मनाता है, किंतु प्रकट रुप से इतने उत्साह के साथ नहीं।) अंततः हमें पता चला कि यह मौका एक हिन्दू त्योहार के दिन आता है, परंतु हर कोई इस त्योहार की ठीक-ठीक प्रकृति के बारे में अस्पष्ट था, क्योंकि वे पतंग उड़ाने पर ज्यादा ध्यान दे रहे थे। सारे संसार से लोग शहर के एक स्टेडियम में पतंगबाजी के मुकाबले में भाग लेने आते हैं, परंतु हमने सोचा कि सारे देश के साथ 4 जुलाई को वांशिगटन डी.सी. में आतिशबाजी देखने जाने की तरह वहाँ बहुत शोरगुल होगा, इसलिए हमने जाने की बजाय वह दिन दोस्तों के साथ दोपहर का खाना खाकर मनाया। हिना की माँ संध्या ने खाना बनाया, जो बैंगन, फलियाँ और ढेर सारे मसालों और जायकों के साथ पकाया हुआ उंडिया नामक व्यंजन था। जैसे ही हम पहुँचे, हमने घर में अपने जूते उतारकर संध्या से विभिन्न व्यंजनों को चखा, जबकि सारे अन्य लोग छत पर पतंग उड़ाने गए थे।

जब संध्या और मैं छत पर पहुंचे तो हम चमकते सूर्य में पंद्रह अन्य युवा लोगों के साथ थे। वे सब कैसेट प्लेयर पर बजते हुए हिंदुस्तानी पाप संगीत की धुनों पर पतंग उड़ा रहे थे। हमारे चारों ओर, और जहाँ तक हम देख सकते थे, लोग धूप में अपनी छतों पर पतंगबाजी कर रहे थे। आपको बहुत ज्यादा जगह की जरूरत नहीं होती। जब आप पारंगत हो जाते हैं,

आप कुछ वर्गफीट की बालकनी से पतंग ऊपर उठा कर उड़ा सकते हैं। अन्य हर किसी चीज की तरह भारत में पतंगबाजी भी अत्यंत प्रतिस्पर्धात्मक होती है। पतंग के धागे की निचोन रंगों से, जिनमें पिसा हुआ काँच होता है, रगड़ा जाता है। अगर आपकी पतंग की डोर किसी अन्य की पतंग की डोर से टकराती है तो इससे पहले कि वह आपकी पतंग काटे, आपको उसकी पतंग को काटने के लिए डोर का आगे-पीछे करना होता है। जब दोपहर के खाने का समय था, तो हम सबने अपने हाथ धोये और लिविंग रूम के फर्श पर बैठकर साथ-साथ कोका कोला पिया और बातें की। अपनी उंगलियों से बड़ी स्टेनलेस स्टील की प्लेटों में खाना खाया। खाना बहुत स्वादिष्ट था, खाने का अंत मिठाई, जिसका नाम जलेबी था, जिसे परंपरागत रूप से उत्तरायण पर परोसा जाता है, के साथ हुआ। यह केसरिया रंग की पारभासी कुंडली की तरह होती है, जिसे मैदे को गहरा तल कर बनाया जाता है, मैदे के घोल को तैयार होने में तीन दिन लगते हैं क्योंकि इसका किण्वन किया जाता है। यह बहुत मीठी होती है, इसे खाने से खुद को न रोक सकी। दोपहर के खाने के बाद हम छत पर पतंगबाजी के लिए फिर से गए। हम शहर के चालीस लाख लोगों की नजरें भी इसी आनंददायक गतिविधि में लगीं थी, जो हम कर रहे थे, जिसका मेरे लिए किसी अन्य त्योहार से ज्यादा आध्यात्मिक महत्व था, जिसमें मैंने घर पर भाग लिया था।

उस दिन शाम चार बजे मैं कच्छ के दौरे के लिए भुज की ट्रेन में सवार हो रही थी, और संध्या ने मेरे लिए खाने का डिब्बा, जिसमें पूडी और जलेबी थी, तैयार किया। जब हम स्टेशन के लिए शहर से गुजर रहे थे और जब ट्रेन अहमदाबाद से पश्चिम की ओर धीरे-धीरे बढ़ रही थी, हर कोई हर जगह पतंग उड़ा रहा था। सभी घरों की छतें लोगों से भरी हुई थीं, और सड़कों, खाली जगहों, कचरे के ढेरों और झोपड़पट्टियों के पिछवाडों में छोटे-बड़े शरीर, उनके सिर और बाहें हिलते हुए आसमान तक पतंगे उड़ा रहे थे। कुछ बच्चे ट्रेन के साथ कुशलता से पतंगे उड़ाते हुए दौड़ रहे थे, और हमारी ओर हाथ हिला रहे थे और चिल्ला रहे थे।

14

10 वर्षीय, रोजा के लिए भारतीय जीवन

जनवरी-मध्य

रोजा ने भारत में अपने जीवन को बहुत उत्साह से लिया, यद्यपि यहाँ हमारे संपूर्ण ठहरने के दौरान वह अपनी परिचित अमेरिकन जिंदगी की कमी महसूस करती रही, शायद हममें से ज्यादातर उसने सामंजस्य के कई तरीके खोजे, जिनसे निम्नलिखित वर्णन जुड़ा है।

आज रोजा और जॉर्डन की, उनके आखरी सत्र की परीक्षाएं खत्म हो गई हैं, और वे प्रसन्न हैं। रोजा विद्यालय से सामने वाले दरवाजे की ओर भागी और कमरे तक, उसने जॉर्डन और नाओमी के साथ बाटा, टी-शर्ट और हाफ पैंट पहना, बाल संवारे, अपने चेहरे पर क्रीम लगायी, और हिन्दी फिल्म के एक तेज गाने पर नाचने लगी। फिर वह और मैं प्रांगण के पिछले दरवाजे से बाहर गये और कुछ इंस्टेंट-मसाला-फ्लेवर्ड-रेमन-टाइप नूडल्स खरीदे, जिन्हें वह पसंद करती है, किन्तु जिन्हें मैं उसे पड़ोस के एक परिचित "किराना स्टोर" से ही खरीदने देती हूँ, जिसकी मालकिन एक मुस्कुराते चेहरे वाली महिला है, जिसका नाम कोकिला है, मेंने उसे एक छोटा सा लिफाफा बधाई के उपहार स्वरुप दिया। गाय, बकरियों और आटोरिक्शों रो बचते हुए रास्ते से लौटने के बाद, इससे पहले कि वह अपने एक भारतीय शास्त्रीय नृत्य कथक का नृत्य अब्यास प्रारंभ करे, हमने उन नूडल्स को उसके खाने के लिए पकाया।

एक युवा कोरियाई अभिनेत्री, जिसका नाम जीन है, और जिसे हम यहाँ मिल चुके हैं, नृत्य के इस प्रकार को सीखने के लिए तीन वर्ष से अहमदाबाद में रह रही है, और वह हमारी नई शुरुआत करने वाली लड़कियों को सिखा रही है। वह आकर्षक है और लड़कियों से बहुत अच्छी तरह से पेश आ रही है, और यह एक अच्छा इंतजाम मालूम पड़ता है। रोजा कुछ और ज्यादा अनुशासित होना चाहती थी, मैं सोचती हूँ कि भारतीय लोकनृत्य के एक भाग के रूप में, वह नृत्य भी सीख रही थी। वह सारा दिन उन शास्त्रीय नृत्य चरण गतियों और तालों का अभ्यास करना पसंद करती है। आधे समय वह उनका एम टी वी प्रकार के नृत्य के साथ इनका संमिश्रण करा देती है, और हमारी मित्र हिना के साथ फिल्म साउंड ट्रेक का इंग्लेराती में बात करती हुई नाचती है। रोजा ने यह अग्रेजी भारतीय स्वर परिवर्तन ग्रहण कर लिया है, और हर समय इसे लागू करती है, जब वह किसी भारतीय से बात करती है। अचानक मुझे दो बार देखना पड़ता है, चूंकि वह एक भारतीय लड़की की तरह बहुत शोर करती है। कभी-कभी वह इसे प्रयोग करती है, तब वह मुझसे भी बात करती है, और शब्दों को संगत देने के लिए एक भिन्न भावमुद्रा भी अपनाती है। यह थोड़ा सा थियेटर जैसा है, जो वह कर रही है और अच्छी तरह से कर रही है।

उसकी आज की परीक्षा "पर्यावरण" की थी, जो जहाँ तक मैं कह सकती हूँ, सामाजिक अध्ययन है, और जिसे रोजा ने इस वर्ष अपनी कक्षाओं में सबसे ज्यादा चुनौतीपूर्ण पाया। इस सत्र में कक्षा गुजरात पर केंद्रित थी। मैं निश्चिंत हूँ कि रोजा इस दुनिया में अकेली अमेरिकन लड़की है जो गुजरात की सारी जनजातियों के नाम, उनकी विशेष गतिविधियां और जीवन यापन के साधन, यहाँ इलैक्ट्रॉनिक उद्योग के केंद्र, और राजनैतिक व्यवस्था का विवरण और ग्रामीण क्षेत्रों में चुनाव प्रक्रिया के बारे में जानती हैं। आप में से सब यह सुनकर आश्चर्यचकित होगे कि जब से सत्र प्रारंभ हुआ है वह इन परीक्षाओं के लिए गंभीरता से अध्ययन कर रही है, और उसे इसका पुरस्कार आज प्रत्येक सही प्रश्न से मिला। वह प्रसन्न है, और मुझे उस पर बहुत गर्व है, यद्यपि हम सावधानी पूर्वक उसे दोहराते

रहते थे, कि उसे अपना अध्ययन या जिस गंभीरता से उसने परीक्षा को लिया, उसे अति गम्भीर नहीं होना चाहिए, चूंकि यह पूरी तरह से परीक्षणात्मक वर्ष है। परंतु उसने स्वयं इस लक्ष्य को निर्धारित किया, और उससे पाया, और परिणामस्वरुप अपने कक्षा के साथियों के साथ ढेर सारे अनुभव प्राप्त किये। (हमने निर्णय किया कि नाओमी को परीक्षाएं नहीं देनी चाहिए, और यद्यपि उसे राहत मिली, और वह हमसे सहमत थी, और अब वह जल्दी ही अपने विद्यालय वापस जा रही होगी, वह चिंतित है कि उसके कक्षा के साथी उसे परीक्षा न देने के कारण प्रताड़ित करेंगे। मैं आशा करती हूँ कि ऐसा नहीं होगा।) रोजा की कला, शारीरिक शिक्षण, गणित और अंग्रेजी की भी परीक्षाएं थी।

अपनी विद्यालय की वेश-भूषा के अलावा, रोजा ज्यादातार सलवार-कमीज पहनती है, यह पंजाबी महिलाओं का पहनावा जो कि अब सारे भारत में प्रचलित है, एक शर्ट जैसा ऊपरी वस्त्र जो घुटनों तक लम्बा होता है और पैंट के ऊपर होता है, और एक लम्बे चौड़े गर्दन और कंधों को ढकने वाले दुपट्टे से मिलकर बना होता है। सड़क पर लोग उसे इस तरह का पहनावा पहने हुए देखकर बहुत खुश होते हैं, और वह इसमें बिल्कुल सहज लगती है। जब आप कपड़े की तलाश में जाते हैं, तो यह सलवार कमीज बनाने के लिए कपड़ा तैयार रुप में आता है, जिसके साथ दुपट्टे के लिए विशेष कपड़ा होता है। फिर आप इसे दर्जी के पास ले जाते हैं, जो आपका नाप लेता है और चोली, बाहों और लम्बाई आदि की कई शैलियाँ उनमें से चुनने के लिए दिखाता है। फिर दो डालर में वह इसे सिल देता है।

हिना हमें प्रांगण के पिछले दरवाजे के बाहर से अपने दर्जी के पास ले गई, जिसके पास सिलाई मशीनों पर पाँच या छह आदमी काम करते हैं। दुकान बहुत लम्बी और इतनी संकरी है कि आप मुश्किल से अपनी दोंनो बाहें इसमें अगल बगल फैला सकें और इसमें फर्श से छत तक अव्यवस्थित ढंग से कपड़े, कतरन, दराजें, काउंटर, और सिले हुए कपड़े भरे है। पिछवाड़े, आश्चर्यजनक ढंग से कपड़े सिलने वाले तीन कतारों से

बैठते हैं, प्रत्येक कतार इतनी नीची कि आप उनमें केवल बैठ सकते हैं, खड़े नहीं हो सकते, और दुकान का मालिक भी बहुत खुशनुमा नहीं था, अतः दो पहनावों जो हमने रोजा और नाओमी के लिए उसे सिलने के लिए दिए थे, को उठाने के बाद संभवतः हम किसी और दुकान पर जाएगें। वहाँ कम से कम तीन दर्जी एक ही इमारत में एक दूसरे से प्रतिस्पर्धा कर रहे हैं। सारे बच्चे संयुक्त राज्य अमेरिका की उनकी जिंदगी और मित्रों की कमी महसूस करते हैं, परंतु रोजा इसे बहुत ही सरीक ढंग से अभिव्यक्त करती है, अक्सर तब जब वह सोने से पहले बिस्तर में लेटी होती है। वह कहेगी, "मैं महसूस करती हूँ जैसे मैं घर पर चतुर्थ श्रेणी में बहुत कमी महसूस कर रही हूँ," अथवा "क्या हम सीधे अमेरिकी घर पर जा रहे है, या हम रास्ते में कहीं थक रहे हैं" कभी-कभी वह इसे बारे में एकदम खिन्न हो सकती है। किंतु दिन के समय वह आनंद से भरी हुई, ठहाके लगाती, हाजिर जबाव बच्ची होती है, आप सब मानेंगे।

उनके लिए कुछ मामलों में यह एक कठिन वर्ष है जिससे इंकार नहीं कर सकते, परंतु वे अनुकूलन, नम्यता, और वस्तुओं को दूसरे के दृष्टिकोण से देखने के बारे में बहुत कुछ सीख रहे हैं। यहाँ लगभग हर अनुभव इन चीजों को सीखने के लिए कुछ सामर्थ रखता है, और इस संदर्भ में यह अनुभव किसी को अपने देश की सीमा के अंदर की कुछ चुनौतियों से ज्यादा शायद देश के बाहर इन पाठो को ज्यादा आसानी से और ज्यादा तार्किकता से पढ़ा सकता है।

15

कच्छ और इसका शिल्प

जनवरी अंत

कच्छ की खाडी, दूरदराज नमक का दलदल जो भारत के सुदूर-पश्चिमी कच्छ प्रदेश को लगभग घेरता है, सलमान रुश्दी के एक उपन्यास, जिसे मैंने वर्षो पहले पढ़ा था, में रेखांकित किया गया था। उस समय मैंने इसे एक एटलस में देखा था, और किसी दिन वहाँ जाने की आशा की थी। मैं रोमांचित थी, जब मुझे पता चला कि हम गुजरात राज्य में रहेंगे, जिसका एक भाग कच्छ है। धीरे-धीरे मैंने यह भी जाना कि कच्छ एक ऐसा स्थान है जहां भारत के कई सुंदर पारंपरिक हस्तशिल्प, विशेष तौर पर कढाई और कपड़े की रंगाई की जाती है। अपने खाली समय में, मैं रेशम और ऊन पर पौधों और अन्य प्राकृतिक चीजों के रंगों से प्रयोग करना पसंद करती हूँ, और अंततः मेरी इच्छा पूर्ण हो गई, और मैंने कच्छ की यात्रा की।

मैं अपनी पाँच दिन छः रात की कच्छ की यात्रा से वापस आ गई हूँ, जो भारत का सुदूर-पश्चिमी हिस्सा है, जो लगभग पूरी तरह से कच्छ के नमक से घिरा हुआ है, जो नमकीन दलदली इलाका है, और ढेर सारी जल चिड़ियो और जंगली गधों के चारागाहों को सहारा देता है। हमने सारस देखे। कच्छ बहुत सूखा है, और आप रेतीली जमीन में कई किलोमीटर

घूमते हैं जिसमें लम्बी पतली पत्तियों वाले छोटे झाड़ीदार पेड़ उगते हैं। इन झाड़ियों में चीतों के छिपने की लोक अफवाहें हैं, जो अपने पंजों के निशान छोड़ते और जब वे पालतू पशुओं को खाते हैं, फिर गाँव वाले उनके पीछे शोर मचाते और बंदूको के साथ भागते हैं। मैं कभी भी सुनिश्चित नहीं कर सकी कि उन्होंने वास्तव में एक भी पकड़ा हो। परंतु पालतू पशु ललचाने वाले हैं, कितने सारे पशु जल भैंसे और ऊँट जिन्हें चरवाहे जो कच्छ में रहते हैं, चारे की तलाश में यहाँ से वहाँ ले जाते हैं। ये लोग खाड़ी जनजाति कहलाते हैं, और इनकी महिलाएं गांव में घरों पर सारे घरेलू काम-काज करती हैं, और इतनी नाजुक कढाई कपड़े पर चित्रकारी किया करती हैं।

पिछले गुरुवार को हमारा पांच लोगों का समूह कच्छ के लिए गया, जिसमें चार अमेरिकन महिलाएं और एक भारतीय महिला थी, हम सभी की किसी ना किसी तरह कपड़ों में रुचि थी। हमारी मार्गदर्शक, 24 वर्षीय कपड़ा कलाकार कमलदीप कौर, जो वहाँ पहले भी जा चुकी थी, और बाकी हम लोग कच्छ के मुख्य शहर पहुंच जाने के लिए सांय 4 बजे की ट्रेन में बैठे हुए, ट्रेन के अहमदाबाद स्टेशन छोड़ने की प्रतीक्षा कर रहे थे। बहुत सारे खोंमचे वाले सलाद, सेंडविच, और चाय बेचते हुए घूम रहे थे। और भिखारी भी आ रहे थे, अंत में दो किन्नर प्रकट हुए, जिन्होंने मेरी ठोड़ी के नीचे छुआ, अपने कूल्हों को हिलाया और पैसे के लिए हाथ फैला दिया। मुझसे आगे बैठे हुए एक भले भारतीय आदमी ने मुझसे कहा "कृपया आप विदेशी हैं इसलिए वे आपसे पैसे भोग रहे हैं, उन्हें सिर्फ दो रुपए दे दीजिए और वे दूर चले जाएगें।" मैंने ध्यान दिया कि कमल हमारे कम्पार्टमेंट के कोने में सिकुड़ रही थी किंतु मैं अभी सम्मोहन में उनकी ओर देखे जा रही थी अतः मैं सिक्के निकालने में आना-कानी कर रही थी, इसी दौरान उनके जनाना कटाक्ष और खिसियाहट जारी थे और वे बेहुदा होने के जितने संभव हो उतने प्रयास कर रहे थे। मैंने सोचा कि जल्दी से उन्हें पैसे देकर चलता करना ही ठीक है। जैसे ही पैसे उनके हाथ में आए वे कमल, मुझसे और अगले आदमी को काफी राहत देते हुए चलते बने। कमल ने कहा कि वह उनसे डरती है, और वह आदमी भी उनके साथ बहुत आरामदायक

महसूस नहीं कर रहा था, और मैं मानती हूँ कि वे उतना घिनौना व्यवहार करते हैं, जितना कि संभव है, जिससे लोग उन्हें आगे बढ़ने के लिए पैसे देंगे।

भुज में हमारे होटल में आधी रात को चौकीदार को लॉबी से नींद से उठाया, एक ओर मुख्य सड़क, और हॉल के मार्ग में अनेक युवा नर्तकों की प्रसन्न, विस्मृत तेज आवाजों के साथ वह स्थान पर्याप्त गुजायमान था। नाश्ते के लिए घंटी बजाई और और युवा पुरुष आनंदपूर्ण मुस्कुराहट के साथ दरवाजे पर प्रकट हुआ (विशेषकर तब, जब लिसा मेरे कमरे की साथी अपने बहुत लम्बे मोटे सुनहरे बालों की कंघी कर रही थी।) आप ऑर्डर करते हैं "सर्विस कॉफी या सर्विस चाय", टोस्ट और जैम और मक्खन। दूसरे दिन तक हम बाजार से सिर्फ चाय पी रहे थे और फल खा रहे थे, बहुत अच्छे छोटे अमरुदों का मौसम था।

हमने पहले दिन का एक हिस्सा पाकिस्तान सीमा के पास वाले गांवों में जाने के लिए पुलिस से अनुज्ञा के लिए रजिस्ट्रीकृत कराने में बिताया। हमने एक कार किराए पर ली जो हमें अगले कई दिनों में लगभग 10 गांवों में ले गई, जहाँ हमने औरतों को कढाई करते हुए, आदमियों को रंगबिरंगे लकड़ी के घरेलू सामान बनाते हुए, और अन्य आदमियों को सूती कपड़े को प्राकृतिक रंगों में डुबे हुए मिट्टी के ब्लाकों से रंगते हुए देखा। एक अमेरिकी महिला जूडी फ्रेटर भुज में आठ सालों से रह रही है, और भारत सरकार के साथ कच्छ गांव की महिलाओं को शहरी दुकानों में और उस गांव में आने वाले लोंगो को जिसमें उसने एक स्टोर स्थापित किया है, पारंपरिक प्रतिरुपों में वस्त्रों की समकालीन वस्तुएं बेचने के लिए एक संगठन की स्थापना की है। एक रात को हम उसे एक रेस्तरां में रात्रि के भोजन के लिए ले गए उसने अच्छे भोजन, पर्याप्त स्वच्छता और कम कीमतों के लिए सुझाव दिया।

"अन्नपूर्णा होटल" रेस्तरां में ऊपर और नीचे कमरे हैं, और पीली हरी दीवारे और टेबल टॉप है, प्रत्येक टेबल पर स्टेनलेस स्टील के जग

और कप हैं, और बहुत मख्खियाँ हैं। जूड़ी ने समझाया कि दिन के लिए आपको बड़ी स्टेनलेस स्टील की प्लेटों में भोजन परोसा जाता है जिन्हें थाली कहते हैं, जिसमें लगभग बारह थोड़े-थोड़े व्यंजन होते हैं। एक या दो मिश्रित सब्जियां, एक फलीदार सब्जी, एक दाल, एक या दो आलू करी, केडगरी, दो तरह के चावल और एक प्याला भैंस के दूध का मक्खन, दही और दही-शक्कर की मिठाई थाली में थे। जो व्यंजन आप नहीं चाहते उन्हें आपने निकाल दिया और वह उन्हें ले गया फिर संपूर्ण गेंहू की चपाती साथ में खाने के लिए लाया। खाना खाने के लिए अलग बर्तन नहीं थे, इसलिए चपाती के टुकड़ों को अपने दांऐं हाथ से तोड़कर, प्यालों में रखे व्यंजनों को टुकड़ों से उठाकर खाया (बांये हाथ का प्रयोग व्यक्तिगत स्वच्छता के लिए किया जाता है, इसलिए यह भोजन के लिए उपयुक्त नहीं है।) यह भोजन मेरे द्वारा अब तक चखे गए भोजनों में सबसे अच्छा था, इसलिए मैंने वहाँ पाँच दिनों में तीन बार खाया। मैं उन बाजरें की चपातियों पर जिंदा रह सकती थी, उसमें स्वर्ग का आनंद था। खाने के बाद आप अपने हाथ भोजन कक्ष के एक कोने में बने तीन नलों वाले लम्बे सिंक में धोते हैं। इन भोजनों के दौरान हमारे साथी मेहमान श्रमिक, व्यापारी और अन्य पर्यटक थे, और सिर्फ वह औरत जिसनें रेस्तरां में कभी कदम रखा था, विदेशी थी। हर भोजन की कीमत लगभग 1.20 डालर थी, सिंक से दिखने वाले एक साइनबोर्ड से पता चलता था कि होटल के एक कमरे का एक रात का किराया 1 डालर था।

जूड़ी, वस्त्र व्यवसाय में शिक्षा लेकर भारत आई, और वाशिंगटन डी.सी. में वस्त्र संग्रहालय चलाने का अनुभव रखती थी। उसने पारंपरिक वस्त्र कला को, भारत में और स्वयं जनजातीय औरतों में जिन्होंने अन्य कार्य करने के लिए जो उन्हें ज्यादा और सुनिश्चित धन दे, बढ़ावा देने के लिए प्रयास किया है। उसे मिश्रित सफलता मिली है किंतु ऊर्जा और दृष्टि की कमी के कारण नहीं।

गांव में उसकी दुकान के सामने हमें एक परिवार के आंगन में आमंत्रित कया गया, जहाँ हमने एक महिला को नाजुक प्रतिकृतियों को

कपड़े के पीछे से आगे कढाई करते देखा। एक बड़ी चमकदार बकरी बहुत अच्छी तरह से आंगन के एक कोने में बैठी थी, और दूसरे सामने दो इमारतें थी। एक गाइड ने हमें बताया कि जब गह महिला घरेलू कार्यो में व्यस्त नहीं थी तो इसे प्रतिदिन तीन से चार घण्टे कढाई करने के लिए समय मिलता था, और एक दिन में 30 से 40 रुपए 80 सेंट से 1 डॉलर तक कमा लेती थी। जब वे लगभग 40 साल की उम्र की थी, महिलाएं बजाय पैबंद का काम शुरु कर देती हैं, क्योंकि अब उनकी नेत्रदृष्टि कढाई के धागे गिनने के लिए पर्याप्त तीक्ष्ण नहीं थी। उसके घर के दरवाजे के रास्ते से में एक बूढ़ी औरत को फर्श पर फैली हुई वैबंद की दुलाई पर काम करते हुए देख सकती थी। उसके छोटे से घर के सुदूर किनारे की दीवार रावारी जनजातीय शैली में उठे हुए सफेद मिट्‌टी के प्रतिरुपों, जिनमें कांच के छोटे टुकड़े धंसे हुए थे, से सुसज्जित थी। उसने अपना फोटो लेने की अनुमति नहीं दी।

16

आग पर चलना और अन्य त्योहार

जनवरी अंत

भारत में कभी भी उदास पल नहीं होते; हमारे सामने के दरवाजे के बाहर एक कार्यक्रम के बारे में निम्नलिखित कहानी का वर्णन करती हूँ।

एक रात्रि को हमने नगाड़ो की तेज ध्वनि और गीत अपने घर के पास सुने, और पाया कि एक चार फुट चौड़े जलते हुए कोयलों की क्यारी के चारों ओर बहुत सारी भीड़ इकट्ठी थी। आग के चारों ओर एक घेरे में लगभग बारह आदमी ताली बजाते गीत गाते, और पसीने से तरबतर थे, उनमें से कुछ लम्बा वस्त्र जिसे धोती कहते हैं, पहने हुए और एक कंधे पर यज्ञोपवीत धारण किए कुछ ऊपरी हिस्से पर कुछ नहीं पहने थे, और कुछ पैंट शर्ट पहने थे। वे सभी और उन्हें देखने वाले अनेक लोगों द्वारा शरीर के ऊपरी हिस्से में पहने गये अनावृत लोगों को उत्साहित कर रहे थे, जो अब कोयलों पर अब और तब चल रहे थे और उछल कूद कर रहे थे। कुछ नगाड़ो की ध्वनि को सुनकर, आप भीड़ की उत्तेजना और ध्यान महसूस कर सकते थे; और उस उत्तेजनातमक अवस्था को जो आग को नंगे पांव पार करने के लिए उन पर चलने वालों की थी।

एक नजर देखने के लिए भीड़ लगभग छह कतारों में उस घेरे के चारों ओर खड़ी थी, और अन्य लोग दीवारों पर या अपनी मोटर साईकिलों की सीट पर खड़े थे।

मैं उनमें से कई को आई आई एम प्रांगण में रहने वाले कर्मचारिवृंद के रुप में पहचानती थी, और उनमें से कुछ प्राध्यापक गण भी थे। रॉब के कंधों पर रोजा समेत कई बच्चे देखने के लिए खड़े थे। (नाओमी पहले ही सो गई थी, अतः वह घर पर थी।) जॉर्डन को आसानी से उसके एक मित्र की मोटर साईकिल की सीट पर जगह मिल गई, और वह देखने की बड़ी अच्छी दशा में था।

अंततः आग पर चलने वालों ने अपना नृत्य रोक दिया, और भीड़ छंटने लगी। अब गहरे एल्यूमिनियम के बर्तनों के साथ आदमी और औरतें उन आदमियों के पास जाने लगे और अपने हाथों से चिपचिपे बर्तनो में से मिठाईयाँ निकालकर उनके हाथों में देने लगे। कई अवसरों के अंत में हिस्सा लेने वालों को मिठाईयाँ बांटी जाती हैं यदि यह धार्मिक उत्सव है तो यह प्रसाद के रुप में होता है जिसे आप सिर्फ अपने दांए हाथ से खाते हैं। रॉब और रोजा घर की ओर मुड़ गए, और मैं वहाँ खड़ी खुशी से अपनी मिठाई खाती रही। लक्ष्मी नाम की एक युवा परिचित ने मुझे अपने साथ एक कर्मचारी के घर चलने पर जोर दिया (अब रात के 10 बज चुके थे और मैं सोने के बारे में सोच रही थी।) जॉर्डन वहाँ जाना चाहता था इसलिए हम सीढ़ियाँ चढ़कर ऊपर एक अच्छी तरह से प्रकाशमान छत पर गए, जहाँ कई लोग इकट्ठे थे।

पूजा का दीपक के साथ एक युवा आदमी घर के दरवाजे से प्रकट हुआ और जैसे ही वह लोगों के समूह के बीच गया, हर किसी ने अपने दांऐ हाथ को ज्वाला के ऊपर फिराया फिर अपने उस हाथ को अपने अपने सरों और दिलों पर रखा। किसी ने मुझे घर के अंदर आमंत्रित किया, परंतु यह इतना भीड़ भरा था कि मैं मुश्किल से ही प्रवेश कर पायी। कई लोगों को उस छोटे कमरे के फर्श पर रात्रि का भोजन परोसा जा रहा था फर्श पर सफेद कपड़े बिछे थे, और एक तरफ आदमी बैठे थे और दूसरी तरफ औरतें। दरवाजे के रास्ते के सामने वह जगह थी जहाँ से दीपक आया था और वह घर के मंदिर की प्रतिकृति लग रही थी। दीवार पर देवी देवताओं के चित्र थे जिन पर फूलों की मालाएं लटक रही थीं। गेंदे और गुलशबी के

ढेरों, भगवानों की प्रतिमाओं पर चढ़े हारों, भोजन के प्रसाद के कटोरों और प्लेटों, अगरबत्तियों और जलते दीपकों से फर्श पर सुगंध फैली थी। इस जगह की दीवार के ऊपर दौड़ते भागते चूहे उछलकूद मचा रहे थे।

कोई मेरे लिए एक प्लेट लाया, और पहले एक आदमी ने सफेद दाल से बनी उबाली हुई इडली नामक पकौड़ियां रखी, फिर एक अन्य आदमी मेरे पास आया और उसने इन पकौड़ियों के ऊपर सांभर नाम की एक मसालेदार सुनहरी चटनी डाली, उसके बाद एक सब्जी और मिठाई आई। मैंने घर पर रात्रि भोजन किया तो था, और आग पर चलने वाले दृश्य के बाद मिठाईयाँ खाई थी और अब फिर से रात्रि का भोजन। (कोई बात नहीं, मैं इस तरह के भोजन के लिए हमेशा भूखी रहती हूँ)। जैसे ही मैंने खा लिया, इस घर के मालिक जो कि उन अनाकृत लोगों में से एक था ने मुझसे कहा कि हर वर्ष सारे देश से लोग दक्षिण भारत में एक निश्चित मंदिर की तीर्थ यात्रा पर जाते हैं। जाने से एक रात पहले दौरे के लिए तैयार होने के लिए एक आग की दीवार बनाते हैं। सारे आदमी देवता के इस आदेश के लिए कि वे आग पर चल सकते हैं, उसकी प्रतीक्षा करते हैं। मेरे मेजबान ने कहा, "मैंने देवता की प्रतीक्षा की कि वह मुझे चलने के लिए कहे, परंतु उसने नहीं कहा, और इसलिए मैं नहीं चल सका।"

उसने कहा कि यह एक "कुंवारा देवता" है, और रजोआरंभ और रजोनिवृत्ति के बीच की स्त्रियों को मंदिर में जाने की मनाही है, किंतु उसने कहा कि हाल ही में उसकी पत्नी वहाँ जा चुकी है, क्योंकि वह रजोनिवृत्ति पर पहुँच चुकी है। वे आदमी जिनके परिवार में किसी की मृत्यु या जन्म हुआ हो, वहाँ नहीं जा सकते हैं क्योंकि उन्हें सूतक होता है। हर वर्ष सैकड़ों लोग जाते हैं, उन्हें मंदिर तक रास्ते के आखिरी सात किलोमीटर पैदल ही चलना होता है, और वे अंदर देवता के पास सिर्फ कुछ क्षण बिता सकते हैं, चूंकि अन्य बाहर दर्शन के लिए इंतजार कर रहे होते हैं। यह पहली बार था जब इन तीर्थयात्राओं में से एक के लिए आई आई एम प्रांगण पर आग पर चलने का आयोजन किया गया था।

पिछले शुक्रवार के दिन बंगालियों ने ज्ञान और शिक्षा की देवी, सरस्वती की पूजा का आयोजन किया। आई आई एम के निदेशक, जो पश्चिम बंगाल से हैं, उन्होंने सरस्वती के सम्मान के लिए अपने घर पर, उत्सव में हमें पूजा के लिए आमंत्रित किया, जिसके बाद दोपहर का भोजन था। उसके परिवार ने बैठक रुम का फर्नीचर हटा दिया था और उसके आधे हिस्से में एक सफेद चादर बिछा दी थी। फर्श के बाकी के आधे हिस्से पर एक वेदी थी और इसके आगे पुजारी बैठा था। हमने अपने जूते उतारे और उसके पीछे बैठे लोगों के साथ बैठ गए (प्रकट रुप से कोई भी आदमी जो ब्राह्मण जाति का हो पूजा के लिए पुजारी के रुप में कार्य कर सकता है; यह आदमी आई आई एम का एक कर्मचारी हैं।) एक दीवार के ऊपर एक सफेद चादर बिछा दी गई, फिर लम्बे गुलदाउदी के लगभग पंद्रह पौधों के गमले रखे गए, जिसके आगे दो फुट की सरस्वती की प्रतिमा रखी थी, उसने रेशम की साड़ी और फूलों का हार पहना था और श्वेत सजावट थी, और उसके दोनों तरफ पुस्तकों के ढेर रखे थे। एक तरफ कई कटे फलों से भरी प्लेटें और कई मिठाई के डिब्बे रखे थे। देवी के चारों ओर सामने कई गेंदे के फूल, दीपक, अगरबत्तियाँ और अन्य पूजन सामग्री थी, और पुजारी सुनहरी किनारे वाले चमकदार सफेद वस्त्रों में शरीर के ऊपरी हिस्से पर अनावृत कालीन के छोटे से चौकोर आसन पर पालथी मारे बैठा था। वह अपने घुटने पर एक छोटी पुस्तक रखे मंत्र पढ़ रहा था और अक्सर गेंदे से भरे हुए थैले से फूल लेकर और अपने हाथों से हरी पत्तियाँ और एक कटोरे से कुछ चावल के दाने लेकर यह सब प्रतिमा पर चढ़ा रहा था।

हमारे समूह के आस-पास लोग आए और गए, और एक दूसरे को शांतिपूर्वक शुभकामनाएं दी। रसोईघर से हम महिलाओं की बातचीत की तेज आवाजें सुन सकते थे क्योंकि कई महिलाएं भोजन पका रही थीं। पुजारी ने हमसे खड़े होने के लिए कहा, और हम सभी को ढेर सारे गेंदे के फूल दिए गए जिन्हें हमने समय-समय पर देवी को चढ़ाया। फिर उसने प्रतिमा के सामने दण्डवत प्रणाम किया और हममें से कुछ चले गए।

परिवार के सदस्यों ने फलों की प्लेटें उठाई और पत्तों से बने छोटे प्यालों (दोना) में सभी को फल और मिठाईयाँ वितरित की। जैसे ही अन्य लोग आते और पुजारी नए लोगों के साथ प्रार्थनाओं को दोहराता और फूल चढ़ाता, उनमें से कई अपने बच्चों को साथ लाए थे, जो अभी विद्यालय से घर पहुँचे थे। कई लोग लॉन में कुर्सियों पर बैठे थे, और अन्य लोग पत्तों की प्लेटों (पत्तलों) पर परोसे जाने वाले दोपहर के भोजन के लिए एकत्रित होने लगे थे। लोगों का एक संपूर्ण परिवार था, जो एक कमरे में, जो रसोईघर से बगीचे में खुलता था पूड़ी, गहरी तली जाने वाली भारतीय ब्रेड बना रहे थे। मैंने अच्छा भोजन किया, और जब मैंने खाया तब मैंने जाना कि यह दिन बसंत ऋतु प्रारंभ के रुप में भी मनाया जाता है, और महिलाओं को इस दिन पीले वस्त्र पहनना चाहिए। लॉन में महिलाओं द्वारा पहनी गई सुनहरी और केसरिया साड़ियों की दमक बिखरी थी।

17

रोजा की शादी की कहानी

प्रारंभिक फरवरी

जनवरी के अंत में मुझे एक पत्र मिला कि मेरे पिता, जिनका नाम फ्रेंड है, मृत्यु के निकट थे। मैं अहमदाबाद में एक शादी में, जिसमें हमारे परिवार को शामिल होने के लिए आमंत्रित किया गया था जाने में समर्थ नहीं थी, किंतु हमारी दस वर्षीया रोजा उसमें गई और उसका निम्नलिखित वर्णन लिखा, जिसे रॉब ने ई-मेल से भेजा क्योंकि मैं अभी भी संयुक्त राज्य अमेरिका में थी। यह भारतीय विवाहों के आनंदोत्सव का एक बहुत ही प्रभावपूर्ण दृश्य प्रस्तुत करता है। पिछली रात कोकिला जो उस प्रोविजन स्टोर की मालकिन है, जहाँ से हम प्रांगण के दरवाजे के बाहर से सामान खरीदते हैं, हमें अपनी छोटी कार में अपने भतीजे रुपेश की शादी के दूसरे दिन वहाँ ले गई (यहाँ शादी का उत्सव चार दिन चलता है)। पहली बात तो यह हुई कि सभी कारें और बसें जो शादी में जाने वाले लोगों से भरी हुई थीं, सड़क के किनारे कतार में खड़ी थी और फिर कुछ ही मिनट में शादी की कार के पीछे काफिला चल पड़ा। शादी वाली कार फूलों से सजी थी। कार के ऊपर, आगे और पीछे बड़े सुंदरता से सजे गुलाब, ट्युबरोज और गेंदे थे। कुछ देर बाद हम वहाँ पहुँचे जहाँ बारात के साथ चलने वाला सफेद और लाल वर्दी पहने बैंड वाला था जो एक बड़ी गाड़ी, जिसके ऊपर धातु के माइक्रोफोन लगे थे, के आगे बजाता और गाता चल रहा था।

हर किसी ने अपनी कारें रोक दी और हम सभी नीचे उतर गए सड़क पर पैदल चलना शुरु कर दिया। बारात का बैंड इतना तेज बज रहा था कि आप एक भी बात नहीं सुन सकते थे। बैंड के पीछे लोग थे जो तरह-तरह से एकदूसरे के साथ नाच रहे थे। औरतें भी उनके साथ नाच रही थीं। जॉर्डन और पिता को नाचने वालों के समूह में खीच लिया गया। (पिता रॉब की ओर से टिप्पणी : रुपेश के दादाजी के साथ मेरा नाचना मेरे लिए शादी की मुख्य बात थी। वह मेरे ससुर की उम्र के हैं, मैं उनसे पहली बार सत्रह वर्ष पहले मिला, फ्रेंड की तरह वह आदरणीय अलग दिखने वाले और चमकदार आँखों वाले हैं। मैंने महसूस किया कि उसके साथ नाचना मेरा फ्रेड को गुड बॉय़ कहने का एक तरीका था।)

जब मैं चारों ओर देख रही थी, हर किसी के कपड़े बहुत सुंदर थे, साड़ियां भी बहुत सुंदर थी। आदमी काले सूट पहने हमारे सामने सड़क पर पटाखे जला रहे थे। बारात के पीछे शादी की कार चल रही थी। पीछे कार की ओर देखने पर ड्राइवर ने मुझे उसमें बैठने के लिए इशारा किया। दरवाजे के हैंडल को पकड़ना मुश्किल था क्योंकि सारा दरवाजा फूलों से ढका था। जब मैं अंदर गई तो कार में गुलाबों की खुशबू आ रही थी। दूल्हा कार में बैठा था और मैंने उससे पूछा कि क्या वह चिंतित है। उसने कहा कि "मैं आराम से हूँ जब तक कि मैं ऐसा कर सकता हूँ।" कुछ मिनट बाद उसकी भतीजी कार में आ गई। फिर नाओमी कार के अंदर आ गई। कार में फूलों के कई हार थे। नाओमी और मैंने उन्हें अपने बालों में लगा लिया। फिर हर कोई रुपेश को कार से बाहर खींचने लगा और उसे नचवाया। शादी के हाल पर रुकने के ठीक पहले कई मनके से बुनी हुई टोपियाँ पहने पहले दुल्हन की बहन बाहर आई, और लाल रंग जिसे सिंदूर कहते हैं, रुपेश के माथे पर लगाया फिर सिंदूर के ऊपर कुछ चावल के दाने लगाए। फिर उसने उसे प्रभु हनुमान के प्रसाद स्वरुप कुछ नारियल के टुकडे खिलाए।

जब रुपेश ने कार छोड़ी तो उसके मित्र उसे अपने कंधों पर उठाकर हाल के दरवाजे तक ले गए। हम सबने उस पर फूल फेंके। हॉल के अंदर

एक उठा हुआ चौकोर मंच था, जिसके ऊपर दूल्हा दुल्हन के बैठने के लिए दो कुर्सियाँ थी। सभी ओर गुलाबों और गेंदे के हार लगे थे। रुपेश आया और एक कुर्सी पर बैठ गया। फिर पंडितों ने उसे ढेर सारे आशीर्वाद दिए। कैमरामेन लगातार कैमरे की लाइट चमका रहे थे और शादी की वीडियो टेप बना रहे थे, यह बारबार चालू और बंद हो रहा था। सारे समय रोशनी और अंधेरा हो रहा था। जल्द ही दुल्हन दिविता आई, जो लाल कढाई वाली सफेद साड़ी, ढेर सारी चूड़ियाँ, हार और कान की बालियाँ पहने थी जो उसके कानों को ढके थीं। वह अपने हाथों में अंगूठियाँ पहने थी और उसके हाथों और पैरों पर मेहंदी भी लगी थी, जो कि एक पाउडर है जो हिना के वृक्ष से मिलता है, और भारतीय शादीयों में दुल्हन के श्रृंगार के लिए उपयोग किया जाता है। यह पेड़ की पत्तियों से बनाया जाता है और जब पत्तियाँ तोड़ने के लिए तैयार होती हैं, लोग उनका पेस्ट बनाकर शंकु के आकार के प्लास्टिक के टुकड़ों में भरकर बेच देते हैं। जब आप शंकु के ऊपरी किनारे को काटकर खोलते हैं तो मेंहदी बाहर निकलने लगती है और आप अपने हाथों और पैरों पर डिजाइन बनाते हैं। फिर आप इसे दो घंटे सूखने के लिए छोड़ देते हैं, और फिर इसे धो देते हैं, और लाल रंग की डिजाइन बन जाती है जो एक सप्ताह तक लगी रहती है।

पंडितों ने एक मंत्र पढ़ा और दिविता का पैर पवित्र जल में रख दिया। फिर उन्हें उसके बांए पैर पर दही डाला और पैर की बड़ी उंगली पर एक गेंदें का फूल रख दिया। दिविता बहुत रो रही थी क्योंकि वह अपने परिवार को छोड़ने वाली थी और अहमदाबाद से तीन घंटे की दूरी पर स्थित बड़ौदा में अपने पति के परिवार के साथ रहने जा रही थी। जोड़े ने एक दूसरे के गले में फूलों के हार पहनाए। एक पवित्र रस्सी दुल्हन के गले के चारों ओर बांधी गई और दूल्हे से जोड़ दी गई। एक गुलाबी कपड़ा रुपेश के गले के चारों ओर लपेटा गया और उसे एक सफेद लम्बे रुमाल से बांध दिया गया जो दुल्हन की पोशाक से बाध दिया गया। और मंत्र पढ़े गए।

केले के पत्तों में भारतीय रुपए के नोट लपेटे गए और उन पर पवित्र जल और चावल के दाने छिड़के गए। जोड़े के पैरों के आगे धातु का बक्सा रख दिया गया और उसमें आग जलाई गई। दूल्हे ने खड़े होकर अपने हाथों को प्यालेनुमा मोड़ लिया और दुल्हन ने भी उसके हाथों पर वैसा ही किया। एक पंडित ने दुल्हन के हाथों में कुछ चावल रखे जो उसने रुपेश के हाथों में उलट दिए। उसने चावलों को सभी दिशाओं में बिखेर दिया। पंडित के द्वारा अग्नि में घी उड़ेला गया। दोनों ने अपनी दाहिने पैर की उंगली से केले के पत्तों से लिपटे हुए और फूलों से ढके हुए नारियल को छूते हुए अग्नि के चार चक्कर लगाए। परिवार वाले फोटो खिंचते रहे। जोड़ा चला गया, और हम सब सीढ़ियों से नीचे उतरकर पारंपरिक गुजराती खाना खाने चले गए। कल शादी का स्वागत समारोह होगा।

A palace in Jaipur.

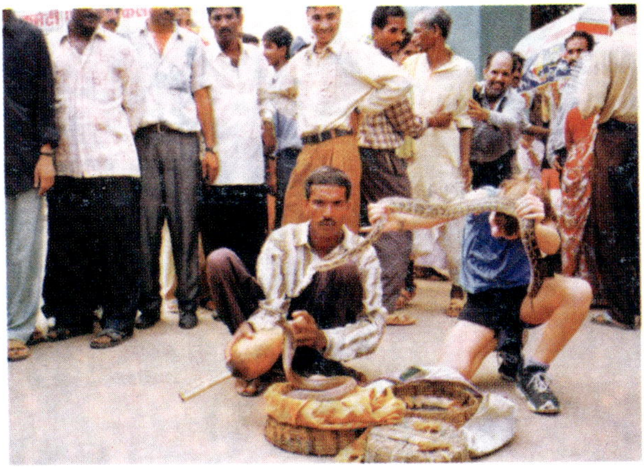

About this moment, Rosa writes, "I am in Delhi and I am putting the snake charmer's COBRA around my neck. I am very scared even though there are no teeth in the snake's mouth to bite me!"

Old vegetable market in Palitana, Gujarat.

The IIM soccer team.

Rekha and Naomi in Rekha's house, which is one room, with a small enclosure at one end for washing and cooking.

We are at the local thali restaurant, called Vishala, in Ahmedabad.

The Ambassador® car that took us all over Kutch on our fabric tour.

Dancing to Hindi movie soundtrack with Hina in the living room.

Rosa in all her finery.

The campus vegetable seller and the girls.

Naomi on an elephant at a Jaipur fort.

Jordan with his art teacher in the shop in Udaipur.

Outside our townhouse on campus.

Alice standing in an archway in the old temple at Jaipur.

18

भगवान हनुमान के मंदिर का भ्रमण

फरवरी मध्य

हमारी 10 वर्षीय पुत्री रोजा में हिन्दुत्व के दर्शनीय स्थलों, उसकी गहराई और महक के प्रति बहुत आकर्षण का भाव था। जहाँ कहीं भी हमने यात्रा की, वह मंदिर जाना पसंद करती थी और वह जब भी किसी मंदिर में जाती थी तो वहाँ पर की जाने वाली धार्मिक रस्मों के बारे में अंततः पर्याप्त जानकारी लेती थी। उसने अपनी डेस्क पर भी एक छोटा सा मंदिर स्थापित किया और वह और उसके प्रांगण के मित्र उस पर ताजे फूल और प्रसाद चढ़ाते थे। जब में छत्तीस साल पहले कलकत्ता में रहती थी तो मेरी आयु भी दस वर्ष की थी, मैं एक कैथोलिक कन्वेंट विद्यालय में पढ़ने जाती थी यद्यपि मेरा परिवार कैथोलिक नहीं था ना ही धार्मिक था और मुझे बहुत अच्छी तरह से याद है कि विद्यालय के चैपल में थोड़ी सी भीड़ के साथ हमें प्रत्येक सुबह जल्दी धीमी रोशनी और मोमबत्तियों से रहस्यमय ढंग से प्रदीप्त अगरबत्ती और लैटिन भाषा के साथ प्रार्थना करनी पड़ती थी। रोजा का हिन्दुत्व के प्रति आकर्षण भाव मुझे पहले की भक्तिपूर्ण रस्मों के प्रति मेरे आकर्षण की याद दिलाता था।

रोजाना विद्यालय से आने के बाद मैं हनुमान मंदिर नामक एक विशेष मंदिर में जाती हूँ। भारत में हनुमान वानर भगवान हैं। सड़क की एक लम्बी

पट्टी मंदिर की ओर जाती है। ड्राइवर उस पट्टी से जाकर वैन खड़ी कर देता है। फिर मेरे कार के मित्र और मैं वैन से बाहर उतरकर दर्शन करने जाते हैं। दर्शन अपने धर्म के भगवान की प्रार्थना है सीढ़ियाँ चढ़ने से पहले हम अपने जूते उतार देते हैं, फिर हम घंटी बजाते हैं। घंटी बजाने से भगवान जान जाते हैं कि हम उनके सामने उपस्थित हैं। फिर हम मूर्ति के पास आते हैं, और हम प्रार्थना करते हैं। मंदिर में छत के पास विभिन्न भगवान के कई चित्र हैं। चूंकि हनुमान वानर भगवान हैं, उनकी नाक और मुंह का आकार वानर जैसा है।

मूर्ति और उस जगह जहाँ लोग खड़े होकर प्रार्थना करते हैं, के बीच एक काउंटर है। काउंटर से आगे कई बूढ़े आदमी पालथी मारे फर्श पर बैठे हुए या तो नारियल के टुकड़े अखबार के कागज में लपेट रहे हैं या गेंदे के हार बना रहे हैं। नारियल का फल हनुमान का प्रतिनिधित्व करता है। जहाँ ये आदमी बैठे हैं वहाँ फर्श पर कई अन्य चित्र हैं। मूर्ति गेंदे के फूलों, नारियल और चीनी से बनी सफेद गुमहेदार गेंद के प्रसाद जो कि एक पवित्र व्यंजन है, से आच्छादित है, हम इस प्रसाद को इस बात के प्रतीक के रुप में खाते हैं कि हम भगवान को अपने हृदय में ले जा रहे हैं। प्रार्थना करने के बाद हम घुटनों के बल नीचे झुकते हैं और अपना माथा फर्श पर लगाते हैं। जब हम यह करते हैं तो हम शब्द "ओम" का उच्चारण करते हैं, क्योंकि यह उसकी पहचान है कि हम पवित्र भूमि पर चल रहे हैं। फिर हम खड़े होते हैं और अपने हाथ से कांउटर को छूते हैं और हाथ से अपनी दोनों आँखों और फिर अपने चेहरे के प्रत्येक हिस्से को छू कर पवित्रता का आशीर्वाद पाते हैं।

मंदिर के पिछवाड़े कई भगवानों जैसे राम, रावण, सीता, हनुमान, शिव, गणेश, और सरस्वती की कागज की मूर्तियाँ हैं। हम प्रत्येक भगवान की ओर कुछ प्रसाद फेंकते हैं, फिर अपने जूते पहनते हैं और पुनः घंटी बजाते हैं। जैसे ही हम मंदिर छोड़ते हैं वहाँ एक स्टाल है जहाँ से आप हनुमान बिंदी लगवाते हैं, जो एक लाल चिन्ह जो आप अपने मांथे और गले पर लगवाते हैं, फिर हम अपनी वैन में बैठते हैं और घर की ओर बढते हैं।

वे लोग जो विद्यालय से घर के रास्ते में मेरे कार के समूह में हैं, हिन्दू हैं और उनकी मां भगवान हनुमान में विश्वास करती हैं।

मैं सब्जियों के कई हिन्दी नाम सीख रही हूँ जैसे पांवभाजी (पाव एक तली हुई ब्रेड है, भाजी कई सब्जियों का मिश्रण है।) आप भाजी पाव पर रखते हैं और इसे सैंडविच की तरह खाते हैं। यह आलू और मटर से बनता है। परंतु मेरा प्रिय भोजन चावल और पूड़ी के साथ चना मसाला है, जिसमें चना, चावल और तेल में तली हुई एक प्रकार की मोटी ब्रेड होती है। शुरु से जब मैं यहाँ आई तो मुझे यह भोजन बहुत पसंद था किंतु अब मैं हेमबर्गर और फ्रेंच फ्राइज खाना चाहती हूँ। हम निचली सड़क पर एक छत पर बने रेस्तरां, रांचेज नामक रेस्तरां में गए, जो एक तरह का मेक्सिकन रेस्तरां था। बैरों ने जींस, लाल रंगबिरंगा रुमाल, नीले और सफेद खाने की शर्ट पहनी थी और अपनी जेबों में पिस्तौल रखे थे।

गर्मी आ रही है, दिन लम्बे और लम्बे होते जा रहे हैं रोजा का प्यार।

19

फिरदौस अमरूत-केन्द्र, अहमदाबाद के स्कूल में एक दिन

हमारें बच्चों का विद्यालय का अनुभव अहमदाबाद में हमारे रहने के दौरान भारत में हमारे परिवार के लिए सबसे बड़ी चुनौती थी। शिक्षकों के उच्चारण से लेकर जब वे अंग्रेजी बोलते थे से लेकर भोजन तथा पाठ्यक्रम तक अभ्यस्त होने के लिए बहुत कुछ था। पढ़ाने की भाषा अंग्रेजी थी, परंतु हमने पाया कि हमारे बच्चे अपने भारतीय सहपाठियों से गणित और विज्ञान में बहुत पीछे थे, और समझने के लिए बहुत कुछ करना पड़ता था। भारतीय शिक्षा पद्धति अत्यधिक परिणात्मक और प्रतिस्पर्धात्मक है, और याद करना, दोहराना और परीक्षाएं रोज की बात है। फिर भी हमारे बच्चों ने बहुत अच्छा किया, और बहुत तेजी से अपने सहपाठियों के बीच से गहरे दोस्त बनाये। यह हमारी दस वर्षीय बेटी का एक सामान्य विद्यालय का दिन है।

मैं लगभग 8:15 सुबह विद्यालय पहुँची। मेरी कक्षा का कमरा तीसरी मंजिल पर है। मेरे बस्ते में छब्बीस पुस्तकें, उनके साथ मेरे सारे प्रोजेक्ट वर्क और भोजन है। यह बहुत भारी है। 8:30 बजे घंटी बजती है और मेरी कक्षा के विद्यार्थी टेनिस कोर्ट में इकट्ठे होने के लिए नीचे उतरने के लिए पंक्तिबद्ध हो जाते हैं। सभा में लड़के और लड़कियां अलग-अलग पंक्तिबद्ध

होते हैं। एक आदमी एक अंग्रेजी प्रार्थना "मेरे प्रभु, मैं आपको इस दिन के सारे विचार, शब्द, और कार्य भेंट करता हूँ। मेरे प्रभु मैं आपसे आशीर्वाद और आज मुझे अच्छा बनाने की अनुकंपा मांगता हूँ" प्रारंभ करने के लिए आदेश देता है फिर हम एक हिन्दी प्रार्थना गाते हैं, और उसके बाद समाचार और आज का विचार सुनते हैं, और कभी-कभी कोई एक कविता पढ़ता है। अपने बगल में मुठ्ठी बांधे हुए, सावधान की मुद्रा में खड़े होकर, हम राष्ट्रगान गाते हैं। फिर ढेर सारे उबाऊ शारीरिक व्यायाम करते हैं।

पहला पीरियड 9:00 बजे प्रातः शुरु होता है, प्रत्येक पीरियड 45 मिनट का होता है। तीन पीरियड के बाद, जब घंटी बजती है तो ब्रेक होता है। ब्रेक 15 मिनट का होता है और हम अपना भोजन खा सकते हैं या अपना काम निपटा सकते हैं। मैं रोजाना विद्यालय पॉपकॉर्न लेकर आती हूँ और हर एक इसे बहुत पसंद करता है। इसके बाद दोपहर के भोजन के समय से पहले दो पीरियड और होते हैं। जब शिक्षक कक्षा में आता है तो हमें खड़ा होना पड़ता है और "गुड मॉर्निंग मैम या सर" कहना पड़ता है। कभी-कभी यदि शिक्षिका आती है और वह खराब मूड में होती है, तो वह कह सकती है कि "आपको मुझे शुभकामना देने की जरुरत नहीं है"। फिर हम सब खड़े हो जाते हैं और कहते हैं "क्षमा करें मैम"।

अभी हम अंग्रेजी में ग्रामर पढ़ रहे हैं। पर्यावरण विज्ञान में हम अपने कार्य की पुनः समीक्षा कर रहे हैं और गणित में हम कोण, त्रिकोण, लम्बाई और धन पढ़ रहे हैं। (संपादक से टिप्पणी "पर्यावरण" की कक्षा सामाजिक अध्ययन है और रोजा गुजरात राज्य में नागरिक शास्त्र के बारे में सीख रही है।)

दोपहर के भोजन के लिए सीढ़ियां उतरते हैं। हम सब अपने जूते भोजन कक्ष में जाने से पहले उतार देते हैं। यहाँ फर्श पर कतारों में चटाईयां बिछी हैं और हम वहाँ बैठते हैं और धातु की बड़ी प्लेटों में धातु के कपों और धातु की चम्मचों के साथ भोजन करते हैं। पहली से चौथी कक्षा

तक दोपहर का भोजन साथ-साथ किया जाता है। भोजन कक्ष में बहुत शोरगुल होता है और सभी शिक्षकों को हमें चुप कराना पड़ता है। हम एक प्रार्थना कहते हैं धन्यवाद ईश्वर उस भोजन के लिए जो हम खाने वाले हैं।" कई औरतें हमारे पास व्यंजन लेकर आती हैं और रोटी, सब्जी, दाल और करी, और कभी कभी चावल परोसती हैं। हालांकि चम्मचें होने पर भी मेरे सहित सभी बच्चे अपने हाथों से भोजन करते हैं। दोपहर के भोजन के बाद हम तीन और पीरियड पढ़ने के लिए ऊपर सीढ़ियां चढ़कर जाते हैं। फिर घंटी बजती है और विद्यालय खत्म हो जाता है।

20

पिता की मृत्यु

फरवरी अंत

यहाँ हम में से कुछ लोग अलग तरह की यात्राएं कर रहे हैं। पिछले नवंबर में मेरी पड़ोसन लक्ष्मी को अचानक दक्षिण भारत में घर बुलाया गया, क्योंकि उसके पिता मरने वाले थे। उसके पहुँचने के तुरंत बाद वह मर गए, और 28 जनवरी गुरुवार तक वहाँ रुकी रही। उस दिन की शाम को मुझे यहाँ से बॉल्डर, कोलोरेडो में बिस्तर पर पड़े अपने पिता को देखने जाना पड़ा। वह बिस्तर जिससे वह 3 फरवरी की प्रातः काल को अपने देहांत के बाद फिर नहीं उठेंगे। वह धैर्यपूर्वक और बुद्धिमता से कई बीमारियों को पिछले कुछ वर्षो से दूर रखे हुए थे, और अंततः वह न्यूमोनिया की चपेट में आ गए, जिसने उनकी बातस्फीति पर जोर डाला और अंतिम समय में फेफड़ों को कमजोर कर दिया। और अब वह अपनी अंतिमयात्रा की योजना बना चुके हैं, जैसे कि उन्होंने अपने 86 वर्ष लंबे जीवनकाल में अन्य यात्राओं की योजना इतने वर्षो में यदाकदा स्वयं सूचित करके और मेरी मां, मेरी बहन और मुझे प्यार से तैयार करके बनाते थे, और अपने आस-पास के हर व्यक्ति को समझाकर यह सुनिश्चित कर दिया है कि उनके जीवन को और बढ़ाने के लिए अब कोई अन्य उपाय नहीं किया जा

सकता। इस आदमी ने हमें इतने वर्षो में भारत, ईरान, जर्मनी, कोलंबिया और कई अन्य देश और इसके साथ-साथ प्रकृति और प्राचीन लोगों के रहने के स्थानों के अवशेषों को सराहने के लिए दक्षिण पश्चिम नए और पुराने दोनों संसार दिखाए हैं।

हम उसके शयनकक्ष में चारों इकट्ठे थे तो वह पुनः अंतिम एक बार, शब्दहीन होकर हमें बताने लगा कि हमें इसकी मृत्यु की ओर अकेली यात्रा पर उसे किस तरह सहायता करनी है।

बॉल्डर की आश्चर्यजनक घर जैसी चिकित्सा देखभाल की सहायता से, उसके हाथ पकड़े चेहरा धोते हुए, उसे भोजन खिलाते हुए, उसका मनपसंद संगीत बजाते हुए, उसे आराम से रखते हुए और जैसा उसने अनुभव अपने जीवन में किया और जो मार्ग हमें दिखाया उसका पालन करते हुए, हमने उसके बगल में लम्बे और प्रेममय दिन और रातें गुजारी। देखभाल करने वाली नर्स जो समय-समय पर आती थी, उसने जाना कि हमारे पिता हमें सिखा रहे हैं और सहायता कर रहे हैं। उसने बहुत सुंदर तरीके से हमें समर्थन दिया। वे दिन गुजर गए, हम एक जीव को प्रकट होते हुए महसूस कर सकते थे, कि हम चारों उस यात्रा के आस-पास उत्पन्न हो रहे थे कोई चीज जो अस्पष्ट धारणा रखती थी किंतु वह मेरी मां, मेरी बहन और मेरे साथ रह गई थी।

इस यात्रा की कहानी कुछ इस तरह की नहीं है कि मैं इसे इस माध्यम को सौपनें की अपेक्षा करती, किंतु मैं इस समय इसके अलावा कुछ और नहीं लिख सकती थी और मैं महसूस करती थी कि यदि मैं इस यात्रा की कहानी पहले न लिखती तो मैं भारत के बारे में अन्य कोई कहानी लिखने में समर्थ न होती। मेरी मां मेरी बहन कारला की सहायता से इस दुःख से उबर रही हूँ, जो कुछ समय के लिए अपने परिवार के साथ बॉल्डर में रह रही हूँ। वह एक मजबूत और साहसी महिला है, और उसके बिना

मेरे पिता अपनी अंतिम यात्रा पर उतने विश्वास के साथ नहीं जा पाते मेरी आँखों के सामने वे कई अकथनीय तरीकों से उन अंतिम दिनों के साथ-साथ एक दूसरे की देखभाल करते थे। किसी अन्य यात्रा पर क्या मुझे इतना विशेषाधिकार मिला है।

मेरी मां के पिता तब गुजर गए थे, जब सैंतीस वर्ष पहले हम कलकत्ता में रह रहे थे। मैं यह इस आशा के साथ भेज रही हूँ कि आप हमारे अनुभव के आश्चर्य को महसूस कर सकें। हम दुखी हैं, किंतु हम इसे थोड़ा समझ पाते हैं। यहाँ हम सबकी ओर से प्यार, एलिस है।

21

जयपुर में हाथीयों का मेला

यहाँ इस उत्सव का रोजा को अनुभव है। यह सचमुच शानदार था, और इसमें सम्मिलित होकर हम बहुत प्रसन्न हैं। रोजा के वर्णन के बाद उसकी मां का जयपुर शहर का वृत्तांत है।

एक मार्च को हम जयपुर गजमहोत्सव में गए। हम स्टेडियम गए और सारे हाथी देखे। उत्सव प्रारंभ होने से पहले, हमने एक हाथी की सवारी की। हाथी सभी ओर से खूबसूरत रंगों से रंगे थे, और उनके पिछले हिस्से रेशम के कपड़ों से ढके थे। उनके गजदंतों पर पताकाएं और पटि्टयाँ लगी थीं और उनके कानों के बाहर बड़े, लम्बे चमकदार रंगीन स्कार्फ बंधे थे। जैसे ही समारोह प्रारंभ हुआ, हाथी जोड़ों में स्टेडियम में आगे बढ़े। कुल मिलाकर 62 हाथी और 58 ऊँट थे। हर चीज बहुत सुसज्जित थी, और जब महाराजा का हाथी आया, हर किसी ने तालियां बजाई फिर उनकी पत्नी महारानी, बीस आदमियों द्वारा उठाई हुई, सभी ओर से परदों से ढ़की पालकी में आई।

फिर सभी हाथी पंक्ति में खड़े हो गए और उत्सव प्रारंभ हो गया। सबसे पहले सबसे अच्छी वेशभूषा वाले हाथी के चयन की प्रतिस्पर्धा थी, फिर पांच हाथियों की दौड़ थी। फिर हाथियों और पर्यटकों के साथ

रस्साकशी थी। अंत में सारे पर्यटक मैदान में घसीटे गए। उसके बाद आतिशबाजी हुई और हाथियों और पर्यटकों पर होली के रंग फेंके गए। भारत में होली रंगों का त्योहार है। हम गुलाल लेकर एक दूसरे पर फेंकते हैं। हम बाल्टियों में पानी भी लेते हैं और उन पर पानी फेंकते हैं। मुझे वहाँ बहुत मजा आया और मैं इसे अपनी बाकी जिंदगी भर याद रखूंगी।

22

जयपुर में हवा नृत्य

फरवरी के अंत में हम जयपुर, जो उत्तरी राजस्थान का एक पुराना ऐतिहासिक शहर है, की पूर्व नियोजित यात्रा पर गए। कोलोरेडो और स्पेन से यात्रा पर आए मित्र हमारे साथ थे। हर वर्ष उस शहर में हिन्दू त्योहार होली, जो कि बसंत ऋतु के स्वागत में पूर्णिमा को मनाया जाता है, के साथ गज महोत्सव आयोजित किया जाता है। रोजा ने हाथियों की शोभायात्रा का अच्छी तरह से वर्णन किया है, अतः मैं सिर्फ यह कहूँगी कि यह होली से एक दिन पहले पड़ता है, जब अर्धरात्रि में सारे शहर में सड़कों पर झाड़ियों के बड़े-बड़े अलावों में होली जलाई जाती है। एक अलाव हमारे होटल के द्वार के ठीक सामने स्थापित किया गया था, और शाम को हमने देखा कि औरतें अपनी बेटियों के साथ झाड़ियों के ढेर के पास पूजा के प्रसाद के चावल, जल और फूलों की पत्तियों से भरी प्लेंटे लेकर पहुँची और इन चीजों को और गोबर के उपलों की मालाओं को ढेर के सभी तरफ बिखेर दिया, जिसके नीचे अगरबत्तियाँ जल रही थी। खुशबू से भरी हुई हवा में पूर्वानुमान और उत्तेजना सुस्पष्ट थी क्योंकि जवान और बूढ़े अगले दिन "होली खेलने" के लिए तैयार थे।

सुबह की शुरुआत से ही हर कोई इतना अधिक गुलाल और रंगीन पानी घर पर और सड़क में एक दूसरे पर फेंक रहे थे। शाम को जैसे ही हमने उस दिन पहली बार होटल के द्वार के बाहर देखने का साहस किया

तो पाया कि गहरी खुली हुई नालियों में लाल रंग का पानी बह रहा था। हर कोई रंगों से रंगा हुआ था, और ज्यादातर आदमियों के चेहरे, कंधे और हाथ गहरे लाल रंग से पुते हुए थे। स्वाभाविक रुप से सभी तरह की शरारतें अकल्पित और विशेषकर अप्रतिरोध्य लक्ष्यों पर की जाती हैं, और हम अमेरिकीयों ने दिन सुरक्षित ढंग से होटल के मैदान की चारदीवारी के भीतर गुजारना चाहा। जैसा कि स्वाभाविक था, फिर भी, बच्चों और उनकी मित्र एडरिआना जो कोलोरेडो से थी, ने होटल के भीतर खूब होली खेली यह पूरी तरह से होटल के भीतर एच्छिक मनोरंजन था। हम सब एक-एक जोड़ी पुराने कपड़े लाए थे और उनके कपड़े 1999 की होली में सदा के लिए रंग गए थे। वे उत्पात मचाते हुए आनंद ले रहे थे, और हम व्यस्क सिर्फ उन्हें देख कर ही बहुत आनंदित थे।

अगले दिन रेलवे स्टेशन के पास हमने आदमियों के एक बड़े समूह को देखा जो होली के लाल रंग में पूरी तरह सरोवार थे और सड़क पर ढोल और तुरही बजाकर नाच रहे थे। होटल के एक ड्राईवर जयराम ने हमें बताया कि ये पुलिस वाले थे। जो एक दिन देर से होली मना रहे थे, चूंकि वे पहले दिन नागरिको को व्यवस्थित करने के लिए ड्यूटी पर थे।

जयपुर टुकड़ों में बटी भव्यता और अत्यंत गंदगी वाला शहर है। मैं गंदगी से आश्चर्यचकित थी, किंतु मुझे दोनों की बराबर मात्रा दिखी। पुराना शहर दुनिया के प्रत्येक पुराने शहर की तरह सकरी, मोड़दार गलियों से भरा होने की बजाय चौड़ी सीधी एक दूसरे को सही कोणों पर काटती सड़कों का बना था। उल्लेखनीय महाराजा जय सिंह द्वितीय ने इसे 1727 में बसाया था। वह 13 वर्ष की आयु में सन् 1700 में सत्ता में आ गए थे। इन रास्तों के बीच चौकोर जगहों पर बड़े बड़े गुलाबी महल हैं, जो अपनी चटकी हुई और जर्जर दीवारों के साथ स्वयं की रक्षा करते हुए धूमिल सौंदर्य के साथ तने खड़े हैं, और अपनी पहले की मान्यता और सौंदर्य की याद दिलाते हैं।

अंततः, जयपुर ने मुझे गर्मजोशी दी, किंतु इसमें कई दिन लगे, और शहर को ऊँचाई से निहारने का अवसर इनमें से एक महल, हवा महल के

सबसे ऊपर चढ़कर मिला। लगभग पाँच मंजिल ऊँचा, यह शहर में सबसे ऊँचा महल हो सकता है, हर कोई कहता है, कि इसका अंदरुनी हिस्सा बेकार है, और इसके बाहर का सामने वाला हिस्सा ही इसके बारे में सार्थक बात करता है। इसके गुलाबी और सफेद मोहरे सुंरक्षित किए गए हैं, और दुकानों और खोंमचे वालों और पेय जल की गाड़ियों और भिखारियों से भरे हुए व्यस्त रास्ते पर सीधे खड़े हुए सुंदर खिड़कियों गुम्बदों और दरवाजों और अन्य इस्लामिक वास्तुकला की विशेषताओं से युक्त भुलभुलैया सांस रोक देने वाली है। किंतु हमने कुछ शांतिपूर्ण समय इस स्मरणीय इमारत के अन्दर गुजारा, बच्चे ऊपर-नीचे चढ. उतर रहे थे, और इसके रहस्यों को जान रहे थे। आप जयपुर के बारे में कुछ अंतिम परिप्रेक्ष्य प्राप्त कर सकते हैं, हर दिशा में ज्यादा से ज्यादा पुराने महल देख सकते हैं और सभी या उन्हें बनाने वाले व्यक्तियों के वंशजों के या जो उनके अधिभोग में हैं, जिन्होंने उन्हें खरीदा या किराये पर लिया है।

हवा महल के शीर्ष से कुछ ही दूरी पर मैदान पर बनी कुछ अजीब दिखाने वाली घास पर फैली हुई संरचनाएं देख सकते हैं। यह खगोल विज्ञान और ज्योतिष विज्ञान के उद्देश्यों के लिए प्रेक्षण स्थल, जंतर-मंतर हैं, जो महाराजा द्वारा बनाया गया था, जब उन्होंने इस शहर की स्थापना की। सप्ताह के बाद हमने एक गाइड किराये पर सभी के बारे में समझाने के लिए रखा, जो सभी विशाल रूप में निर्मित, जिससे दिन का समय जानने के लिए, किसी दिए गए समय पर सूर्य की और तारामंडल की स्थिति जानने के लिए, ध्रुव तारे की स्थिति जानने के लिए, नक्षत्रों का अक्षांश जानने के लिए, और अन्य उपयोगों के साथ, ज्योतिष विज्ञान की गणना करने के लिए घूम सकें और चढ़ सकें। दो सूर्य घड़ियों में से बड़ी वाली सूर्य घड़ी 80 फीट से ज्यादा की ऊँचाई तक उठती है और दो सैकेण्ड के अंदर भारतीय मानक समय के बराबर शुद्ध समय बताती है। जय सिंह ने तीन अन्य शहरों में भी जंतर-मंतर निर्मित किए। "इतिहास का एक सुनहरा अध्याय 21 सितम्बर 1743 को तब समाप्त हो गया जब महाराजा सवाई जय सिंह का स्वर्गवास हो गया, किंतु उन्होंने गुलाबी

शहर जयपुर के अलावा जंतर-मंतर नामक भव्य संरचनाओं का निर्माण कराके स्वयं को अमर कर दिया। उनका अंतिम संस्कार जयपुर के उत्तर में गटोर में राजकीय श्मशान भूमि पर किया गया।" मेरी राय में एक मार्ग दर्शन पुस्तक का यह कथन इस स्मरणीय मानव के संबंध में बिल्कुल सटीक बैठता है।

यहाँ मैं अपनी जयपुर यात्रा की एक छोटी सी कहानी बता रही हूँ, जिसने हम सभी पर बहुत प्रभाव छोड़ा। हमारे होटल के पास एक बाजार था जो छोटी गलियों की भुलभुलैया थी, जहाँ से हम फल खरीद सकते थे। जब पहली बार हम गए, हमें एक रेस्तरां मिला, जिसमें भोजन इसके प्रवेश द्वार से दूर इसके मालिक की निगरानीपूर्ण नजरों के अधीन पकता था, और सड़क तक खुशबू फैलती थी, रेस्तरां के सामने सड़क के किनारे धूल में बहुत गरीब दिखने वाले लोगों और बच्चों की कतार बैठी थी। मालिक थोड़ी अंग्रेजी बोलता था, और उसने बताया कि वे लोग दूसरों का इंतजार कर रहे थे कि वे आयें और उनके भोजन के लिए धन अदा करें। यह एक मुस्लिम संस्थान था, और इस्लाम की एक परंपरा दान देना है, इस स्थान का चयन किसी भूखे आदमी के भोजन के लिए एक विशेष कीमत देकर दान करने के लिए किया गया, और अन्य लोगों को उनका दान देने के कर्तव्य को करने के लिए इस भोजन को खरीदकर देने का अवसर दिया गया।

अतः हमने वहाँ रोजाना जाना शुरु कर दिया और हमने उतने लोगों को भोजन कराना शुरु किया जितना हमने सोचा कि हम कर सकते थे (हर भोजन जिसमें चावल, दाल और एक बड़ी चपाती होती है, की कीमत 10 रुपए है।) प्रत्येक बार जब हम पैसे देते, मालिक कतार के सामने से लोगों की गिनती कर देता, फिर भी उस दिन हमने कई लोगों के लिए धन अदा किया। (एक बार उसकी गिनती सिर्फ दो छोटे बच्चों के पहले रुक गई, इसलिए हमने उनके भोजन के लिए भी पैसे अदा कर दिए।) अंत में, अंतिम दिन डेनवर की हमारे मित्र फिली हमारे हवाई अड्डा जाने के पहले रेस्तरां गई और उसने भोजन के लिए कतार में जितने लोग बैठे थे, उन

सभी के भोजन के लिए धन अदा कर दिया, उसने कहा कि "वह सबसे अधिक 7 डालर थे, जो मैंने अभी तक खर्च किए"।

शहर से बाहर सड़क से नीचे उतरकर मजबूत झिर्रीदार दीवारों से घिरा कुछ सीमा तक साबुत किन्तु त्यागा हुआ एक महल है। अगर आप रास्ते से इसकी ओर बढ़ते हैं, कई स्वस्थ दिखने वाले बंदर आपके पास आते हैं यदि वे देखते हैं कि आप दरवाजे के पास से खाने की चीजें उनके खाने के लिए ख़रीद कर लाए हैं। आप दो और तीन मंजिला एक दूसरे से जुड़े हुए भवनों से घिरे मैदान में प्रवेश करते हैं, और वहाँ से दूर किनारे जहाँ सीढ़ियों का रास्ता है, के लिए आगे जाते हैं। चकाचौंध करते हुए चारों ओर फैलती सूर्य की रोशनी और ऊंचाई पर पानी की संभावना के बारे में सावधान करती है। सीढ़ियों से ऊपर जाने पर आप पहाड़ी के किनारे पर एक चट्टानी खड्डे में प्रवेश करते हैं और अचानक आप एक छोटी झील के किनारे पर होते हैं जिसके पास के किनारे पर पत्थर पड़ा है। सूर्य की गर्मी में यहाँ पानी की ताजगी का मजा लेते हुए कई औरतें साड़ी पहने हुए नहा रही हैं। उनके आगे बांयी ओर से मंदिर की ध्वनियां सुनाई पड़ रही हैं। आगे बढ़ने पर ढालू प्रपात है जिसके ऊपर एक छोटा तालाब है जहाँ बंदर खेल रहे हैं और पानी पी रहे हैं। रास्ते में हमने देखा कि एक धोती पहने हुए आदमी ने छह फीट ऊपर प्रपात से बड़े तालाब में छलांग लगाई हम सभी को बहुत आनंद आया (धोती बंधी रही)। हमें बताया गया कि तालाब बावन फीट गहरा है। इस आदमी ने नाओमी को बहुत पसंद किया, और उसने तभी छलांग लगाई जब नाओमी ने उसे विपरीत दीवार से इशारा किया कि उसे ऐसा करना चाहिए। और आगे बढ़ने पर चोटी पर छोटा मंदिर था जिसके पुजारी ने अच्छी अंग्रेजी में बताया कि वह यहाँ तीस वर्ष से पूजा कर रहा है, और उसका परिवार पहाड़ के उस पार जयपुर में रहता है, और वह बी.काम.(वाणिज्य) डिग्री धारी है। रोजा द्वारा एक हिन्दु मंदिर में प्रार्थना के सारे तौर तरीकों को दिखाने के बाद पुजारी ने हम सब के माथे पर बड़ी लाल बिंदी लगाई।

हमारे कदम वापस उतरने के पश्चात अब हम तीर्थयात्रियों की भीड़ के साथ थे। हमारे पास के गुजरने वाली एक औरत ने देखा कि एड्रियाना अपनी जख्मी उंगली की शिकायत कर रही थी। एक औरत एक छोटा बच्चा, और एक प्लास्टिक की डलिया ले जा रही थी। उसने बच्चा अपने पति को दे दिया, और डलिया में तब तक ढूंढती रही जब तक उसने ट्यूब जिस पर "प्रतिजैविक मल्हम" लिखा था, को ढूंढ नहीं लिया और हमें भेट किया। एड्रियाना ने मल्हम न लेने का निश्चय किया, किन्तु हमने उसके लिए उसे धन्यवाद दिया, और मैंने उसके प्रयास और भावमुद्रा से गर्म जोशी महसूस की। नीचे तल में खुले मैदान के पीछे, मैंने गीत की आवाज एक इमारत से आती हुई सुनी। कुछ सीढ़ियां ऊपर एक किनारे पर बंद और बाकी ओर खुला एक बड़ा कमरा था। कमरे की छत्त कमरे के बाहरी ओर से और इसके संपूर्ण केंद्र की ओर से खम्भों पर टिकी थी। यह एक बड़े खुले अहाते की तरह थी और दीवार वाले कोने की तरफ एक देवता की मूर्ति के सामने चटाई पर दो पुजारी बैठे थे और ढोलक बजाते हुए गा रहे थे। उनके लम्बे बाल थे और वे धोती पहने थे। मैंने रोजा और नाओमी को संगीत सुनते हुए और उस सुंदर कमरे से गुजरती ठण्डी हवाओं का आनंद लेते हुए वहाँ पाया। हम लोग वहाँ अकेले थे। मुझे उनमें से एक पुजारी ने एक और बिंदी लगाई, और अच्छी मुस्कुराहट के साथ मेरा स्वागत किया और मेरे द्वारा उसे दिए गए 10 रुपए के नोट को सहर्ष स्वीकार कर लिया। जब मैं कमरे के आस-पास घूम रही थी, दो मध्यम कद की लड़कियाँ मेरे पास मुस्कुराती हुई आयीं और अपने हाथ फैला दिए। मैंने बड़ी लड़की का हाथ पकड़ लिया और वह अपने अक्ष पर मेरा हाथ पकड़े गोल घूमने लगी, और संगीत की धुन के साथ हम तेज होते गए। उसका लहंगा गोलगोल घूमने लगा और हमारे घूमने के कारण मेरी सलवार कमीज उड़ने लगी। अंततः मैं रुक गई और मैंने जोर दिया कि हम चक्कर के विपरीत दूसरी दिशा में घूमते हैं। फिर दूसरी लड़की ने मेरा हाथ पकड़ लिया और कुछ और गोल घूमे, पहले एक दिशा में, फिर दूसरी दिशा में इससे पहले कि मैं और पहली लड़की पुनः गोल घूमना शुरु करें, मैंने ध्यान दिया कि नाओमी पुजारियों के साथ उनकी चटाई पर बैठ गई

है, और ढोलक के साथ-साथ मंजीरे बजा रही है, जिससे प्यारी घंटी की आवाज निकल रही है। रॉब दीवार से टिका बैठा था और इस दृश्य को देखते हुए संगीत सुन रहा था। रोशनी और ठण्डी हवा और ताल और नृत्य मुझे किसी दूसरी दुनिया में ले गए क्योंकि लड़कियाँ मेरे साथ गोल नाच रही थीं। धरती और आकाश हमारे द्वारा रची हुई एक विभा के बीच मिल रहे थे क्योंकि हम गोल नाच रहे थे। हो सकता है कि आपने भी ऐसे अद्भूत आकाश में कभी अनुभव किया हो। हम यहाँ अच्छी तरह से हैं और दुबारा विद्यालय और गृहकार्य और भोजन पकाने की दिनचर्या शुरु हो गई है।

23

राजस्थान में ग्रामीण जीवन

मार्च अंत

जयराम वह ड्राईवर था जिसने गर्व और धैर्य से और ज्यादा सावधानी से हमें सप्ताह भर जयपुर के आस-पास घुमाया जब हम वहाँ थे। छब्बीस वर्ष की आयु में वह हमारे विश्वसनीय उम्रदराज श्री रमण की तरह उतना ही सावधान ड्राईवर होने के लिए छोटा था किंतु उसने जयपुर और उसके आस-पास की भीड़भरी सड़कों पर हमें बगैर किसी बड़ी गलती के घुमाया। वह पतला, अच्छा दिखने वाला चौकोर जबड़े वाला और ऐसी चमकदार मुस्कुराहट वाला, जो भीड़ में भी ध्यान आकर्षित करे, आकर्षक युवक था। मैं सोचती हूँ कि हम एक परिवार के रुप में आए थे और कहीं भी शोर शराबे वाले प्रसन्न परिवार की तरह व्यवहार कर रहे थे, हम यहाँ लोगों के साथ झटपट गहरे संबंध बना रहे थे, जहाँ परिवार और उसकी गातिविधियाँ और उसकी गपशप बहुत महत्वपूर्ण हों। जो कुछ भी हो, जयराम के साथ गए थे, और बहुत जल्दी उसने हमें अपने गांव आमंत्रित करने के बारे में बातें करना शुरु कर दिया। जयपुर में अंतिम दिन वह हमें शहर से बाहर लगभग 30 किलोमीटर दूर अपने बड़े गृह नगर ले गया जो गेंहू और लसुनघास के खेतों के बीच था। खरीफ के गेंहूँ हरे और लम्बे थे और कई एकड़ में फैले छोटे खेत थे और प्रत्येक खेत में एक या दो वृक्ष थे। वहाँ सभी ओर सारी जमीन अच्छी फसल समृद्ध दिखाई पड़ रही थी।

जैसे ही हमने गांव में प्रवेश किया हम कुछ छोटे सीमेंट और ईटों के मकानों से गुजरे, प्रत्येक मकान के पीछे जानवरों के लिए आंगन और दीवार थी। मकान घने बने हुए थे, और वहाँ कुछ छोटी दुकानें थीं, जब हम गांव के मैदान में पहुँचे, यह एक खुला स्थान था जिसके सभी ओर कुछ पेड़ दुकानें और एक ओर स्थानीय विद्यालय जो इस क्षेत्र के कई गांवों के बच्चों को शिक्षा देता है। बाद में हम स्कूल गए, किंतु पहले हम कार से चलकर गांव के दूर किनारे के बाहर स्थित जयराम के परिवार के निवास स्थान पर पहुँचे। यह एक बड़ा समतल क्षेत्र था जिसमें जगह-जगह कुछ घास उगी थी और एक कम ऊंचाई के कंक्रीट भवन, जिसमें कई चौड़े द्वार और बाहर की ओर अंदर आंगन में खुलने वाले कमरे थे, के सामने पेड़ उगे थे। अगले हिस्से के आंगन में लगभग पंद्रह भैंसे आराम से बैठी थी और उनके कई बछड़े अपनी माताओं के पास सटकर बैठे थे। छप्पर के नीचे एक बैल बंधा था। यह भैंसे जयराम के बड़े परिवार की जरुरतों के लिए पर्याप्त दूध देती थीं। उसकी 90 वर्ष के लगभग आयु की दादी मां से लेकर अनेक चचेरे भाई और ससुराल वाले सभी सामान्य पूर्वजता की जटिलता से जुड़े थे हालांकि कभी-कभी उनके पास बेचने के लिए भी पर्याप्त दूध होता था।

दांयी ओर दो कम ऊँचाई की मिट्टी की ढालू छत वाली झोंपड़ियां थीं, जिसमें से एक रसोई घर था। जयराम की बहन, उसकी सास और बहु इस झोंपड़ी से अपना चेहरा ढके हुए बाहर निकले जो कि पारंपरिक है। जब गांव की औरते किसी एक पुरुष से मिलती हैं जो उनके परिवार का हिस्सा नहीं है। फिर भी अंततः जयराम की बहन ने अपने चेहरे से घूंघट उठा लिया, उसका चेहरा बहुत कुछ जयराम जैसा था जिसमें उसकी चमकदार मुस्कुराहट भी शामिल थी। मैंने ध्यान दिया कि उसके एकदम सफेद दांतों के बीच एक छोटा भूरा दांत था, जो मैंने अनुमान लगाया कि पूरी तरह उगा नहीं था। हमें वहीं घूम रहे छोटे चचेरे भाईयों द्वारा चाय दी गई, जिसे चीनी, काली चाय और दूध के साथ उबालकर बनाया जाता है। इसके पहले कि हम वहाँ से दूर जाते, जयराम ने अपनी

बहन को विस्तृत निर्देश दिए कि हमारे दोपहर के भोजन के लिए क्या पकाना है और भोजन में मिर्च नहीं डालनी है। (दरअसल मैंने उसकी राजस्थानी बोली समझ ली।) हम गांव के पिछवाड़े गांव से होकर गए और इसकी बाहरी सीमा पर दो ऊंट गाड़ी खींचते हुए जिन पर गाड़ीवान थे, रास्ते में चले जा रहे थे, जयराम ने उन्हें अपना काम बीच में रोककर कुछ रुपए कमाने के लिए हमें ऊंट गाड़ी की सवारी कराने को कहा।

रॉब और जॉर्डन एक ऊंट पर और रोजा और नाओमी दूसरे ऊंट पर सवार हो गए, और मोंटसे (वार्सिलोना से आई हमारी मित्र) और मैं पहले ऊंट से बंधी गाड़ी पर चढ़ गए। जैसे ही हम रास्ते में आगे बढ़े उसने और मैंने लड़कों की ओर उनके ऊंट पर दांत दिखाने के लिए अपनी स्थिति बदल ली। हमसे कुछ दूर पीछे, हमने रॉब की दर्द भरी आवाजें सुनी क्योंकि उसने लकड़ी की काठी के आगे पारिवारिक आभूषणों का तकिया लगाने का निरर्थक प्रयास किया था। हमने यह भी ध्यान दिया कि उनका ऊंट हमारे पीछे तेजी से, हमारी गाड़ी को पीछे करने के इरादे से दौड़ रहा था, और ऊंट की सफेद रस्सियां उसके नथूने के दोनों ओर से झूल रही थी। सीधे कहें तो मोंटसे और में ऊंट की लार से ढकने वाले थे जिसके लिए ऊंट प्रसिद्ध है।

मैं तुनकमिजाज नहीं हूँ, किन्तु मैंने अनुमान लगाया कि यह तो अति है। मुझे आप को यह बड़े खेद के साथ बताना पड़ रहा है कि मोंटसे और मैंने बिल्कुल छोटी नाजुक लड़कियों की तरह चीखना शुरु कर दिया जब तक कि जयराम, जो मुंह से झाग निकालते ऊंट द्वारा खींची जा रही गाड़ी पर सवार था, ने महसूस किया कि इस सब की वजह क्या है और गाड़ीवान को उसने गाड़ी को धीमें करने के लिए कहा। मोंटसे और मैं, जयराम के साथ गाड़ी में सवार हो गई और फिर ऊंटों के थूक से कोई भी गंदा नहीं हुआ। हम गांव के चौक में सुस्ती से घुम रहे थे और मंत्रमुग्ध गांव के निवासियों और विद्यालय में पढ़ने वाले बच्चों ने हमें घेर लिया। हमने उनको कुछ बांटने का निश्चय किया, इसलिए मैंने गांव के चौक की छोटी सी दुकान से मिठाई की तीन थैलियां खरींदी। जयराम ने गर्व से हमें वह

विद्यालय दिखाया जिसमें वह पढ़ चुका था। जब हमने एक दो कक्षाओं में झांका तो गहरी चमकदार आंखो वाले कई छोटे चेहरे हमें घूर रहे थे। सारे विद्यार्थी आठ से पंद्रह वर्ष के नजर आते थे, और विद्यालय की वर्दी पहने हुए लड़के और लड़कियाँ कक्षा के फर्श पर बिछी चटाईयों पर बैठे थे और फर्श पर उनकी किताबें और स्लेटें रखी थी। एक कक्षा में विद्यार्थियों ने हमें एक प्रार्थना और गीत सुनाया। मैंने रोजा और नाओमी को बदले में मेरे साथ एक गीत गाने के लिए मनाने का प्रयास किया, किंतु वे बहुत शर्मीली थीं, इसलिए मोंटसे और रॉब के साथ मैंने "धरती, वायु, अग्नि, जल" का गीत खचाखच भरी कक्षा में कई बार गाया। इन अवसरों पर कोई भी इस बात की परवाह करता नजर नहीं आता कि प्रदर्शन कितना अच्छा था, वे सिर्फ प्रयास की सराहना करते हैं और जो बदले में कुछ देना आसान बनाता है, इससे कोई फर्क नहीं पड़ता कि वह कितना अदक्ष है। हमने शिक्षक के मेज पर मिठाईयों के दो थैले छोड़े। रॉब ऊंट की सवारी से ऊब चुका था, इसलिए मैं नाओमी के पीछे सवार हो गई, और मैंने तुरंत उसके कष्ट को समझा। मैंने कभी ऊंट की आरामदायक सवारी नहीं की थी, और मेरी इच्छा के विपरीत नाओमी लगातार इस बात पर जोर दे रही थी कि ऊंट दौड़े ना कि चले। मैंने उसे इस विशिष्ट पैंतरेबाजी को सवारी के अंत में करने के लिए समझाया जब वह ऊंट पर अकेली सवारी कर रही थी, और जो उसने प्रसन्नता के साथ, लम्बे समय से थके गाड़ीवान जो अपनी गाड़ी पर खड़ा था, के साथ खेत की पगडंडी पर की।

किंतु ऊंट की सवारी भी उस अतिसुंदर, शांत, हरे अनाज के खेतों की सुंदरता से मेरा ध्यान भंग न कर सकी जिससे होकर हम गांव छोड़ने के बाद गुजरे। अक्सर इन खेतों में मध्यम ऊंचाई के वृक्ष और यहाँ-वहाँ एक या दो घर थे। ग्रामीण भारत की छोटी सी झलक ने शांति का गहरा प्रभाव छोड़ा, और अचानक मुझे समझ आया कि एक राजस्थानी को अपनी भूमि इतनी प्रिय क्यों है।

24

शत्रुंजय 900 मंदिर

आरम्भिक अप्रैल

आप ऐसा क्यों सोचते हैं कि लोग मंदिर के लिए इन सीढ़ियों को चढ़ते हैं? पिछले सप्ताह प्रातः कालीन सूर्योदय और हवा के बीच पहाड़ी पर, 3,400 पत्थर की चौड़ी सीढ़ियों को चढ़ते हुए रॉब ने रोजा और जॉर्डन से यह प्रश्न पूछा था। हमने अहमदाबाद से भावनगर का जो कि अरब सागर के पास अहमदाबाद के दक्षिण पश्चिम गुजरात के सौराष्ट्र नामक भाग में एक कस्बा है, क्या ट्रेन से 5 घन्टे का सफर किया था। भावनगर से पलिटाना तक के छोटे से कस्बे का 2 घंटे ट्रेन का और सफर करना था, और हम शत्रुंजय पहुंच गए थे। 900 जैन मन्दिरों का समूह एक पहाड़ पर कपास और गेहूं के छोटे-छोटे खेतों से घिरा था।

हमें पहाड़ के नजदीक जैन तीर्थयात्रियों के लिए चलाये जा रहे धर्म शाला के अतिथिगृह में ठहरने का स्थान मिला, जिसमें कमरा मिलने के साथ ही आप अपनी तीर्थयात्रा शुरु कर सकते हैं, यह बड़ा और बिल्कुल साफ सुथरा था, बड़े-बड़े छत के पंखे लगे हुए थे और बिस्तरों पर बड़ी मच्छर दानीयां थी। प्रत्येक कमरे में कपड़े के झाड़न भी थे जिससे चीटियों और उड़ने वाले कीटपतंगो को भगाया जा सके ताकि उन पर पैर न पड़े या

सांस के साथ वह मुंह के अन्दर न जा सकें। जैन लोगों का यह विश्वास है कि सभी प्राणियों, पौधों और चारों तत्वों में आत्मा होती हैं और वे अहिंसा का पालन करते हैं, वे शाकाहारी होते हैं, वे अपने मुख पर पट्टी बांधते हैं ताकि अनभिज्ञता से सांस के द्वारा छोटे प्राणी अन्दर ना जा सकें। मुझे उनके विश्वास के विषय में अधिक जानकारी नहीं है, परंतु मैंने जैन धर्म के विषय में एक पुस्तक में अनेक बातें पढ़ी हैं जिनसे मैं बहुत प्रभावित हुई; जैसा कि एक कहानी में दर्शाया गया है। एक हाथी और पाँच अंधे व्यक्तियों की, जैन धर्म यह मानता है कि सभी विचार धाराओं में कुछ सत्यता होती है और इस प्रकार सभी विचारधाराओं का मूल्य होता है और उन्हें आदर मिलना चाहिए। इकट्ठा मिलकर वे सच्चाई की पूरी तस्वीर बनाते हैं।

अपने प्रश्न पर वापिस आते हुए जॉर्डन ने कहा, "ऊपर चढ़कर मंदिर में प्रार्थना करने के लायक होगें। रोजा स्वयं दृढ़ता के साथ उन सारी सीढ़ियों को चढ़ गई मैंने और उसने पहाड़ी के नीचे ही ऊपर चढ़ने को आसान बनाने के लिए बेंत की छड़ी किराए पर ले ली थी। नाओमी ने इस वजह से हमारा प्रश्न नहीं सुना क्योंकि उसे एक बुनी चौकी पर दो व्यक्ति जो सीढ़ियां चढ़ा रहे थे। उन्होंने अपने आपको इस तरह से लगाया हुआ था कि ऊपर चढ़ते हुए छोटे कद का व्यक्ति हमेशा आगे रहे और वापसी पर पीछे रहे और चौकी को एक तरफ से पकड़ने वाला रस्सा उसको दूसरी तरफ से पकड़ने वाले रस्से से थोड़ा सा अधिक लम्बा था। नीचे उतरते समय लगभग भागने से प्रतीत हो रहा था और सवार एकदम स्थिर; रोजा और नाओमी बारी-बारी से चौकी पर बैठे और दोनों ने धूप से बचने के लिए मेरे स्कार्फ़ का इस्तेमाल किया।

मैंने अनेक लोगों को ऊपर नंगे पैर चढ़ते हुए देखा। बूढ़े ओर निशक्त तीर्थयात्रियों ने पालकियाँ किराए पर ली थीं और अनेक बच्चे भी उनका प्रयोग कर रहे थे। पहाड़ी के नीचे लोगों का एक दल था जिन्होंने स्वयं को किराए पर कुलीयों के रुप में उपलब्ध कर रखा था और इन में से कुछ को

मैंने बैग और पानी की बोतलें ले जाते हुए देखा और बच्चे लंबे-लंबे परिधानों में उनके सिर के ऊपर लटक से रहे थे, एक लड़की जो तेरह चौदह तर्ष से अधिक गठरी रो बने हुए एक बच्चे को जो लगभग दस वर्ष का रहा होगा और वह लगभग उसी के बराबर उठा रखा था।

हमें ऊपर पहुँचने में डेढ़-घंटा लगा पहाड़ी के ऊपर पहुँचने पर यह अनुभूति होती है कि ग्यारहवीं सदी में किसी शक्तिशाली राजा को पहाड़ी पर चढना कैसा प्रतीत होता होगा। आपको बडी-2 दीवारें मिलती हैं। जिनके पीछे छोटे और बड़े गोल और शंकुनुमा गुंबदो की अनगिनत कतारें और सैंकड़ों मंदिरों के झुंड में हैं। सभी के ऊपर घंटिया और लंबी सफेद झंडिया लगी हुई हैं। यहाँ पर पाँचवी सदी से ही मंदिर रहे हैं। परंतु जिसे हम अब देख रहे हैं, वह यहाँ पर सोलवहीं सदी से है। ऊपर पहुँचने पर अन्दर प्रवेश करने के लिए आप दाँए या बाँए का रास्ता चुनते हैं और पहले दिन हमन्नें और अधिकांश लोगों ने बायाँ रास्ता चुना।

जैसे ही आप दरवाजे से प्रविष्ट होते हैं आपके सामने का आँगन लोगों से और तरह-तरह की आवाजों से भरा हुआ है। कुछ पालकियों को उठाने वाले पेड़ों की छाव में आराम कर रहे हैं। कुछ मजदूर है, जो एक और मंदिर बना रहे हैं, या उसकी मरम्मत कर रहे हैं, और बहुत से तीर्थ यात्री हैं, जो मंदिर के अन्दर प्रविष्ट होने की तैयारी कर रहे हैं। हम सभी अपने जूते उतार लेते हैं और अपनी छडियों को छाँव में पड़ी हुई पालकियों पर रख देते है, मानो की इनको उठाने वाले कुलीयों की तरह उन्हें भी आराम की जरूरत है। गुजराती हिन्दी और अंग्रेजी में एक सूचना पट्ट पर लिखा है।

सूचना-पवित्र पहाड़ी पर सर्वोदय से पहले चढने का और सूर्यास्त से पहले उतरने का परामर्श दिया जाता है। मूल्यवान गहने नकदी अपने साथ नहीं ले जानी चाहिए, प्रत्येक आश्रम स्थल पर सुरक्षाकर्मी हैं। दो

सुरक्षाकर्मी हमेशा गश्ती ड्यूटी पर रहेंगे ताकि किसी संभावित परेशानी से बचा जा सके। धन्यवाद।

मंदिरो का यह जमघट हमेशा लोगों से भरा रहता है, और यदि कोई है तो वे थोडे बहुत पर्यटक हैं। (उस दिन हमें केवल दो बिदेशी दिखे) कुछ तीर्थ यात्री संपूर्ण रूप से सफेद कपड़े पहने हुए थे, वे या तो साधु थे या साधवियाँ और वो परिसर में प्रार्थना कर रहे थे या अन्य अर्पण प्रस्तुत कर रहे थे। मेरे लिए जैन सौंदर्य भारतीय डिजाइन में बहुतायत और गिल्ट के रूप में नहीं बल्कि सजावट की बहुतायत के रूप में था। कुछ गुंबद सादे थे परन्तु अधिकांशतः संगमरमर के थे तथा वे मंदिर जिनके ऊपर वे विराजमान थे पर पत्थर या संगमरमर की दीवारों और स्तम्भों के अलंकरणो से आच्छादित थे। इनमें बहुत सी महिलाओं की आकृतियाँ बनी हुई थीं जिनके बड़े और गोलाकार उरेज़ थे और चौड़े नितंभ तथा पतली कमर थी। प्रणाल कमल छत को थामें हुई थी, और अनगिनत ज्यामितीय गहरे हल्के खुदे हुए थे।

मंदिरो के ढाँचे स्वंय में काफी बड़े थे और केन्द्रीय कक्ष के चारों ओर बने हुए थे, उनके साथ मठ थे; मठों के साथ एक के बाद एक छोटा मंदिर या पूजा स्थल था। प्रत्येक पूजा स्थल में अलंकृत दरवाज़े और एक से लेकर तीन कमलासन में बैठी मुस्कुराती गोलाकार आकृतियाँ हैं, जिनकी शीशे की चमकती हुई आँखे और चाँदी की सजाबट हैं। प्रत्येक आकृति के पास ताजे लाल गुलाब और खुशबूदार अगरबत्ती तथा चावलों का चढ़ावा था। केन्द्रीय कक्ष में अगरबत्तियों की सुगंध से भरी हुई हवा में अनेक लोगों का आवागमन होता रहता हैं या पूजा करने के लिए वे फर्श पर बैठे रहते हैं। अक्सर कोई व्यक्ति किसी कोने में एक छोटी चौकी के सामने बैठ जाता है। उस पर कुछ चावल बिखेर देता है और कुछ रेखाएँ खींचकर स्वास्तिक और अर्धचन्द्राकार आकृतियाँ बनाता है और तब महिला या पुरुष यथास्थिति चौकी के सामने बैठकर माला फेरते हैं। बार-बार आप

मंदिर के कोने में लटक रहे घड़ियाल का नाद सुनते हैं जब कोई उसकी रस्सी खींच देता है। जब भी मैं उसकी आवाज सुनती हूँ मुझे ऐसा प्रतीत होता है जैसे कि कोई देवताओं से कह रहा हो कृपया जागो मैं यहाँ हूँ।

हमेशा की तरह जॉर्डन ने उपर चढ़ते हुए अपने सहयोगियों को इकट्ठा किया और उनके साथ ही समय व्यतीत किया। उक्त सहयात्रियों में अहमदाबाद से एक 14 वर्षीय लड़का आर्पिक भी था और वह अपने जीवन में पांचवी बार उस पहाड़ पर चढ़ रहा था। जॉर्डन अगले दिन कागज और पेंसिल के साथ वापस आना चाहता था ताकि वह मन्दिरों के चित्र बना सके, इसलिए उसने अर्पिक को सीढ़ियों के नीचे सुबह 7:30 बजे मिलने का प्रबंध किया। मैं उसके साथ गयी परन्तु हम थोड़ा लेट हो गये थे। ऊपर से नीचे उतरने वाले एक व्यक्ति ने हमें बताया कि आर्पिक आगे ऊपर हैं, हमें अपनी चढ़ाई शुरु करते ही जल्दी ही अर्पिक मिल गया (इस पहाड़ पर वार्तालाप हैरान करने वाला हैं)।

आर्पिक, गम्भीर आखों वाला जोशिला परन्तु संकोची लड़का है, वह बातुनी नहीं है, शर्मिला है और जॉर्डन से छोटा है। वह अंग्रेजी कम बोलता है, क्योंकि वह एक गुजराती माध्यम के स्कूल में पढ़ता है परन्तु वह इतना बोल लेता है कि सारी सुबह हमसे बात करता रहा। हम सीढ़ियां तेजी से चढ़ गए क्योंकि दोपहर को हमें घर के लिए ट्रेन पकड़नी थी और चित्र बनाने के लिए जॉर्डन को अधिक से अधिक समय चाहिए था। जैन मन्दिरों में प्रवेश करने के लिए एक नियम यह भी है कि "आपका मुँह" साफ होना चाहिए। इसलिए रास्ते में विक्रेता खाना नहीं बेंचते हैं। यद्यपि रास्ते में प्याऊ हैं जिन्हें प्रत्येक सुबह गधों पर लाकर पानी की आपूर्ति की जाती है, जिसे बाद में बड़े-बड़े मिट्टी के घड़ों में इक्कट्ठा कर लिया जाता है। पहाड़ी के ऊपर सीढ़ियों के नजदीक दो रास्ते पर इस बार हम दांयी तरफ गए और अन्दर प्रविष्ट हुए, यह एक दिन पहले के स्थान से बिल्कुल अलग स्थान लग रहा था। मन्दिर के इस तरफ का भाग सुनसान था, शांत और

चहल-पहल रहित दूसरी तरफ की प्रार्थना इत्यादि के कोलाहल से भिन्न था।

जॉर्डन और आर्पिक छांव में बैठ गए, जॉर्डन को छोटे पूजा स्थल का चित्र बनाना था और आर्पिक को अपनी छठी चढ़ाई का यात्रा वृतांत लिखना था। (बाद में उसने हमें बताया कि पूरा सप्ताह वहां रुकेगा और प्रत्येक दिन ऊपर चढ़ेगा)। वहां पर आस-पास कोई भी नहीं था, परन्तु अचानक से पीले वस्त्र पहने हुए बहुत से व्यक्ति जो मूर्तियों और पूजास्थलों की सफाई करते हैं देखने के लिए वहां एकत्र हो गए। मैं इधर-उधर घूमने लगी और मुझे खोजने के लिए शांत आंगनो और पूण्य स्थलों की भूलभूलैया मिली। सभी में पत्थर की सीधी सीढ़ियां थी। वे छत और गुंबद तक जाती थी। आपको ना ही कोई ऊपर चढ़ने से रोकता है ना ही कोई इधर-उधर घूमने से। ऊपर मुँडेरों पर पक्षियों और हवाओं के बीच लहराते खेतों को नीचे देखने पर आपको ऐसा लगता है कि आप दुनिया के अंतिम छोर पर खड़े हों। मुझे ऐसे मंदिर मिले जिनके गुंबद साड़ी में परियों, लकड़ी की नाव जिसका सिरा शेर के सिर की आकृति का था, और अनेक सिर वाला नाग जो नीले आकाश को आच्छादित कर रहा था, छः सात सूँड़ों वाले हाथियों, घोड़ों और उनके सवारों और साड़ी में नृत्य करती हुई नर्त्तकियों जो एक केन्द्रीय देवता के चारों ओर सुसज्जित थे।

जब तक मैं जॉर्डन के पास वापस पहुँची उसने एक बहुत सुंदर स्केच बना लिया था और जिस पूजास्थल का जॉर्डन चित्र बना रहा था, उसके ऊपर एक दीवार पर बैठकर आर्पिक जॉर्डन पर कंकड़ फेंक रहा था जिससे कि वह अपना कार्य छोड़कर उसका पीछा करने लगे। मैं भौचक्का रह गयी और मुझे पूर्ण विश्वास था कि अनुरक्षण करने वाले व्यक्ति उसे नीचे आने के लिए कहेंगे परंतु वह केवल हँसे और आर्पिक दूर भाग गया। जॉर्डन गुंबद पर चढ़कर दीवार पर चढ़ गया और जब मैंने उसे देखा तो वो

चिल्लाते हुए आर्पिक के पीछे छत पर चारों तरफ भाग रहा था, गुंबदों से बचते हुए और जोर से चिल्लाते हुए।

मुझे ऐसा महसूस हुआ कि यहाँ पर बहुत सहनशीलता है, जब तक कि व्यवहार कतिपय सीमाओं के भीतर रहे किसी को खाने की और देवताओं के फोटों उतारने की या पवित्र स्थानों पर जूते पहन कर जाने की अनुमति नहीं थी। एक साध्वी ने मुझे स्पष्टतः बताया कि रोजा को मंदिर के अंदर अपनी टाँगें ढ़कने की आवश्यकता है (उसने निकर पहन रखी थी) परन्तु हमें इधर-उधर घूमने की और इच्छानुसार खोजबीन करने की अनुमति थी यह कहने कि आवश्यकता नहीं है कि स्वंय मंदिर के गुंबदों पर चढ़ने की और भागदौड़ करने की कोशिश की थी। आर्पिक ने उन दोनों दिनों जब वह मंदिर गया ज्यादा पूजा अर्चना नहीं की परंतु वह इधर-उधर घूमता रहा और चीजें देखता रहा और हमें चुपके से वह विशेषताएं बताता रहा जो उसे अच्छी लगीं जैसे कि सभी पूजा स्थलों पर काफी ज्यादा उकेरे गए लकड़ी के दरवाज़े जिन पर बड़े-बड़े ताले लगे हुए थे; ऐसा प्रतीत हो रहा था कि ये तीर्थयात्रा उसके जीवन का एक संभाविक और अभिन्न अंग है जिसमें किसी अनुष्ठान की आवश्यकता नहीं थी। ऊपर चढ़ते हुए हमें जो भी साध्वी मिली उसको उसने संक्षिप्त रुप से माथा टेका और शुभकामनाएँ ली। वापसी पर हम दोपहर के भोजन के लिए धर्मशाला गए। पहले तो हमने आर्पिक को अलविदा कहा एक-दूसरे के पते लिए। 3400 सीढ़ियाँ उतरने के पश्चात् (मेरी माँसपेशियाँ जिनका मुझे मालूम नहीं था कि मेरे पास हैं अभी भी ठीक हो रही हैं)। नाश्ते के लिए हमें मीठी दूध की चाय के साथ मसालेदार दाने मिले और दोपहर के भोजन और रात्री भोजन के लिए गुजराती खाना मिला जिसे थाली कहते हैं, जैसे कि हमने भुज में खायी थी। इसमें अनेक फलियाँ या सब्जियाँ और चटनी थी जिन्हें चपातियों के साथ हाथों से खाते हैं। इसके साथ मक्खन भी था। रोजा और जॉर्डन घर से दूर खाने की इन चीजों को बहुत अच्छे से खाते हैं,

यद्यपि कुछ मौकों पर जब मैंने घर में न्यूडल बनाए तो नाओमी ने खाने से मना कर दिया कि उसे उनके स्थान पर चावल, दाल और दही चाहिए, उसे केवल होस्टल में परोसी गयी थाली खाने में ही दिक्कत हुई थी।

हमें उसके लिए एक दिन फल और ब्रेड खरीदने के लिए शहर जाना पड़ा था। रास्ते में हम रॉब के लिए रुके ताकि भावनगर के लिए टैक्सी पकड़ सकें जिससे अहमदाबाद के लिए समय पर ट्रेन मिल सके। जैसे ही मैं घोड़ागाड़ी में इंतजार करने के लिए बैठी, पॉलीताना में परिवहन का यह एक आम साधन है, एक नौजवान मेरे पास आया और भारत में सब जगह पूछा जाने वाला प्रश्न अर्थात् आप किस देश के हैं मुझसे पूछा? उसके बाद क्या आप भगवान में विश्वास रखते हैं? इससे पहले कि मुझे उत्तर देने का मौका मिलता उसने टैक्सी स्टेंड पर रॉब के चारों ओर भीड़ देखी, जिसमें उसकी अधिक दिलचस्पी थी वो उसमें शामिल होने के लिए सड़क पार करके चली गयी।

भावनगर वापिस जाने के लिए रेल छोड़ना बहुत मजे की बात नहीं थी अपित पॉलीताना से दूसरे दर्जे में जाना बहुत मज़ेदार रहा था। वह रेलगाड़ी टूटे-फूटे कुछ कोचों का समूहमात्र थी जिसका फर्श चरमरा रहा था और उसमें सीटों के नीचे बड़े-बड़े दूध के बर्तन हमारे रेल में चढ़ने से पहले ही रखे हुए थे। छत पर दो काले रंग के पंखे लगे हुए थे जिन पर जाली चढ़ी हुई थी। लकड़ी की सीटों का प्रत्येक जोड़ा आमने सामने था जिनके दोनों ओर सामान रखने के लिए रैक लगा हुआ था। खिड़कियाँ स्थायी रुप से खुली हुई थी। दोनों बेंचों पर कुल मिलाकर आठ सीट नंबर पड़े हुए थे। परंतु उससे कहीं अधिक लोग थे। हमारे अलावा एक व्यक्ति था जो ऊपर सामान रखने के रेक पर बाहर लटका हुआ सो रहा था और तीन या चार औरतें और एक छोटे बच्चे के साथ एक आदमी भी उस कम्पार्टमेंट में था। दूसरे सामान रखने के रेक पर कुछ समय के लिए नाओमी सोयी थी।

बहुत गर्मी थी। दो सीटों के बेंच पर रोजा सो गई। जब सूर्य सिर पर खिड़की के ऊपर आ गया, एक औरत अन्य दूसरी औरत की सलाह पर खिड़की को ढ़कने के लिए मेरे स्कार्फ का इस्तेमाल करने के लिए खड़ी हो गई ताकि रोजा गर्मी से बच सके और कहने लगी कि ऊपर रेक में नाओमी को कितनी गर्मी लग रही होगी। तीसरी औरत की गोद में लगभग अठारह महीने की एक लड़की थी जिसके छोटे-छोटे बाल थे, उसने छोटी-छोटी चूड़ियाँ और सोने की बालियाँ पहन रखी थीं। उसकी चमकीली आँखें थीं जिनमें सुरमा लगा रखा था। उसने बच्चे के लिए मूँगफलियाँ खरीदीं और कुछ हमें भी दीं। एक अन्य औरत ने हमें कुछ अँगूर दिये। जॉर्डन इधर-उधर घूमता रहा और अन्य यात्रियों के साथ समय गुजारते और उनको आश्चर्य में डालते हुए टिप्पणियों का आदान प्रदान करता रहा। इसी बीच हमारे डिब्बे में सब एक दूसरे के साथ प्रसन्नतापूर्वक वार्त्तालाप कर रहे थे ; किसी को भी दूसरों की भाषा का एक शब्द समझ नहीं आ रहा था परन्तु ये कोई महत्वपूर्ण नहीं था। मैंने एक संतरा निकाला और फिर कुछ टॉफियाँ निकालकर आपस में सबके साथ बाँटी। फिर कुछ पानी जिसे उस माँ ने अपने बच्चे को बोतल के ढ़क्कन में पीने के लिए दिया। बच्चा हमें घूरने लगा। रेलगाड़ी पटरियों पर रुकने लगी। दो घंटे कैसे बीत गए? और उस धूल भरे कम्पार्टमेंट में हम सब प्रसन्नता अनुभव कर रहे थे। मुझे दूसरी माताओं का मेरे बच्चों की देखभाल करना बहुत अच्छा लगा।

काश ; इस यात्रा में आप सब हमारे साथ होते। मुझे उम्मीद है आप सब ठीक होगे और हम अहमदाबाद से आप सबको बहुत-बहुत प्यार।

अहमदाबाद के लिए रेलगाड़ी में भीड़ नहीं थी। इसलिए सभी बच्चे अपने-अपने मनपसंद कार्यों में लगे हुए थे। जैसे ही ट्रेन पटरियों पर दौड़ती खुले हुए दरवाजों पर खड़े हो जाते या जॉर्डन के मामले में दरवाजें से बाहर लटकना, वह प्रत्येक स्टेशन पर प्लेटफार्म पर उतर जाता और

ट्रेन के साथ-साथ दौड़ने लगता। जब लड़कियाँ खुले दरवाजें पर खड़ी होतीं तो रॉब और मैं उनके पीछे खड़े हो जाते और उनका हाथ पकड़ लेते। इससे जैसा कि आप सोच सकते हो रोमांच की अनुभूति थोड़ी सी कम हो जाती है। जैसा कि आप सोच सकते हो इससे हम अमेरिकी सुरक्षा चेतना से छूट का मजा ले रहे थे।

25

हड्डी बैठाने वाला डॉक्टर

मध्य अप्रैल

निम्नलिखित वर्णन हमारे द्वारा भारत में उस पारम्परिक चिकित्सा पद्धति की दूसरी यात्रा का है जिसे पश्चिमी चिकित्सा में कोई प्रशिक्षण नहीं मिला था। पिछले सप्ताह जब जॉर्डन स्कूल से घर आया तो बास्केट बॉल खेल के दौरान उसके दाएँ हाथ की पहली दो अंगुलियाँ बुरी तरह से सूजी हुई थीं, और उनमें बहुत दर्द हो रहा था। ऐसा अक्सर पहले भी हुआ था परंतु अगले दिन उनमें दर्द कम होने के स्थान परं बढ़ गया था। मिस्टर रमण ने हमको सुझाव दिया कि हमें उसके जानकार एक डॉक्टर के पास जाना चाहिए। जब मैं कुछ झिझकी तो उसने कहा "मैडम, बहुत अमीर व्यक्ति भी वहाँ जाते हैं।" जैसे-जैसे दिन बढ़ता गया जॉर्डन को दर्द जारी रहा तो हमने मिस्टर रमण को हमें डॉक्टर के पास ले जाने को कहा। हम एक व्यस्त सड़क पर छोटे से भवन में पहुंचे जिसके सामने बेंचो पर बहुत से लोग इंतजार कर रहे थे। हम लाइन में खड़े हो गए परंतु हमें अपनी बारी से पहले ही बुला लिया गया। (मैं इस प्रकार के व्यवहार से कुछ हद तक बचती रही हूँ, परंतु बाद में मुझे किसी ने बताया कि ऐसा इसलिए किया जाता है कि कारोबारी को ऐसा लगता है कि यह उनके कारोबार के लिए

अच्छा नहीं है कि विदेशियों को औरों के साथ लाइन में खड़ा रखें) और जल्दी ही हमें एक छोटे से तंग कमरे में जो 8 से 20 फीट का होगा ले जाया गया। उसमें बहुत से लोग थे। जैसे ही हम कमरे में प्रविष्ट हुए वे हमें घूरने लगे।

जॉर्डन को कोने में ले जाया गया जहाँ पर पट्टियों, रूई, और गुलाबी और भूरे लेप के बीच जमीन पर दो व्यक्ति बैठे हुए थे। दोनों व्यक्तियों के सामने टाँग या बाहें फैलाकर लोग बैठते थे। उनमें से एक व्यक्ति के सामने जॉर्डन को बैठाया गया था और मैं उसके पास बैठ गई। हमेशा की तरह मैं अपने आस-पास देख रही थी और दुर्भाग्यवश ये भूल गई थी कि मैं यहाँ पर जॉर्डन का इलाज कराने आयी हूं, जब मैंने इस ओर ध्यान दिया तो वह आदमी मजबूती से जॉर्डन की सूजी हुई अंगुलियों को मोड़ रहा था और खींच रहा था। जॉर्डन काँटे में फंसी मछली की तरह तड़प रहा था पर अपनी चीख को रोके हुए था। इस समय मुझे अहमदाबाद में व्यवसाय करने वाले एक प्रसिद्ध हड्डी बैठाने वाले का ध्यान आया और मुझे पता चला कि हम उसके क्लीनिक में ही बैठे हुए थे। यद्यपि मेरा इकलौता लड़का और वारिस मेरे साथ जमीन पर बैठा हुआ था, मैं उत्साहित हो गई और प्रश्न पूछने शुरु कर दिए। मैं यह भी स्मरण करने की कोशिश कर रही थी कि मुझ पर अपने बच्चे के हितों का ध्यान रखने की भी जिम्मेदारी है।

जॉर्डन को जो घंटों के सदृश्य लगा वह एक या दो सेकेंडो में ही खत्म हो गया और उस भले चिकित्सक ने जो कि प्रसिद्ध हड्डी बैठाने वाले का पुत्र था, ने जॉर्डन की अंगुलियों को छोटी पट्टी में लपेट दिया और उसकी कलाई पर गुलाबी परत चढ़ा दी और इस सबके ऊपर बहुत सी रुई रख दी और फिर दोनों अंगुलियों, हथेली और कलाई को सफेद सूती पट्टी से लपेट दिया। (जॉर्डन से आगे दस साल के एक लड़के की घायल दाँयी

भुजाँ का उपचार किया जा रहा था कुछ पल तक जब हड्डी बैठाने वाला उसकी चिकित्सा कर रहा था तो वह चिल्ला रहा था)। जॉर्डन के चिकित्सक ने उसे कमरे के दूसरे कोने में आने का इशारा किया और वह लड़खड़ाते हुए उस दिशा में चल पड़ा।

इसी बीच किसी ने मुख्य चिकित्सक को बुला लिया था। उसका नाम नरहरी भाई मेहता था और उसने मेरे प्रश्नों की अंग्रेजी में उत्तर देने का प्रयास शुरु कर दिया। यह व्यक्ति लगभग मेरे कद का था और उसके गोल भूरे चेहरे पर उसकी आँखें उसके चश्में के लेंसो के कारण और बड़ी लग रही थी उसने दीवार पर फ्रेम में लगे हुए समाचार पत्र के लेख की तरफ इशारा किया और किसी ने उसे उतार कर मुझे पढ़ने के लिए दे दिया।

मुझे यह कहते हुए प्रसन्नता हो रही है कि इस समय मुझे यह याद आ गया कि मुझ से मेरे घायल पुत्र की देखभाल करना अपेक्षित होगा इसलिए मैं उसके पास कमरे के दूसरी तरफ चली गई जहाँ पर वह एक छोटे से स्टूल पर बैठा हुआ था। मैं सही समय पर वहां पहुंची जब वहां पर बैठा हुआ व्यक्ति सफेद धागे से जॉर्डन की जालीदार पट्टीयों को सिल कर उसकी हथेली और उंगलियों के एक सपाट और मोटा सा बंडल बना रहा था। जब मैंने उस लेख की फोटोकॉपी मांगी तो मुझे बताया गया कि जब हम आठ दिन बाद पट्टियां बदलवाने के लिए आएंगे तो मुझे उसकी फोटोकापी दे दी जाएगी। मिस्टर मेहता ने मुझे पर्ची दी। अनेक धन्यवादों और सलामों के बीच हम वहां से चले आए, बिल के लिए मेरे बार-बार अनुरोध करने पर मि. मेहता ने मुझे कहा कि " मैं उनकी अतिथि हूँ"। हम लोगों के बीच से जो इलाज के लिए इंतजार कर रहे थे बचते हुए निकल आए। एक महिला के पैर पर हल्दी का मोटा सा प्लास्टर चढ़ा हुआ था। (ऐसा प्रतीत होता है कि पारंपरिक स्वास्थ्य देखभाल की हिन्दु पद्धति

आयुर्वेद में हल्दी का चिकित्सा में महत्वपूर्ण स्थान है। हाल ही में नाओमी जब घोड़े से गिर गई थी तो सिरदर्द की शिकायत करने पर रेखा ने उसे हमारे कमरे में अन्धेरा करके सुला दिया और उसके माथे पर हल्दी का गाढ़ा लेप लगाया था। एक और बार जब जॉर्डन अपने मित्र के फार्महाऊस पर सप्ताहंत मना कर आया तो उसके पैर पर लगे गहरे कट पर हल्दी का लेप लगा हुआ था। जॉर्डन ने कहा कि इससे खून बंद हो गया और दर्द से भी आराम मिला कार में जॉर्डन ने मुझे निन्दात्मक ढंग़ से देखते हुए बताया कि उसकी उंगलियों में बहुत दर्द हो रहा था। रमण, घर लौटते हुए रास्ते में नुस्खे की दवाई लेने के लिए रुका जो कि बड़े आकार की साधारण सी दर्दनाशक एलोपैथिक दवा थी। जॉर्डन ने तुरन्त एक गोली निगल ली और पहली गोली का प्रभाव होने पर उसे दूसरी गोली लेने की कभी आवश्यकता नहीं हुई।

हमने पिछले सप्ताह उसकी पट्टियां बदलवाई थी, डॉक्टर ने पहले की सारी प्रक्रिया दोहराई यद्यपि इसमें उंगलियों से दर्दनाक छेड़छाड़ शामिल नहीं थी। फोटोकापी ने मेरी याद को ताजा कर दिया मि. मेहता ने यह कला एक हड्डी बैठाने वाले मुसलमान गुरु से सीखी थी। इसके अतिरिक्त उन्होंने कोई चिकित्सीय प्रशिक्षण नहीं लिया था और उन्होंने दसवीं कक्षा तक ही पढ़ाई की थी। आयुर्वेदिक लेप बनाना भी उन्होंने अपने गुरु से सीखा था और इसकी जानकारी वे परिवार के सदस्यों को ही देगें जो इस व्यवसाय को पिछले 40 वर्षो से कर रहे हैं।

इस चिकित्सा का आधारभूत सिद्धांत यह है कि जब हड्डी बैठाने वाले को धीरे से चोट का पता चल जाता है, तो वह उसकी ठीक स्थिति और प्रकृति के विषय में एक राय कायम कर लेता है, फिर वह ध्यान के लिए कुछ कहता है और इससे पहले कि रोगी को दर्द का पता चले वह कुछ कर लेता है, बस इतने में सब काम हो जाता है। हड्डियों या अस्थियों

की चोटों का इलाज करने की इस विधि से उनके ठीक होने में लगने वाला समय काफी कम हो जाता है। जॉर्डन के मामले में डॉक्टर ने "भारी मोच" बताई, इसे 16 दिन हो गए हैं यद्यपि उंगलियां पूरी तरह ठीक नहीं हुई हैं परन्तु वह उन्हें फिर से समान्यतः इस्तेमाल करने लगा है।

पिछली बार जब हम क्लिनिक में थे तो मि. मेहता ने हमारा परिचय अपनी बेटी मिनाक्षी बेन से करवाया जो एक सूक्ष्म जीववैज्ञानिक और रोगवैज्ञानिक हैं, वे बहुत अच्छी अंग्रेजी बोलती है उन्होंने पूर्णकालिक रुप से महिला रोगियों के चोटों का उपचार करने के लिए स्थानीय अस्पताल की अपनी नौकरी हाल ही में छोड़ी है। उन्होंने जॉर्डन को उसकी परीक्षा से तब तक छूट देने के लिए कहा जब तक कि उसके हाथ ठीक न हो जाए एक प्रमाण पत्र दिया (जॉर्डन बहुत खुश हुआ उसको एक सप्ताह की छुट्टी मिल गई जबकि उसके सहपाठी वार्षिक परीक्षा में पसीना बहा रहे थे) हालांकि उसकी खुशी ज्यादा दिन नहीं रही आज से उसकी परीक्षा आरम्भ हो रही है।

जब भी वो या मैं अपने मित्रों से इस अनुभव के विषय में बात करते हैं तो ऐसा प्रतीत होता है कि मि. मेहता के विषय में सभी जानते हैं और चोटों का उपचार करने की उनकी विधि से सभी सहमत हैं। मेरे लिए यह कहना मुश्किल है कि यदि मुझे उनके उपचार के तरीकों के विषय में मालूम होता तो मैं जॉर्डन को वहां ले जाती या मुझे या मेरे किसी बच्चे को फिर उपचार की आवश्यकता हुई तो मैं वहां जाऊंगी। यदि हम में से किसी को आवश्यकता हुई तो मैं इस विकल्प का अन्य विकल्पों के साथ उपयोग करने के लिए तैयार हूँ।

मेरे लिए यह बात साफ है कि आप बच्चों के साथ कहीं भी रहते हों, इस बात की उम्मीद रहती है कि चोटें और दुर्घटनाएं तो होगी ही संभवतः छोटी मोटी और उपलब्ध सभी स्रोतों का उपयोग करने में आपको

हिचकिचाहट नहीं होनी चाहिए चाहे वे आधुनिक हों या पारंपरिक या दोनों।

स्वास्थ्य संबंधी एक दूसरे मामले में दो हफ्ते पहले रमण की दक्षता काफी कम हो गई थी, और उसने मुझे बताया कि उसके भतीजे और भतीजी को जिनके पास एक छोटी से अपार्टमेंट में हम गए थे और जहां पर एक फोटोग्राफ खिंचवाने के लिए उसके खूबसूरत बाल कटवा दिए थे, को टायफायड हो गया था। आखिरकार दवाईयों से लड़की तो ठीक हो गई परन्तु लड़के को हेपेटाइटिस भी हो गया और उसे अस्पताल ले जाना पड़ा। मि. रमण की विधवा बहन एक माह तक काम नहीं कर सकी। अस्पताल में रहने का मतलब सम्पूर्ण परिजनों का अस्पताल में व्यस्त हो जाना है। अस्पताल विशेषरुप से निजी लोगों द्वारा स्थापित किए गए हैं और विशेषज्ञों द्वारा चलाए जाते हैं परन्तु अस्पताल में डॉक्टरों से भिन्न अन्य स्टाफ द्वारा वह सब देखभाल जिसके हम आदी हैं का यहां सर्वथा अभाव है, इसलिए परिजनों को ही सारी चीजें लानी होती हैं और शिफ्टों में रोगी का ध्यान रखना होता है और वह सब करना होता है जो आवश्यक हो। मि.रमण ने अपने भतीजे के लिए यह सब किया था और वह अन्य कार्य नहीं कर सके जिसे करने के लिए उन्होंने उम्मीद की थी।

कैम्पस के हमारे एक परिचित परिवार ने हमें बताया कि हाल ही में गेट के बाहर से वे जब घूम के वापस आ रहे थे उन्हें एक बूढ़ा व्यक्ति मिला जिसे एक आटोरिक्शा ने बुरी तरह से टक्कर मारी थी। वे उसकी सहायता के लिए रुके, उसे अस्पताल ले गए, उसे रक्त दिया और रक्त का और इंतजाम करना पड़ा। उसके परिवार के साथ शिफ्टों में रुके और आई आई एम में एक तख्ती भी बनाई जिसमें अस्पताल में शिफ्टों में वहाँ रुकने के लिए अनुरोध किया गया था। बाद में पता चला कि वह कैंपस के एक प्रोफेसर के पिता थे और वहाँ पर कुछ समय के लिए आए थे।

मुझे याद है इन निजी अस्पतालों में बैठना, जब हम अहमदाबाद पहली बार आए थे, यहाँ पर जॉर्डन स्कूल से संबंधित एक बैठक में आया था। मैंने डॉक्टर को इधर-उधर जाते हुए देखा परंतु मुझे याद नहीं पड़ता हैं कि मैंने किसी अन्य स्टॉफ को भी देखा हो। मुझे यह याद है कि एक परिवार के सदस्य किसी रोगी को व्हील चेयर में उसे स्वयं उसमें बैठाकर एक कमरे से दूसरे कमरे में ले जा रहे थे (यह हडिड्यों से संबंधित एक अस्पताल था)।

आजकल यहाँ बहुत गर्मी है, और हम छत के पंखों का उपयोग कर रहे हैं। पिछले सप्ताह दोपहर के सबसे गर्म समय में तीन घंटो के लिए बिजली चली गयी। पंखो के बिना जॉर्डन को इतनी गर्मी लगी कि वह नहाने की सोचने लगा, परंतु उसने पाया कि पानी भी नहीं है। आप उसकी मनोदशा का और उसका हम सब पर प्रभाव का अनुमान लगा सकते हैं? अगले दिन मैंने मिट्टी के दो बड़े आकार के घड़े खरीदे जिनमें पानी ठंडा रहता है। इस मौसम में शहर की सड़कों के किनारे लगभग पाँच मिलियन घड़ों के ढ़ेर उपलब्ध होते हैं, इसलिए मैंने वो करने का निश्चय किया जो इस गर्मी में एक अहमदाबादी को करना पड़ता है। अब हम प्रत्येक सुबह उन्हें ताजे पानी से भर देते हैं। एक को हम ठंडे पानी की छपकियाँ लेने के लिए स्नानागर में रख देते हैं और दूसरे को फिल्टर किए हुए नल से भर कर रसोईघर में रख देते हैं। इसमें प्यास बुझाने के लिए पानी का स्वाद बहुत अच्छा हो जाता है और फ्रिज की भाँति बहुत ठंडा भी नहीं होता है। इस प्रकार हमने उन लोगों से जो पीढ़ियों से यहाँ रह रहे हैं सीखा कि खराब परिस्थितियों में भी किस प्रकार आराम से रहा जा सकता हैं।

हमारे अंतिम दो सप्ताह भारत में; जॉर्डन ने उन्हीं उंगुलियों में फिर से मोच करवा ली और उसने कहा कि वह उपचार के लिए हड्डी बिठाने वाले के पास फिर से जाना चाहता है। परंतु हम वहाँ नहीं गए क्योंकि जल्दी ही

यह स्पष्ट हो गया कि चोट उतनी गंभीर नहीं है जितनी कि वह पहली बार थी परंतु मैंने इसे वर्णन करने योग्य इसलिए समझा कि जॉर्डन ने स्वंय उपचार करने वाले के पास जाने का सुझाव दिया।

26

दोस्तों का गुजरना

अप्रैल अन्त

यहाँ पर आई. आई. एम. के परिसर में हमारा पाक्षिक समय बड़ा दुःख भरा रहा। कैंपस के पिछले गेट से बाहर "जी सेन्टर प्रोविज़न स्टोर" की मालकिन कोकिला का उसके पति, 23 वर्षीय पुत्री, एक पड़ोसी और कुत्ते का देहांत हो गया जब वे देर रात को शहर से बाहर एक मंदिर की यात्रा कर के घर वापस आ रहे थे, उनकी कार एक ट्रक के साथ टकरा गई। कुछ दिनों तक तो सारा कैंपस एक सदमें में था, और कोई भी किसी अन्य चीज के बारे में बात नहीं कर रहा था। हमारा सारा परिवार सूनापन अनुभव कर रहा है। हम उसे पिछले सात महीनों में इतना पसंद करने लग गए थे जितना कि कोई नहीं कर सकता है। कोकिला का स्टोर सबसे पास होने के नाते संभाविक रुप से हर कोई वहाँ जाता था और पड़ोस में वह स्वयं स्वागत करने वाली और प्यार से बात करने वाली महिला थी। मैं लगभग हर दूसरे दिन उसके स्टोर पर साबुन, डिर्टजेंट, खाना बनाने का तेल, मसाले, जूस, सेवईयाँ और टॉयलेट पेपर खरीदने के लिए जाती थी।

मैं रोज़ा, जॉर्डन को नाओमी और उसके छोटे-छोटे मित्रों को वहाँ पर आइस्क्रीम खरीदने के लिए भेजती थी; जो भी बच्चा वहाँ जाता था उसको देने के लिए कोकिला के पास हमेशा टॉफी होती थी। उसका पुत्र तपन

उसके परिवार का एकमात्र जीवित सदस्य अपने स्कूटर पर हमारे घर सोड़ा वॉटर के केरेट देने के लिए आता था। एक ई-मेल में जिस शादी का रोज़ा ने जिक्र किया था वह उसके भतीजे की थी। कोकिला ने हमारे परिवार को वहाँ पर आमंत्रित करने का प्रबंध किया था (मैं कोलोरोडो में होने के कारण नहीं जा सकी थी)। वास्तव में क्या हुआ था इस विषय में काफी सारी अफवाहें उड़ रही थी परंतु ऐसा प्रतीत होता है कि अंधेरी सड़क पर कोकिला के पति एक ट्रक के पास से गुजर रहे थे और दूसरी तरफ से एक अन्य ट्रक आ रहा था। इस दूसरे ट्रक के ब्रेक फेल हो गए और कार में सवार सभी व्यक्तियों की मौके पर ही मौत हो गई। जबकि ट्रक ड्राइवर भागने में सफल हो गया।

जिस दिन इस दुर्घटना का पता लगा हम कोकिला के घर गए। उनकी बैठक में लोग इकट्ठे थे और उन्नीस वर्षीय तपन तथा परिवार के शेष सदस्यों को सांत्वना दे रहे थे। अगले दिन समाचार पत्र में प्रातः दो घंटो की एक प्रकार की जागरण की घोषणा की गई और मैं दो मित्रों के साथ वहाँ गई। बिल्डिंग के नीचे और आस-पास के पार्किंग क्षेत्र को साफ करके लोगों के बैठने के लिए सफेद चादरों से ढ़क दिया गया था। गर्मी से बचने के लिए सफेद तंबू भी लगाया गया था। अपार्टमेंट की सीढ़ियों के नजदीक सफेद कपड़े से ढ़का हुआ एक लम्बा टेबल था, जिस पर मरने वाले चारों लोगों के रंगीन फोटो थे जिन पर ताजा फूलों के हार थे। अगरबत्तियां और तेल के दीपक जलाए गए। फोटो में व्यक्तियों के माथे पर लाल टीका लगाया गया था। लड़की की शादी अगले मास होने वाली थी।

जैसे ही हम गेट से अंदर गए हमने सफेद कपड़ों में लगभग सौ लोगों को बैठे हुए देखा। अलग-अलग लगभग उतने ही आदमी बैठे थे जितनी कि महिलाएँ। तपन अपने आप में ही डूबा अपने दादा के साथ बैठा हुआ था जो कि उसके परिवार के साथ रहते थे। उसके दादाजी और परिवार के अन्य पुरुष अपनी छाती पर अपने हाथों को मोड़ लेते थे जैसे ही कोई

आगंतुक वहाँ आता। सभी उपस्थित लोग धीरे-धीरे बात कर रहे थे और रो रहे थे। जाने के लिए उठने वाले लोग फोटों को हाथ जोड़ते हुए जाते थे।

दो दिन बाद संघमित्रा नामक एक दूसरे मित्र ने अपना आदर प्रकट करने के लिए मुझे उनके घर चलने को कहा। बैठक से फर्नीचर को निकाल दिया गया था और फर्श पर कालीन बिछा दिया गया था। कमरे के अन्त में फोटो हमें घूरते हुए लगे, बीच में कोकिला के पति थे, गम्भीर मुद्रा में कोकिला दांये और बांये उसकी बेटी थी जो काफी प्रफुल्लित लग रही थी। मुझे लगा कि यह फोटो 2 फरवरी को शादी में लिए गए थे और मेरा अनुमान ठीक था। संघमित्रा रसोई में यह पता करने गई कि फुस्सफुसाहट कहाँ से आ रही है, वह दुल्हन दिविता की थी। उसे मातम की अवधि के दौरान तपन और उसके दादा की देखभाल करने के लिए बुलाया गया था। वह अंग्रेजी बिल्कुल नहीं बोलती थी और मुझे इस बात की हैरानी थी कि इन परिस्थितियों में उसे यह सब करते हुए कैसा लगता होगा जबकि अपना परिवार छोड़ कर अपने पति के परिवार में आए हुए उसे इतना कम समय हुआ था।

तपन टांगे मोड़कर फोटो के पास सिकुड़ा सा बैठा हुआ था। वह बहुत अच्छी अंग्रेजी बोलता है इसलिए मैंनें उसे कहा कि मुझे इस सबका बहुत अफसोस है और यदि वह इस सब को भूलने के लिए कभी हमारे छोटे से अस्त व्यस्त घर में आना चाहें तो उसका स्वागत है उसने रिक्त भाव से सिर हिलाया। दिविता ने बताया कि दुर्घटना के दिन से वह सोया नहीं है।

संघमित्रा और मैं लगभग आधे घंटे बाद वहाँ से चले और गली खत्म होने पर उसने मुझे बताया कि उसे घर जाते हुए फार्मेशी जाना है। उसने अपनी बेटी के लिए खांसी की दवाई और गले के लिए चूसने वाली टॉफियाँ खरीदी और फिर अगली दुकान में काउंटर के ऊपर टंगी 20 रहस्यमय वस्तुओं की एक कतार में से अजीब से लगने वाले धातु की 3 वस्तुएं खरीदी। यह इस्पात लम्बे और पतले आकार की थीं, इनका आकार

अंग्रेजी के यू अक्षर जैसा था, इनका मुड़ा हुआ भाग चपटा था जबकि सीधा भाग गोलाकार था।

मैंने इन्हें अन्य स्थानों पर पहले भी देखा था और हैरान हुई थी कि वे वहाँ क्यों थे। जब मैंने संघमित्रा से पूछा तो उसने आश्चर्य से देखा और धीरे से कहा, जिह्वा साफ करने के लिए (उसने अपने परिवार के प्रत्येक सदस्य के लिए एक खरीदा था)। मैंने कहा, "मुझे पता ही नहीं था वह क्या है"। वह बहुत हैरान दिखी और उसने मुझसे पूछा कि मैं अपनी जिह्वा कैसे साफ करती हूँ? मैं उसके इस विचार को पुष्ट नहीं करना चाहती थी कि हम विदेशी साफ नहीं रहते हैं।

मैंनें हकलाते हुए कहा,"हम टुथब्रश का प्रयोग करते हैं"। मुझे लगा इस उत्तर से उसको संतोष हुआ परन्तु मुझे ऐसा अनुभव हुआ कि इस छोटे से वार्तालाप ने बहुत से भारतीयों के इस विश्वास को सुदृढ़ कर दिया कि व्यक्तिगत स्वच्छता के मामले में हम पश्चिमवासी बहुत ढ़ीले होते हैं। (कुछ समय पहले हमारे 12 वर्षीय पड़ोसी को यह जानकार बहुत हैरानी हुई थी कि रोजा और नाओमी रोज नहीं नहाती हैं)।

जैसे ही हम कोकिला की बंद दुकान के सामने से गुजरे हमने उस पर एक गत्ते का बोर्ड देखा जिस पर लिखा था कि यह 12 अप्रैल को खुलेगी। यह खुली परन्तु इसका धातु का नालीदार शटर अब छुटपुट ही खुलता है और तपन जिसके सिर के बाल काट दिए गए हैं उदासी से बाहर देखता है। आप जब भी दुकान के सामने से गुजरते हैं तो मन में अजीब सी भावना आती है।

27

महिलाएं और मेहनती श्रमिक

अप्रैल अंत

हमने अपने गर्मियों के दिनों को नए ढंग में ढाल लिया है, दिन के मध्यभाग में काफी गर्मी हो जाती है और हमें उसके अनुसार परिवर्तन करने पड़ते हैं। प्रातःकालीन अपेक्षाकृत ठण्डे समय में मैं 6:30 बजे उठ जाती हूँ और यदि बच्चों को विद्यालय जाना होता है तो मैं बच्चों के लिए नाश्ता और विद्यालय के लिए स्नैक्स तैयार करती हूँ। अन्यथा मैं कैम्पस के चारों ओर दौड़ने के लिए जाती हूँ। कभी-कभी मैं और रॉब उन दस परिवारों के पास से गुजरते हैं जो कि गली के चारों कांटेदार तार के साये में रहते हैं, और हम उन सैंकड़ों अम्बाबाड़ी नागरिकों के साथ भी घूमते हैं। सामान्यतः हम ही केवल दौड़ने वाले होते हैं और शेष लोग या तो अकेले या समूहों में घास पर योगा कर रहे होते हैं। अथवा समाचार पत्र पढ़ रहे होते हैं या अन्य लोगों को व्यायाम करते देख रहे होते हैं।

आजकल सभी लोग उस पार्क में या हमारे कैंपस में उगने वाले नीम के पत्ते तोड़ रहे हैं। एक दिन हमनें पत्ते एकत्र करने वाले एक आदमी से पूछा कि वह इन्हें क्यों एकत्रित कर रहा है, और उसने उत्तर दिया कि पत्तों और फूलों की एक कड़वी चाय बनाने के लिए प्रत्येक दिन थोड़ी सी

ऐसी चाय पीने से मच्छरों के प्रजनन की इस ऋतु में उनके काटने से बचने में सहायता मिलती है और परिणाम स्वरूप मलेरिया का खतरा कम हो जाता है। ऐसा कहा जाता है कि सोने के पहले नीम के पानी में नहाने से रात को मच्छर पास नहीं आते हैं "मुझे लगता है, मलेरिया से बचने के लिए आप गोलियां लेते होंगे, क्या आप वहीं लेते हैं" ये कहते हुए एक मुस्कुराहट के साथ उसने अपनी बात समाप्त की।

हां लगभग एक तरह से हमें हमारे आने से पहले हमारे सारे परिवार को एक वर्ष के लिए बैंक ने काफी मात्रा में दो अलग-अलग मलेरिया की दवाईयां दे दी थीं। परंतु हमने उन्हें तभी लिया जब हमें मच्छर दिखाई देते थे। ऐसी दवाईयां कई देते हैं ये मुझे पता है परंतु दवाईयों के दुष्प्रभाव होते हैं और अब तक इस विषय में हम भाग्यशाली रहे हैं।

बच्चों को विद्यालय की वर्दियां पहनाने, खिलाने और श्री रमण की अजीब सी फिएट गाड़ी में विद्यालय भेजने में थोड़ी जल्दबाजी तो रहती है। और इसके बाद ही जिन दिनों विद्यालय होता है, मैं और रॉब दौड़ने के लिए या घूमने के लिए जाते हैं। महीनों से मैं स्वयं के कपड़े और लड़कियों के अंतः वस्त्र और मोजे एक बड़े प्लास्टिक टब में स्नान कक्ष के हरे पत्थर के फर्श पर धोती हूँ। यह पर्दे के बिना एक बड़ी जगह है और इस काम के लिए आदर्श है। मैं इस कार्य को कई भारतीय महिलाओं के साथ सीखती हूँ जो अपने परिवार के कपड़े रोजाना धोती हैं, अंतर केवल इतना है कि मैं कैम्पस के नियमित जल प्रदाय पर निर्भर रहती हूँ जबकि अन्य व्यक्ति, जो शहर में रह रहा है को कपड़े एक दो घंटे में धोने पड़ते हैं जब पानी आ रहा होता है। हमारा धोबी हमारे बाकी परिवार के कपड़े धोता है। मैं धोबी का धूप में कपड़ों को धोना, रगड़ना और सुखाना अपने कपड़ों के लिए थोड़ा कठोर मानती हूँ। मैं कपड़ों को छत पर टांगती हूँ जहां कपड़ों की पंक्ति ने जनवरी में जॉर्डन का दांत निकालने में सहायता की।

अब रॉब और मैं ब्रेकफास्ट साथ करते हैं, इस तरह का समय मिलना कितनी खुशी की बात है। नौ बजे वह ऑफिस चले जाते हैं और मैं किचन साफ करती हूँ और दिन के कार्य आरंभ करती हूँ। खाने के सामान की खरीददारी मि.रमण के साथ या रिक्शें में करती हूँ। पिछले गेट से बाहर एक परिवार द्वारा इस्त्री करने के लिए कपड़े ले जाना बैंक या डाक घर या फोटो कॉपी मशीन के लिए जाना, फोटो कॉपी का व्यवसाय एक छोटा सा व्यवसाय है जिसे कैंम्पस की सामने की दीवार में स्थापित किया गया है बहुत अच्छी फोटोकॉपियों के लिए एक रुपया लिया जाता है।

मैं अपना खाना पकाने के कार्य को इस देश की बहुत सी महिलाओं के साथ बांटती हूँ। घर के पिछवाड़े की तरफ में अपनी पड़ोसन को प्रातः लंच तैयार करते हुए देख सकती हूँ जो कि मैं भी कर रही होती हूँ, मेरे जैसी चपातियां बेलते और बनाते हुए प्रत्येक सुबह और शाम मैं बेघर औरतों को जो कि गली के दूसरी तरफ दीवार के साथ रहती हैं पतीलों में सुबह और शाम खाना पकाते हुए भी देखती हूँ।

इन दिनों एक और पांच बजे के बीच 42-44 डिग्री (सेंटीग्रेड) गर्मी होती है। मैं और बच्चे अंदर ही रहते हैं (रॉब लगभग ढाई बजे वातानुकूलित कार्यस्थल को वापिस चला जाता हैं)। कभी-कभी हम सोते हैं परंतु अधिकांशतः हम पढ़ते, लिखते हैं ड्राइंग बनाते हैं और रंग भरते हैं या खेल खेलते हैं। मैं पंखे के नीचे रोज़ा के लिए लिटिल वूमैन पढ़ रही हूँ और आज हमने वह भाग पढ़ा जिसमें लारी और मैडिट्रेनियन फ्रांस के दक्षिणी तट पर घूम रहे हैं। "मैडीट्रेनियन" रोज़ा ने टोका "अच्छा वो तुर्की में हैं" रोज़ा पिछली गर्मियों में तुर्की के समुद्र में तैरना याद कर रही थी। हमने बच्चे की एटलस निकाली और मैडीट्रेनियन को इसके चारों ओर से चमचमाते तटवर्ती देशों के साथ खोजा। हमने नाइस से नेपल्स, उसने पायरस से इज़मीर और सीरिया से स्वेज़ के ऊपर लीबीया से ट्यूनिशिया के नीले समुद्र पर अपनी अंगुलियां फिरायी। ग्लाईड करते हुए अल्जीरिया और

मोरम्में होते हुए कैटालोनिया के कूबड़ पर आकर रूके। इस छोटे से टूर पर हमने अच्छा-खासा आधा घंटा लगाया और मैंने वही जानी पहचानी सहानुभूति जो इन देशों के प्रति मुझे जो अनुभव है इनमें से कुछ देशों की मैंने यात्राएं की हैं और बचपन से उनमें रही हूँ।

जब हम 1960 के अंत में उत्तर पश्चिमी ईरान में रहते थे। मेरे पिताजी सप्ताहांत पर उबड़-खाबड़ लाल भूदृश्य पर फैले अनेक अनाम टीलों की यात्राओं पर ले जाते थे। मिट्टी की ये छोटी पहाड़ियाँ उन अनगिनत मिट्टी के गांवों से शेष बची हैं जो कि पिछली शताब्दी में उन पर बनाए गए थे। हमने इन प्राचीन आश्रय स्थलों पर "सतही खोजें" शताब्दियों तक इन गांवों में रहने वाले लोगों के जीवन का पता लगाने के लिए बहुत से खुशनुमा पल बिताए हैं हमें अनेक मद्भांड मिले और कभी-कभार धातु के मनके या अन्य टुकड़े या छोटा सा साबुत भांड, और हमारे खोज के दौरान मेरे पिताजी इन प्राचीन सभ्यताओं के विषय में कहानियां सुनाते। अब रोज़ा के साथ मुझे पुराना रोमांच उन रहस्यों के बारे में होता जब मैं उन सप्ताहांत यात्राओं को झांकती हूँ।

जब स्कूल की छुट्टी होती बच्चे अपनी साईकिलें चलाते या फुटबाल खेलते या प्रातः अपने कैम्पस के मित्रों के साथ बाहर क्रिकेट खेलते। इसलिए दिन की गर्मी के समय घर के अंदर रहने के लिए अधिक इच्छुक रहते हैं। जिन दिनों स्कूल जाना होता उन दिनों वे घर आते ही लंच करते हैं (और जब उन्होंने स्कूल में लंच कर लिया होता तब लंच नहीं करते) और अपना होमवर्क करते करते पांच बजे गर्मी में बाहर निकल जाते और फिर से अपने मित्रों के साथ उधम मचाते। साढ़े सात बजे तक ऐसा ही करते रहते हैं। जब अंधेरा हो जाता हैं वह पसीने और धूल से तर बतर होते और कभी-कभी उनका झगड़ा हुआ होता दिन का अंत ऐसे ही होता हैं। अधिक या शांत दोपहर के दौरान मैं लिखती या पढ़ती हूँ और जब ठंडक होती हं मैं डिनर की तैयारियां करंती हूँ मैं दोपहर के बर्तन धोती हूँ।

चपाती के लिए आटा गूंथती और चावल भिगोती हूँ। कभी-कभी चाय पर कोई घर आ जाता हं और परिवार की कहानियां सुनाता या कैम्पस के ड्रामों के विषय में बताता। और हमारी दिनचर्या में दिलचस्पी लेता। रॉब साढ़े पांच या छः बजे घर आते हैं और हम घूमने जाते या वह योगा क्लास में जाते। रात सभी लोग डिनर के लिए तैयार होते और लगभग सात बजकर पैंतालीस मिनट पर हम अपने छोटे से पूरी तरह से भरे हुए मेज के चारों तरफ जमा हो जाते हैं। फिर बर्तन साफ करती हूँ और लड़कियों को कहानियां सुनाती हूँ। जॉर्डन पढ़ता या अध्ययन करता (उसने डूमा के बड़े-बड़े उपन्यास ढूंढ लिए हैं) और साढ़े दस बजे जब हम सोने जाते तभी सोता है। सीलिंग फैन की आवाज में, मैं और रॉब सो जाते और ऊपर बच्चों के कमरे में एयर कंडीश्नर में उनको सुला देते। झींगुरों, मेढ़कों, चमगादड़ों और आश्चर्यजनक रूप से पक्षियों की रात में बहुत सी आवाजें आती हैं। आप सबको मेरी तरफ से शुभरात्री।

28

ग्रीष्म ऋतु

अप्रैल अंत

यद्यपि मैं और इस कथा में वर्णित लोग सभी महिलाएं हैं, और मैं उनके साथ एकता के मूलभूत भाव महसूस करता हूं हमारी समरुपता वहां समाप्त हो जाती है। जब वे मुझे घुड़ सवारी करते या उनके साथ दौडते हुए देखते हैं तब वे निश्चय ही मेरे साथ कतई किसी समरुपता का एहसास नहीं करते इसके सिवाय कि उनके और मेरे जीवन में काफी अंतर है। इसलिए मैं अपने बीच कुछ संबंध कैसे महसूस करुं। क्योंकि हम अक्टूबर में यहां आए यहां कैम्पस के नजदीक मुख्य सड़क निर्माण योजना का कार्य चल रहा था। आप गेट से बाहर गए बाएं मुड़े और आधे लोग एसोशिएशन के चौराहे पर दाहिने गए। आप ऐसी सड़क पर हैं जिस पर काफी भूमितल नाली पाइप बनाया जा रहा है। सड़क लगभग दो किलोमीटर लम्बी है। जब हम पहली बार यहां गए तो वहां सड़क के समान्तर कतार से लगभग सौ भारी कंक्रीट पाइपें थी। प्रत्येक सेक्शन लगभग दस फुट लंबा और छः फुट व्यास का है। मुझे यह अनुमान नहीं है कि इसका वजन कितना है, लेकिन वह हल्के नहीं हो सकते फावड़े से पाइपों से बाहर खुरदरा गढढा खोदा गया। क्योंकि गढढे का कार्य समाप्त हो गया था

और अब कोई इंजन द्वारा चालित कार्य नहीं रह गया था, अब शारीरिक श्रम का कार्य रह गया है अतः यह अधिकांशतः महिलाओं द्वारा किया गया।

इस प्रकार यह कार्य आगे बढता है अब फावड़े का कार्य समाप्त हो गया है। महिलओं की सेना गढढे की सतह में मिट्टी को अपने सिर पर पूरा तसला भर कर फेंकती है। सभी महिलाएं चमकीली साडियां और प्लास्टिक की चूडियां, चांदी के पायल और भारी झुमके पहनती हैं। उनके छोटे बच्चे समीप मिट्टी के ढेर पर खेलते हैं और थोडा फटे पुराने कपड़े ही पहने रहते हैं। कुछ लोग महिलाओं की गढढे के शीर्ष पर उनके सिरों से तसले उतारने में सहायता करते हैं।

जब गढ्ढा हल्के धूल से साफ हो जाता है तो लोग बांस के लट्ठे का उपयोग पाइप के एक भाग को समानांतर गढ्ढे पर लाने के लिए करते हैं गढ्ढे पर लोहे का धूस डाला जाता है और लोग कहीं कहीं पाइप सेक्शन के शीर्ष को मध्य में लटकाने के लिए चेन बांधते हैं और गढ्ढे पर तिपाई से लटकाने के लिए किनारे से बांधते हैं। पाइप को सतह में खिसकाया जाता है और एक किनारे से संकरे कंक्रीट वलय में फिट किया जाता है। जिसका दूसरा किनारा पहले पहले रखे गए पाइप सेक्शन के किनारे से जुडा होता है। इससे काफी हुंकार और पुकार होती है और लोगों में उत्साह भरा जाता है क्योंकि वह इस कठिन कार्य को एक साथ करते हैं।

महिलाएं फिर अपने काम शुरु करती हैं इस बार गढढों के शीर्ष पर मिट्टी डाली है और गढढे को भरने के लिए चारों ओर तथा नाली के पाइप को मजबूत करने के लिए मिट्टी डाली जाती है। बच्चे तडपती धूप में खेलते रहते हैं क्योंकि उनकी माताएं श्रम करती हैं। अब तक लगभग

आधी पाइप पड़ चुकी है मैंने हाल ही में ध्यान दिया कि कुछ छोटे छोटे ठहरने के घर बने हुए हैं जहां महिलाएं चली जाती हैं। क्योंकि पाइप का कार्य सड़क के साथ साथ प्रगति पर है। ये जमीन में पतले बांस के लट्ठे को खोदकर सहायता से बुनी हुई चटाई से बने हैं और मेरा यह अनुमान है कि ये इन परिवारों के घर हैं जो हर समय इस नाली परियोजना के निर्माण में समर्पित हैं। एक दिन वहां से जाते हुए मैंने श्री रमन से पूछा ये महिलाएं कितने रु पाती हैं उसने बताया कि एक दिन का पचास रु एक डालर में बयालीस रु होते हैं।

कई हफ्तों पूर्व उन लोगों ने कैम्पस से आने वाले सड़क पर एस्फाल्ट बिछाया और कई परिवार पुनः इसे बनाने आए वे सड़क के किनारे अपने अपने पड़ाव से काम करने के लिए आए उनके साथ छोटे छोटे परिवार थे। महिलाएं अपने बिछौने या भोजन लिए हुए थी और संभवतः हाथ में एक बच्चा लिए हुए थीं। पति सामने एक दूसरा छोटा बच्चा लिए हुए जा रहा था। मैं नहीं समझती कि उनके पास किसी तरह की कोई सवारी है लेकिन मैंने शहर में साइकिल पर एक साथ अन्य छोटे परिवारों को जाते हुए देखा है। संभवतः इन लोगों से थोडा बेहतर होंगे जो सड़क पर काम करते हैं। पति साइकिल चला रहा है और साड़ी पहने हुए पत्नी पीछे अपनी गोद में एक बच्चा लेकर आसानी से और सम्मानपूर्वक बैठी रहती है।

महिलाएं केबिल बिछाने के लिए नई परत डालने के पूर्व पुराने डामर में गढढे खोदने के लिए गैंती का उपयोग करती हैं। कभी कभी हमने उन्हें पालथी मारकर अपने पति और बच्चों के साथ छाया में जमीन पर बैठे हुए आराम करते हुए या अपने अपने टिफिन बाक्स से दोपहर का भोजन करते हुए उन्हें देखा। उन छोटे चमकीले भोजन कटोरों में चावल, दाल और रोटी के अलग अलग भाग होते हैं।

एक अन्य कार्य में मैंने महिलाओं को तपती धूप में नए डामर को दबाने के लिए स्टीम रोलर के पीछे चलते हुए देखा था। तेल में डूबे हुए पुराने कपड़े लेकर रोलर के पीछे उन्हें ग्रीस डालने और सही रुप से चलने के लिए ठीक बनाना था जब वे मुडें। आगे और पीछे ये महिलाएं और बडी लडकियां चलती हैं चलते रोलर का पीछा करते हुए लगातार स्नेहन के लिए इसकी सर्विसिंग करती हैं। वे पहले गिरे हुए बोगेनविलिया फूल को आगे बढाते हैं जो सड़क के एक ओर मोटे चमकीले गुलाबी लताओं के नीचे पड़े हुए हैं और उन पर कभी नहीं चमकते हैं।

अन्य समाचारों में नाओमी बच्चों के समूह के साथ जिसमें एक मेरा मित्र और सहपाठी है अहमदाबाद के बाहर ग्राम में दो या तीन रातों के लिए कैंप में दूर रहता है। वे लोग ऐसा कार्य करेगें जो गांव में किया जाता है और इसके अलावा कुछ अन्य कियाकलाप भी करेंगें। उसे अपने आप पर बहुत गर्व था और वहां जाकर बहुत उत्साहित थीं। वह अपने बाल को ऊंची छोटी चोटी में नारियल का तेल लगाती हैं जो बेतरतीब रुप से इधर ऊधर झूलती हैं। जब वह अपने रोलर ब्लेड या साइकिल पर कैम्पस में भागती है। वह परीक्षा देने और वर्ष की समाप्ति के बीच छुटटी के लिए स्कूल से बाहर होने के कारण खुश हैं। वह अपने पता ठिकाने के बारे में हमें पर्ची छोडती हैं जो शीघ्रता पूर्वक और डर से लिखी गई है और बिल्कुल अपठनीय है क्योंकि सभी अद्‌भुत वर्णाक्षरों का उपयोग किया है। वह लिखती है जैसा लिख सकती है लेकिन विच्छेद नहीं कर सकती क्योंकि परिणाम पर बहुत गवे है। स्कूल की छुट्‌टी के इन दिनों में रोजा अपना अधिकांश समय हिना के घर पर बिता रही है जैसा हिना ने पहले यहां बिताया। वे तैयार होते हैं और हिन्दी फिल्म और फिल्मी सितारों तथा टाइटेनिक जैसी पिक्चर और लियोनार्दो दि कैपरियो जैसे अभिनेताओं के

बारे में गपशप करते हैं। वे फिल्मी आवाज पर नाचते हैं, स्वादिष्ट स्नैक्स खाते हैं जो उनकी माता संधिया ने पकाया है। रोजा कुछ अन्य बच्चों के साथ दस दिन की योजना आरंभ कर रही है यह आशा है कि जो बच्चों की मैगजीन में आएगी। सर्वप्रथम वे सामग्री पेश करेगें और लेखन कला के साथ वह इस पर चर्चित होगी। जब पत्रिका आरंभ की जाती है तो वह पुनः उत्तरी भारत के कथक, शास्त्रीय नृत्य कक्षाएं लेना आरंभ करेगी।

29

महिलाएं और परिवारिक जीवन

अप्रैल अंत

भारत में सात महीनों के बाद मैंने स्वयं को ऐसी परिस्थितियों में एक महिला के रूप में कार्य करते हुए पाया जो अमेरिका में एक महिला से भिन्न है। परिवारिक परिदृश्य में मैं निर्विवाद स्वामी हूं ("गृह-मंत्री" मि. रमण को आश्चर्य में डालने के लिए जैसे की रॉब मुझे कहते हैं -यहां प्रत्येक राज्य में एक गृह-मंत्री होता है।") मुझसे यह आशा की जाती है कि मैं बच्चों और घर से संबंधित प्रत्येक चीज का ध्यान रखूं। धन से सबंधित किसी भी मामले में रॉब को अंधिकार है। सामान्यतः रॉब द्वारा दिया गया कोई भी पैसा किसी विशिष्ट काम के लिए यदि मैं खर्च करती हूं तो बाद में मुझे उसका हिसाब देना होता। हाल ही में जब रॉब शहर से बाहर थे मैं जॉर्डन के लिए दरवाजे के बाहर साईकिल वाले से पुरानी साईकिल खरीद रही थी, उसने कहा हम साईकिल घर ले जा सकते है और बाद में साहब उसे पैसे दे देंगे। मुझसे पैसा खर्च करने के विषय में स्वतंत्र रूप से निर्णय लेने की आशा नहीं की जाती है और यदि दरवाजे पर कोई सामान दे जाता है या और कोई व्यय करना होता है और घर में केवल मैं ही व्यस्क हूं तो लोग भुगतान लेने के लिए बाद में वापस आने की बात करते हैं, जब साहब घर पर होंगे।

जब रॉब घर पर होते हैं और कोई आता है तो मुझसे सामने आने की उम्मीद नहीं की जाती है। सबको उनकी ही उपस्थिति वांछित होती है। कभी-कभी सामान लेकर लोग आते हैं और दरवाजे पर जब मुझे पाते हैं तो वह रॉब को पूछते हैं और मेरा यह मानना है कि वे उनसे बात करके ज्यादा सहज होते हैं। सामान्यतः पुरुष उनसे ही बात करते हैं। जब हम इकट्ठे होते हैं, मैंने पाया है कि केवल मुझसे बात करके पुरुष असहज होते हैं और जब वो रॉब और मुझे एक साथ देखते हैं तब उनसे बात करते हैं। पुरुष प्रोफेसर जब व्यायाम करने के लिए घूमते हैं, जब हम घूम रहे होते हैं तो वो हमसे तब बात करते हैं, जब रॉब मेरे साथ होते हैं परंतु जब मैं अकेली होती हूँ तो वह आंख मिलाने से बचते हैं। केवल कुछ वर्ष पहले महिला और पुरुषों के बीच अपेक्षाओं के विभाजन से मुझे कस्ट होता और संभवतः इससे मैं उत्तेजित हो जाती हूँ और जब भी मुझे मोका मिलता मैं इसकी बखिया उधेड़ देती हूँ। इस संस्कृति में, मैं एक महिला को प्राप्त विशेषाधिकारों का आदर करना सीख गयी हूँ। मैं अपना जीवन व्यतीत कर सकती हूँ और अमेरिका के विपरीत एक निजी जिंदगी जी सकती हूँ। अमेरिका जहां पर लिंग या आयु भेद के बिना किसी भी स्थिति से सबको बिना किसी विशेषाधिकार के जूझना पड़ता है। उदाहरणार्थ-तीन बच्चों के साथ दिन में मुझे पढ़ने या लिखने के लिए कभी भी ज्यादा समय नहीं मिलता। मुझे सभी समय बच्चे परेशान करते रहते हैं परंतु जब रॉब घर पर होते हैं तब बाहरी व्यक्ति मुझे परेशान नहीं करते हैं तब मैं अध्ययन या लेखन या खाना बनाने का काम करती हूँ और बाहरी दुनिया से उसे ही निपटना होता है।

मैं सलवार कमीज, लम्बी कमीज जिसे पैंट के ऊपर पहना जाता है मैं पश्चिमी कपड़ों के मुकाबले अधिक सहज अनुभव करने लगी हूँ क्योंकि मैं स्वयं को पूरी तरह थका हुआ अनुभव करने के साथ सुंदर महसूस करती हूँ। आपको चलने में पैंट से आजादी मिलती है। एक परिधान की शालीनता और ड्रेस के साथ लम्बा दुपट्टा जो सूट के साथ होता है उसे रंग और चपलता प्रदान करता है। विभिन्न पैट्रनों और कपड़े के टैक्सचर की कढ़ाई शीशे का काम के साथ मिलाकर अनगिनत तरह की पोशाकें

उपलब्ध हो जाती हैं (46 वर्ष की उम्र में ढके रहते हुए सुंदर लगना बुरा सौदा नहीं है) मेरे बच्चों के अलावा दूसरे बच्चे बीसवें वर्ष में शमिल लोगों सहित मुझे "आंटी" कह कर संबोधित करते हैं और दूसरे सभी व्यस्क लोगों को मेरे बच्चे "आंटी" या "अंकल" कहते हैं। (जब रोज़ा और नाओमी किसी व्यस्क महिला के विषय में बात करते तो वो कहते "आंटी ने ये कहा या वह किया", और मुझे पूछना पड़ता कि वास्तव में वह किस महिला के विषय में बात कर रहे हैं। क्योंकि उन्हें व्यस्कों का नाम नहीं बताया जाता तो वो कहते "जिशा की मम्मी" या "वह महिला जो क्रिसमस कार्यक्रम चला रही है" या जब हम घूम रहे होते और कोई अंजान महिला मुझे नमस्कार करती तो वो कहते वह आंटी है ("और एक अमेरिकी की तरह मैं उच्चारण करती ऐन्टी तो वो कहते नहीं मम्मी "आंटी") मुझे आयु के संबंध में इससे आशायित आदत पसंद है और मेरी यह इच्छा है कि मेरे बच्चे घर में भी इसे जारी रखेंगे।

परिवारों में भी आयु और जन्म के संबंध में आदर का एक क्रम होता है। बच्चे संयुक्त परिवार के विभिन्न सदस्यों को उनके नामों से बुलाते हैं जो आदर और प्रेम का समुच्चय है। अंकल को "काका" कहते हैं और एक बडी औरत को "चाची" बड़ी बहन को "दीदी"। एक दिन मैंने हिना की बड़ी बहन पूर्वी को अपनी पड़ोसन लक्ष्मी से, जो हिना से पहले ही मिल चुकी थी, परिचय कराने का प्रयास किया मैंने कहा "यह पूर्वी है। हिना की बहन"। पूर्वी ने मुझे नम्रता से कहा, "नहीं आंटी, हिना मेरी बहन है ना कि मैं उसकी"। इसलिए मैंने केवल इन संबंधों की टिप्पणी की थी जिसका इन बहनों के बीच क्रम और आदर पर विशिष्ट प्रभाव था।

शायद मैं यह जान सकती हूँ कि इसका ये अर्थ नहीं है कि भारतीय परिवारों में सभी बहनें और भाई या सारे सदस्य आपस में बहस, झगड़ा या विवाद नहीं करते हैं जैसे कि सारे परिवार करते हैं। ऐसे वाक्यों के बारे में बच्चे दोस्तों के घर से आने पर बताते हैं। प्राकृतिक रूप से मेरे मुकाबले बच्चों के सामने लोग कम शर्म करते हैं। परंतु इस सर्वव्यापी पारिवारिक सत्य के साथ परिवार के सदस्यों की आयु और स्थिति के लिए आदर की

बहुत मजबूत भावना भी विद्यमान है। मैं यह सोचने के लिए विवश हूँ कि यह एक बहुत ही स्वारुपप्रद स्थिति है। अमेरिका के मुकाबले यहां पर "हम सब बराबर हैं और सबके लिए बराबर मौके" परिवार में कुछ निरंकुशताओं और असमंजस को तब दूर किया जा सकता है जब परिवार में पारस्परिक स्थिति के तथ्य का लोग आदर करें।

इस समाज के कुछ भागों में महिलाओं की स्थिति सुस्पष्ट रुप से बहुत असहाय और दयनीय है। भारत में हमारे रहने के दौरान हमने प्रत्येक दिन दैनिक अखबारों में नवयुवतियों के असमान परिस्थितियों में मृत्यु की खबरें पढ़ी। उन्होंने दुर्घटना वश या तो स्वयं को आग लगा ली या उन्हें उनके पतियों और उसके परिवार के सदस्यों द्वारा आग की भेंट चढ़ा दिया गया या स्वयं को लटक कर या कीटनाशक दवा निगल कर आत्महत्या कर ली। प्रत्येक दिन सामान्यतः ऐसी महिलाएं जलने से मर जाती हैं, परन्तु कभी-कभी वह प्राधिकारियों को मृत्यु से पहले बयान देने में सफल हो जाती हैं कि उन्हें आत्महत्या करने के लिए शादी के बाद और अधिक दहेज लाने के लिए ससुराल वालों ने विवश किया था और वह उनके द्वारा हत्या के प्रयास की शिकार हैं। (यह इतना आम है कि हाल ही में आत्महत्या करने वाली एक महिला ने अपने पति और पुलिस दोनों को एक नोट लिखा जिसमें उसने लिखा कि वह अपनी इच्छा से मर रही है क्योंकि वह बांझ है और उसके पति और उसके परिवार का इसमें कोयी दोष नहीं है। प्रकटतया दहेज की मांग शादी के बाद भी जारी रह सकती है और दुल्हनों के लिए जो अपना घर छोड़ कर पति के परिवार में रहने के लिए आती हैं लड़की के जीवन को असहनीय बना सकती हैं। बहुत छोटी संख्या में ऐसे मामले कोर्ट तक पहुचते हैं और कष्टदायक भारतीय विधि प्रणाली में सफलता हासिल करने में वर्षो लग जाते हैं।

हाल ही में एक समाचार पत्र में एक महिला की पीड़ा को दर्शाया गया था। एक दिन उसने अपने चार बच्चों पर मिट्टी का तेल छिड़क कर उनको मारने का और फिर आत्महत्या करने का प्रयास किया। उसकी सबसे बड़ी लड़की 12 वर्ष की थी और उसका पति जो दो वर्ष से बेरोजगार

था उसके परिवार का पोषण करने के लिए फैक्ट्री में काम करने के लिए अपनी पत्नी को विवश कर सके कर-कर यह कह रहा था कि उसकी बेटी विवाह योग्य हो गई है। पत्नी इससे सहमत नहीं थी और अन्ततः इससे बचने के लिए उसने अपना तथा बच्चों का जीवन समाप्त करने का प्रयास किया, वह और उसके दो बच्चे मर गए। 12 वर्षीय लड़की तथा एक दूसरा बच्चा काफी जल गया पर दोनों जीवित बच गए।

सीधे तौर पर इस कहानी में बहुत सी चीजें हैं, न केवल लड़कियों और महिलाओं की दुर्बलता और मुश्किले परन्तु ऐसे कदम भी हैं जो आर्थिक दबाव परिवारों को उठाने पर विवश कर सकता है। कुछ आदिवासी समुदायों में यद्यपि लड़कियों की अपेक्षा लड़के अधिक जन्म लेते हैं यहां पर लड़कियां सम्भावित दुल्हे के परिवार से दहेज लेती हैं। जितना जल्दी समय हो सके उतना जल्दी यह पैसा लेने के लिए और संभावनाओं से भरे इस विश्व में अविभावकों को यह आदेश रहता है कि शायद वह अपने बच्चों का सुरक्षित विवाह करने से पहले परलोक सिधार जाए। अपने लड़के और लड़कियों का तभी विवाह कर देते हैं जब वह बच्चे ही होते हैं और कभी-कभी खर्च कम करने के लिए। समाज में ऐसी छोटी आयु में विवाह गैरकानूनी हैं परन्तु इन समुदायों में लड़कियां कभी-कभी 15 वर्ष की आयु के पश्चात भी अविवाहित होती हैं और उन पर जबरदस्ती करना प्राथमिकता नहीं होती है। इतना होने के बाबजूद इन समुदायों में लड़कियों का कोई मूल्य नहीं है। हाल ही के वर्षो में युगल कन्या शिशु भूर्ण का गर्भ पात करवाते पाए गए हैं। इन चीजों के विषय में मैंने यहां समाचार पत्रों में पढ़ा है परन्तु इनके सही होने के विषय में मैंने जांच नहीं की है। हाल ही में कैम्पस के एक मित्र ने मुझसे पूछा कि मैं अपने अगले जन्म में पुरुष बनना पसंद करूंगी या महिला, मैंने गर्मजोशी से कहा कि मैं महिला बनना पसंद करूंगी, और जब मैंने पूछा कि उसने ऐसा क्यों कहा तो उसने मुझे बताया कि उसके विचार में जीवन में महिलाओं के पास पुरुषों से अधिक विकल्प होते हैं। पुरुषों को काम करना अनिवार्य होता है जबकि महिलाएं बच्चे पैदा करने, काम करने का या घर में रहने का विकल्प चुन सकती हैं उसने कहा कि अगले जन्म में वह भी महिला ही बनना पसंद करेगा।

मैं एक महिला हूँ, जो अपने लिए चयन करने में समर्थ हूं, जिससे ठीक से व्यवहार किया जाता है जिस पर उसके चयन के लिए वित्तिय या भावनात्मक रुप से अत्याचार नहीं किया जाता है। मुझे ऐसा प्रतीत होता है कि जिन महिलाओं के विषय में, समाचार पत्रों में पढ़ती हूँ, वे महिला होने के नाते उनको प्राप्त विकल्पों का लाभ नहीं उठा पाती हैं और वस्तुतः उन्हें अपना जीवन समाप्त करने का कठोर निर्णय करना पड़ता है या दूसरों द्वारा उनका जीवन समाप्त कर दिया जाता है।

आज कैम्पस के बहुत से निवासियों की खुशी के लिए में जॉर्डन की साईकिल पर निकली मेरे साथ नाओमी भी अपनी साईकिल चला रही थी। यहां पर अकेले साईकिल चलाने वाली महिलाओं की संख्या बहुत कम है और जब वे साईकिल चलाती है तो पुरुषों की साईकिल नहीं और यकीनन मैंने किसी संकाय सदस्य की पत्नी को साईकिल चलाते हुए तो नहीं देखा। पहले तो मैंने अपनी पसंदीदा सलवार कमीज में इस पर सवारी करने का प्रयास किया और तीसरे प्रयास में चेन उतर गई। हम साईकिल को वापस साईकिल वाले के पास ले गए जिससे हमने इसे खरीदा था उसने चेन को ठीक कर दिया और जॉर्डन और नाओमी की साईकिलों में हवा भी भर दी। फिर मैंने अपनी पश्चिमी पैंट पहनी और तब तक सारे कैंपस में साईकिल चलाते रहे जब तक कि गर्मी नहीं हो गई।

30

आमों के लिए दिवानापन

शुरुआती मई

आजकल यहां पर आमों के लिए दिवानापन चल रहा है। यह शानदार और चमकता हुआ फल सब जगह है। स्वादिष्ट और मुंह में पानी भरने वाला, टोकरियों और बक्सों में सजा हुआ सब जगह है। सड़क के किनारे की दुकानों में ढेरों के रूप में शहर के जाने माने स्थानों पर अन्य सब्जियों के साथ अहमदाबाद की सभी सड़कों पर आम मौजूद हैं। कुछ आम छोटी गेंद के आकार के हैं जिनकी चोंच सी निकली है, कुछ मेरी मुट्ठी के आकार के हैं, कुछ सुनहरी पीले हैं, कुछ हरे हैं जिन पर लाल और भूरे धब्बे हैं। आम पपीते से अलग होते हैं, जिसकी त्वचा से उनके पके होने का पता चलता है पर आम की त्वचा चिकनी, धब्बा रहित थोड़ी मुलायम पर दाब रहित।

मैंने एक साथ 5 किलों आम खरीदे, जैसे ही आप घर में घुसते हैं रसोई की तरफ जाने पर आमों की खुशबू आप अनुभव कर सकते हैं। रसोई में आप आम का पता लगने का ही इंतजार कर रहें होते हैं। रोज़ा नाओमी और मैंने उनका पता लगा लिया है और उनको छील कर काट कर हम दिन में अनेक आम खाते हैं।

जैसे कुछ लोग शराब की गुणवत्ता परख लेते हैं, उसी प्रकार भारतीयों को आमों की अच्छी परख होती है और लगभग आम की 200 किस्मों के

बीच अन्तर को विस्तार पूर्वक बता सकते हैं, । आम की प्रत्येक किस्म का यहां बेसब्री से इंतजार किया जाता है और इस फल का स्वाद और गुणवत्ता कई विचार-विमर्शो का विषय होती हैं। जिस दुकान पर मैं जाती हूँ वहां विक्रेता और श्रोताओं के बीच तीखी नोंक-झोंक हो जाती है इस फल की कीमत गुणवत्ता, आकार आदि के विषय में। मैंने इस तरह का व्यवहार पहले कभी नहीं देखा है, मैं प्रत्येक दूसरे दिन वहां पर अपने बच्चों के लिए फल खरीदने जाती हूं। ऐसा लगता है कि वो लगातार इन्हें चखते रहते हैं (मैंने पाया है कि भारतीय फल को पार्टी या विलासिता की वस्तु मानते हैं, जिन्हें कम मात्रा में खाना चाहिए ना कि पेट भर कर, दूसरी ओर हम इसे पेट भरने की वस्तु समझते हैं। इस पर रेखा को बहुत हैरानी होती है, जो मुझे खाना बनाना सीखाती है। हमारी इस आदत से फल विक्रेता काफी खुश रहता है)।

नाओमी को गर्मी से छोटी-छोटी फुंसियां हो गई हैं जो मेरे ध्यान देने से पहले ही काफी बढ़ गयी हैं ये उसकी ठुड्डी और माथे से शुरु हुई और अब उसके गले और पीठ तक फैल गई है। ये छोटे-छोटे लाल उभार वाले होते हैं जिन पर चुभन होती है और एक तरह की खारिश होती है और मुझे नहीं लगता कि वो रात को अच्छी तरह सो पाएगी। किताब में लिखा है कि इनके लिए कैलामाइन घोल का प्रयोग करना चाहिए। परंतु वह उस चाक जैसे पदार्थ को अपने शरीर पर नहीं लगाना चाहती है। और जैसे-जैसे उसे गर्मी की आदत हो जाएगी यह भी दूर हो जाएगी। हमने उसे अनेक बार नहलाने का निश्चय किया है। एक दिन बाद और बार-बार नहलाने से उन छोटी-छोटी फुंसियों पर फर्क पड़ रहा है। अब वह अपनी कमीज बदलकर बाहर छत पर या एयरकंडीशन में सो रही है ये बहुत अच्छा हुआ। कुछ समय तो उसे वास्तव में परेशानी हुई।

कई दिन पहले हमने एक वार्तालाप किया था, जिसमें कहा गया कि भारतीय समाज के कुछ कतिपय लक्षण पश्चिमी समाज के मुकाबले प्रोन्नत हैं। मैं जिस व्यक्ति से बात कर रही थी वो शास्त्रीय गायक था। उसने मुझे बताया कि विस्तृत परिवार प्रोन्नत समाज को दर्शाता है जिसे

पश्चिमी देशों को अभी प्राप्त करना है। इससे मुझे काफी उत्सुकता हुई चूंकि मैंने भारतीय परिवारों में जुड़ाव और संबंधो के विषय में लिखना समाप्त ही किया था। उसने यह भी स्पष्ट किया कि भारतीय वर्ण-व्यवस्था इस बात की द्योतक है कि ये संस्कृति कुछ अन्य संस्कृतियों से आगे है। उसने कहा कि अपने सर्वोत्कृष्ट रुप में ये सभी जातियों की प्रास्थिति का आदर करती है। ऊंची या नीची पारस्परिक मातृत्व और पारस्परिक स्वीकृति के आधार पर उसने तुलनात्मक रूप से धनाढ्य ब्राह्मणों (ऊंची जाति) का उदाहरण दिया जो सबसे नीचे स्तर के गांव के नौकरों के परिवारिक विवाहों को उचित ढंग से सम्पन्न करने के लिए धन देते हैं। उसने अनुभव किया कि महात्मा गांधी ने कुछ हद तक ये शरारत कि जब उन्होंने भारतीय वर्ष व्यवस्था को बदलने पर बल दिया ताकि निम्नतम जातियों को वर्ण क्रम के उनके निम्नतम स्तर में कुछ राहत दी जाए। इसी वार्ता लाप में उसने कर्म का भी वर्णन किया। इसे उसने एक लेखा रखने की ऐसी युक्ति बताया जिसमें सभी कर्म चाहे वे कितने भी क्षुद्र हों का पश्चात्वर्ती जीवनों पर प्रभाव पड़ता है। निश्चय ही भारत में हमारे समय में हमने इस तरह के अनेक दृष्टांत देखे जिसमें लोगों ने दूसरी जातियों की सहायता करने के लिए काफी कार्य किया।

एक दूसरे मित्र ने मुझे तब हैरानी में डाल दिया जब उसने ये घोषणा की, हिन्दुत्व के संदर्भ में साक्षरता का शायद इतना फायदा नहीं है। वह कहती हैं कि हिंदुत्व एक मौखिक परंपरा है और सर्वोच्च जाति के ब्राह्मण मौखिक शर्तो पर धार्मिक शिक्षक बनने के लिए आशायित है। वह कहती हैं कि सभी जातियों में साक्षरता को बढ़ावा देने से भारतीय, "मूर्ख" बनकर रह गए हैं, क्योंकि एक बार साक्षर होने से आप अपनी स्मरण शक्ति और दिमागी चुस्ती खो देते हैं। आप मेरी हैरानी का अंदाजा लगा सकते हैं क्योंकि मेरे लिए साक्षरता का मूल्य है। परंतु मैंने याद किया कि जब मेरे बच्चे साक्षर नहीं थे निःसंदेह उनकी स्मरण शक्ति बहुत अधिक थी जब हम स्मरण रखने के खेल खेलते थे। मैं अंत में हार ही जाती और तब मुझे संदेह होता कि इसका कोई संबंध साक्षरता से हैं। यदि आप अध्ययन पर

निर्भर नहीं रह सकते हैं तो आपको अपनी स्मरण शक्ति और मस्तिष्क का अधिक उपयोग करना होता है मुझे ऐसा लगता है। मैं नहीं जानती हूं कि मैं अपने मित्र से पूरी तरह से सहमत हूं परंतु उसका पक्ष मैं समझ सकती हूं।

यहां पर काफी फूल खिल रहे हैं, पेड़ों पर लाल, संतरी और पीले फूलों की भरमार है। आज जब हम घूमने गए, रॉब, मैं और रोज़ा ने सामने एक-एक पेड़ को देखा। हमारे सर से दो फीट से ज्यादा ऊपर नहीं, चार बंदरियाँ, चार अलग-अलग शाखाओं पर अपने बच्चों को दूध पिला रहीं थी। आठ पूंछे सीधी नीचे लटक रहीं थीं सभी बच्चों ने सर घूमाकर हमें घूरते हुए अपनी माताओं के स्तनों को खींचा ताकि वो दूध की एक बूंद भी व्यर्थ न गवाएं। इसने मुझे कतिपय मानव शिशुओं की याद दिला दी जिन्हें मैं जानती हूं।

31

कोई उपरी खर्च नहीं

मध्य मई

मैं और रॉब भारत में पैसे और अतिरिक्त खर्च के विषय में आश्चर्य कर रहे थे। मैं वास्तव में इस विषय में एक गृहस्थ की दृष्टि से देख सकती हूं परन्तु अभी आगे बहुत कुछ देखना शेष है। पहले मैंने अपने द्वारा एक महिला की भूमिका निभाने के विषय में लिखा था और मेरे द्वारा खर्च किया गया कोई भी पैसा अधिकांशतह मुझे मेरे पति द्वारा दिया गया समझा जाता है। ये भी उम्मीद की जाती है कि मैंने वह कहां खर्च किया इसका हिसाब अपने पति को दूं। मुझे यहां यह भी पता चला कि विदेशी अपना पैसा कैसे खर्च करे इसके भी कुछ मानक हैं। मैं अपने मित्र कमल, जो मुझे और तीन अन्य महिलाओं को जनवरी में कच्छ के वस्त्रुकलाएँ टूर पर ले गया था, को बता रही थी कि कपड़ों पर इस्त्री करने वाला एक व्यक्ति जिससे मैं प्रत्येक दिन कपड़े इस्त्री करवाती थी मुझसे सौ रुपये कर ऋण मांग रहा था (लगभग 2:50 डॉलर) उसने कहा, "मैं कल शहर जाऊंगा। आप मुझे सौ रुपये दे दो।" मैंने कहा, क्यों ? जिस पर उसने उत्तर दिया "मैं शहर जा रहा हूं"। मैंने कहा, क्या वो मुझे वापस देगा? उसने कहा, हां। मैंने कमल को बताया कि मैंने इस्त्री करवाने के हमेशा अधिक पैसे दिए हैं जैसे यदि सोलह रुपये होते हैं तो मैं बीस रुपये देती हूं और शेष पैसों के विषय में नहीं पूछती हूं। इसे न्यायोचित ठहराने के पीछे मेरा तर्क

यह है कि मेरे संसाधन ऐसे हैं कि एक-एक रुपये के मांग करना मुझे नैतिक रुप से ठीक नहीं लगता है। विशेषकर जब वह प्रत्येक मद के लिए दो रुपये ही लेता हैं लगभग 5 सैन्ट और अच्छा काम करता है। इस्त्री करने का कार्य एक युवक और उसकी पत्नी द्वारा किया जाता है। आमतौर पर उसके पास एक छोटी बेटी भी होती है। ये छोटा सा परिवार सारा दिन मेहनत करता है और खुश रहता है। जिस व्यक्ति ने मुझसे ऋण मांगा था वह भी वहां पर काम करता है और उसकी कार्यशैली असंबद्ध है। तथापि मुझे इस कारण भाषा की समस्या लगती है। मेरे मांगने पर उसने मुझे सौ रुपये का ऋण वापस चुका दिया।

कमल गरीब था और उसने मुझसे कहा, यदि सेवाओं के लिए मैं अधिक भुगतान करती रही तो मुझे ऋण के रुप में पैसा मांगे जाने के लिए तैयार रहना चाहिए। उसने मुझे बताया कि उसे ऐसा लगता है कि कच्छ की कबीलाई औरतों ने पारस्परिक कढ़ाई के कौशल को इसलिए त्याग दिया क्योंकि उनके गांवों में आने वाले विदेशी उनकी कसीदाकारी को अधिक दाम पर खरीद लेते थे। कारीगर महिलाओं के पास गुणवत्ता कम करने का कारण ये था कि वे जो कीमत मांगती थीं, विदेशी उन्हें दे देते थे। उसने कहा किसी भी व्यक्ति को उतना ही मूल्य देना चाहिए जितना बाकी लोग देते हैं अन्यथा सभी लोगों के लिए पूरी प्रणाली ही बिगड़ जाएगी। मेरी पड़ोसन लक्ष्मी ने एक बार मुझसे कहा था कि मेरे कारटन और अखबार ले जाने के लिए कबाड़ी जो पैसे दे रहा था उसे मैं ले लूं अन्यथा वह सबसे अपेक्षा करेगा कि कोई भी उससे भुगतान न ले (उससे ये अपेक्षा की जाती है कि वह दलाल से कबाड़ी के बदले जो प्राप्त करेगा उसके आधार पर उन्हें भी भुगतान करे) इन तर्कों ने कुछ दिनों तक मुझे प्रभावित किया जब मैंने उनके विषय में सोचा परन्तु अन्ततः मैंने ये विनिश्चय किया, इन सेवाओं का इस्तेमाल करने वाली अहमदाबाद में मैं अकेली विदेशी हूं इसलिए मैं इस प्रणाली को खराब करने का खतरा नहीं बन सकती हूं। इन परिस्थितियों के अधीन मैंने अपने और अन्य लोगों के संसाधनों के बीच असंतुलन के मध्य नजर गलती करना समझा।

जहां तक विदेशीयों से बर्ताव करने का प्रश्न है अहमदाबाद में कतिपय निष्कपटता है क्योंकि यहां बहुत कम विदेशी हैं। यद्यपि मैंने दिल्ली के ऑटो चालकों के विषय में विदेशीयों से काफी अधिक पैसा वसूलने की अनेक शिकायते सुनी हैं। मेरे साथ यहां केवल एक बार ऐसा हुआ जब शुल्क बीस रुपये होता है तो पच्चीस रुपये देने में कोई आपत्ति नहीं है। इसके बावजूद कि मेरी मित्र कमल को यह पसंद नहीं है। मेरा दृष्टिकोण यह है कि "विदेशी कर" के रुप में भुगतान करने की हमें कोई शिकायत नहीं है। रमण विक्रेताओं के साथ काफी क्रुद्ध होने से लेकर थोड़ा सा मजा भी लेते हैं जब वे कहते हैं, "रॉबर्ट साहब के लिए विशेष मूल्य"। जब रविवार के दिन वे और जॉर्डन प्रार्थनाघर से पुराने शहर में फल खरीदने के लिए जाते हैं।

सबसे पहले जब हम यहां पहुंचे तो कैम्पस में हमारे प्रायोजक ने हमसे पूछा कि जो युगल उसके और उसकी पत्नी के लिए काम करता है, हम अपना घर भी साफ करवाना चाहेंगे? हम सहमत हो गए और इसके पश्चात् कुछ समय तक उन्होंने हमारे लिए काम किया। उन्होंने उसे बताया कि वे प्रत्येक दिन हमारे लिए क्या करते हैं? और वे रेखा और मनोज पारिश्रमिक तय करने के लिए हमसे मिले। हमारे प्रायोजक का यह सोचना है कि विदेशी होने के नाते थोड़ा सा अधिक भुगतान कोई बुरी बात नहीं है और हमें सबसे जो उचित लगा उस पर हम सहमत हो गए। हाल ही में रेखा ने मुझे बताया, हमारे लिए काम करने से पहले उनके घर में तीन कप और प्लेटें थी एक-एक उन दोनों के लिए और एक उनके आठ वर्षीय पुत्र के लिए। उसने कहा हमारे दिए हुए पैसों से उनके घर में अब ग्यारह प्लेटें हैं और अब वे कुछ मेहमानों को भी खाना खिला सकते हैं। जिस ऋण की मुझसे मांग की गई थी वह उन विभिन्न ऋणों में से एक था जो हमारे यहां रहने के दौरान लिए गए। सभी का भुगतान कर दिया गया है। हमें ऐसे व्यक्तियों के रुप में देखा जाता है जिनके पास बहुत पैसा है। मुझे लगता हैं अधिकांश लोगों के पास यहां इसका अभाव है और जब किसी व्यक्ति को किसी कारण से बड़ी राशि की आवश्यकता होती है तो

हमसे मांग की जाती है। हमारे घर प्रतिदिन सब्जियां बेचने वाली महिला ने मुझसे दो बार ऋण लिया दोनों बार सब्जियों के रुप में उसका भुगतान कर दिया। कल उसने मुझसे फिर सौ रुपये मांगे। अब उसे उधार देने में मुझे कोई जोखिम नहीं लगता है। अगले दिन कैम्पस के पिछले गेट के पास साईकिल मरम्मत करने वाले व्यक्ति ने जॉर्डन को बताया कि वह अपने बच्चों की स्कूल की फीस के लिए उधार देने के विषय में राव से बात करना चाहता है। एक शाम को वह अपने एक मित्र के साथ आया जो अंग्रेजी बोलता था और रॉब से बात की। उस व्यक्ति को 25 डालर के बराबर उधार देन के लिए सहमत हो गए। यह उस राशि से कम था जो उसने मांगी थी। वह अगले दिन पैसे लेने के लिए आए और उन्होंने अदायगी के लिए एक अनौपचारिक समझौते पर हस्ताक्षर किए। निःसन्देह हमें आशा है कि वह ऋण चुका देगा। पर सोचो यदि उसने नहीं चुकाया तो हमारे 25 डालर डूब जाएंगे। जब भी किसी बच्चे की साईकिल को मरम्मत की आवश्यकता होती तो बिना अधिक पैसा लिए उसने हमें बहुत अच्छी सेवा दी। उसने जॉर्डन के लिए एक पुरानी साईकिल भी ढूंढी। उसके 3 बेटे थे, वह हमें उनकी स्कूल की रिपोर्ट दिखाना चाहता था ताकि वह हमें बता सके कि वे कितने होशियार हैं। हमने उनकी तुलनात्मक रुप से काफी कम फीस पर कोई टिप्पणी नहीं की जो यह आदमी देता है। मुझे और रॉब को जिस पर आश्चर्य हुआ वह था, ये आदमी उसके मित्र के अनुसार एक ही स्थान पर खुले आकाश के नीचे तीस वर्षो से साईकिलों की मरम्मत करता आ रहा है। वास्तव में उसका कोई अतिरिक्त खर्च नहीं है; उसके कार्यस्थल के ऊपर छत नहीं है और उसके पास पहियों पर एक पेटी है जिसे प्रत्येक रात को वो बंद करता है और काम के लिए सुबह खोलता है। वास्तव में संपूर्ण भारत में एक व्यक्ति वाले सैकड़ो हजारों व्यापार होंगे। मुझे लगता है अपने जीवन यापन के लिए अनगिनत परिवार इस तरह के छोटे उद्यम पर निर्भर हैं (उदाहरणार्थ कई सप्ताह पहले मैंने एक व्यक्ति को स्पष्ट रुप से फुटबाल की मरम्मत के कार्य में स्वयं को स्थापित करते हुए देखा और शायद दूसरी तरह के बॉल भी। वह ये सब एक व्यस्त सड़क पर चौराहे के नजदीक कर रहा था। उसने कुछ फेंकी

हुई ईंटों से एक छोटी सी दीवार बना ली थी जिसके अन्दर वह अपना औजार रखता था और जमीन पर बैठकर फटे हुए फुटबाल सिलता था। जब भी मैं उस चौराहे के नजदीक जाती उसे देखती और हर बार वह मुझे वहीं दिखता)। ये आश्चर्यजनक है कि छोटे से सामान से भी कितना कुछ किया जा सकता है। जॉर्डन हमारे साईकिल की मरम्मत करने वाले व्यक्ति की बिना छत की दुकान में कार्य करते हुए फोटो खिंचने की धमकी देता था और सिल्वर स्प्रिंग में स्थानीय साईकिल निर्माता पैलेस में अंदाजा लगाने के लिए दिखाने की धमकी देता था।

32

भगवान और क्रिकेट सब जगह हैं

प्रिय क्रिकेट के प्रशंसको, यहां क्रिकेट और भगवान सर्वव्यापत हैं। भगवान प्रत्येक घर में प्रत्येक राजमार्ग पर, गली में, फुटपाथ पर, गांवों की सड़कों पर, और ऊंटों के रास्ते में हैं। कभी-कभी हिंदू मंदिर सजावटी भवन में होते हैं पर अधिकांशतः सड़कों के किनारे एक छोटे से कमरे में होते हैं। वह कमरे केवल इतने बड़े होते हैं कि उनमें भगवान की मूर्ति, कुछ अगरबत्तियां, फूल और चढ़ावा आ सके या कभी-कभी आपको रेत अथवा असफाल्ट से बाहर झांकती हुई छोटी मूर्तियां नजर आ सकती हैं, जिस पर लाल रंग और उसके सामने थोड़ा सा चढ़ावा हो। जब हम जयपुर से बाहर जयराज के गांव के नजदीक ऊंट से नीचे उतरे वहां पर लगभग एक वर्ग फुट का सीमेंट का चबूतरा था, जो गेहूं के खेत और रास्ते के बीच में मिट्‌टी पर था। इसके एक सिरे पर एक चमकीला पत्थर था जिस पर हरा रंग छिड़का हुआ था। रॉब किसी चीज की फोटो लेने का प्रयास कर रहा था और फोटो लेते हुए उसने उस चबूतरे पर असावधानी से पैर रख दिया। मैंने और जयराम ने एक साथ उसे वहां से हटा दिया। खेतों से गुजरते हुए रास्ते के साथ-साथ मैंने ऐसे मंदिर देखे हैं। रॉब ने माफी मांगी और जयराम ने उसे नम्रता से कहा कोई बात नहीं। परन्तु उसका ऊंट का महावत डरा हुआ लग रहा था। जयराम ने इसके विषय में बताया कि वह गणेश का मंदिर है गणेश जी गुस्से वाले देवता हैं। उसने पास के गहरे कुएं से पानी की एक बाल्टी खींची और मंदिर को साफ करने के लिए उस

पर डाल दी परंतु दोनों व्यक्ति तब तक डरे रहे जब तक कि रॉब ने स्वयं पानी भरकर उस पत्थर पर एक बार और नहीं डाल दिया। इस पर सभी संतुष्ट हो गए क्योंकि जो गलती हुई थी उसे ठीक कर दिया गया है। किसी मंदिर के अंदर पैर रखने से पहले या घर या अपार्टमेंट में भी जाने से पहले हर कोई अपने जूते उतार देता है।

जीवन के प्रत्येक परिप्रेक्ष्य अध्यात्मिकता उत्पन्न करने का एक मौका लगता है। प्रत्येक दुकान में इसी सहज दृश्य का पूजास्थल होता है। मुसलमानों की दुकानों में दीवारों पर सुंदर हस्तलेख में कुरान की आयतें होती हैं और प्रायः किसी बड़ी मस्जिद का फोटो। सी.जी. रोड़ पर बड़े स्टोरों में दीवार पर या दरवाजे पर गणेश जी की समकालीन आकृति और शहर की दसीयों हजार छोटी दुकानों में देवताओं की गेंदे के फूलों से सजी रंगीन तस्वीरें टंगी होती हैं। यदि दुकान में बिजली है तो तस्वीर के नजदीक लाल बल्ब जल रहा होता है, और कभी-कभी रंगीन रोशनीयां की चमकती कतारें। जिस स्थान से मैं आटा खरीदती हूँ, उसमें दीवार पर देवताओं की तस्वीरों की लटकती कतार है, सभी पर हार, फूल और पन्नियाँ होती हैं।

एक बार कस्बे के पुराने भीड़-भाड़ वाले शहर की दुकान में चावल खरीदने वाली मैं पहली खरीददार थी। और दुकानदार ने मेरे द्वारा दिए गए पैसों को अपने होठों और माथे से छुआ और दीवार पर देवताओं की तस्वीरों से होते हुए रोकड़ पेटी में डाला। एक अन्य समय, संस्कृति नामक कपड़े के एक फैशनेबल स्टोर में काऊंटर पर खड़े होकर मैं भुगतान करने का इंतजार कर रही थी मैंने किसी को एक छोटी ट्रे में अगरबत्ती और फूल उस क्षेत्र के चारों और घुमाते हुए देखा जहां पैसे का लेन-देन हो रहा था। एक स्थान पर रोकड़ पेटी को खोलकर उस पर रखे हुए सामान पर उस ट्रे को फिराया गया और दीवार पर गणेश जी की मूर्ति पर उसे घुमाया गया। हाल ही में जैसे ही मैं कोकिला की दुकान में प्रविष्ट हुई मैं काऊंटर के पीछे एक सेल्फ को देखकर हैरान रह गई जिस पर से बिक्री के लिए सभी वस्तुएँ हटा दी गई थी और जिस पर अब चार लम्बे फ्रेमें में पहले

तपन के पिता, फिर कोकिला, फिर उसकी पुत्री और फिर परिवार के एक पालतू कुत्ते की तस्वीरें रखी हुई थी। लगभग एक महीना पहले इन सभी की एक कार दुर्घटना में मृत्यु हो गई थी। सेल्फ पर ताजे गेंदे के फूलों की मालाएँ और अगरबत्तियाँ थी। ये तपन के उसके परिवार का एक छोटा सा मंदिर था। जब मैंने और रॉब ने इसकी प्रशंसा की तो उसने उदासी से कहा, "मम्मी केवल यहां बैठती थी।" उसने कोने में पड़े एक स्टूल की तरफ इशारा करते हुए कहा। हनुमान मंदिर के आगे की एक दुकान से हाल ही में मैंने और नाओमी ने सफेद फूलों की एक माला खरीदी थी और उसे हमने तपन को दिया। सुबह जब वह प्रत्येक दिन की तरह फूल बदल रहा था तभी हम पहुँचे तो उसने फोटों के ऊपर हमें हमारी माला चढ़ाने दी।

अहमदाबाद की एक व्यस्त सड़क के बीच में हमारे स्कूल के रास्ते में साबरमती नदी के ऊपर एक पुल की तरफ एक छोटी मस्जिद है। ये एक छोटा यातायात द्वीप है जिसकी कंक्रीट की छोटी दीवारें हरे रंग से पुती हुई हैं और कच्चे लोहे का एक गेट है जिसके ऊपर एक छत भी है। हरी दीवारों से ईंचों की दूरी पर दोनों दिशाओं में यातायात प्रवाहित होता है। मैंने मस्जिद के सामने और मस्जिद के अंदर लोगों को खड़े होते हुए, बैठते हुए देखा है और ऐसा लगता है कि भीड़ लगभग उनके ऊपर चढ़ ही जाएगा। एक बार मैंने एक व्यक्ति को इसके सामने आंखे बंद करके गहन ध्यान की मुद्रा में देखा उसकी पीठ भारी भीड़ की तरफ थी वह प्रार्थना कर रहा था पर उसकी सुरक्षा के लिए कुछ नहीं था।

जब से हम यहां हैं मुझे धीरे-धीरे ऐसा लगा कि ये शायद ऐसा स्थान है जिसके बारे में कुछ वर्णन करना चाहिए। सर्वव्यापक अध्यात्मिकता यहां पर नश्वर जीवन के साथ मिलकर हमारे दैनिक जीवन को परादुनिया के चाहे वह कोई भी स्थान हो उसके नजदीक अस्तित्व की अनुभूति कराती है। इसका मुझ पर यह प्रभाव हुआ कि मैं मेरी स्वयं की ओर परिवार के अस्तित्व की संक्षिप्तता के प्रति और जागरुक हो गई। जन स्वास्थ्य और सुरक्षा मानकों की जो हमें अमेरिका में सुरक्षा देते हैं उसकी अनुपस्थिति

जब भी मेरे बच्चे बाहर जाते हैं मुझे अधिक जागरुक बना देते हैं। इस बात का कोई प्रभाव नहीं होता कि वह पैदल जा रहे हैं, साईकिल पर जा रहे हैं या कैम्पस से बाहर या अंदर स्कूटर पर हैं या हमारे साथ कार में हैं, ट्रेन में हैं या अन्य के साथ हैं उनके रास्ते में कई खतरे होते हैं। इससे मेरे अंदर भय नहीं होता है परंतु मैं उस वास्तविकता की तरफ बढ़ती हूँ जो मुझे और मेरे जमीर को वर्तमान की ओर धकेलता है। मैं अलविदा जो प्रत्येक सुबह हम एक-दूसरे को कहते हैं, सरसरी तौर पर ध्यान देती हूँ न कि बहुत अंर्तबलित होकर केवल चेतन रूप से न कि अवचेतन रूप से। अमेरिका में हमने कई ढांचे खड़े किए हैं जो कंक्रीट के भी हैं और अमूर्त भी इस बात का अहसास कराने के लिए कि मौत या गंभीर चोटों से आप कितनी दूर हैं जबकि ये दोनों सब जगह विद्यमान हैं। उसी तरह जैसे यहां पर।

एक अन्य चीज जो इस शहर में सब जगह और कहीं भी हो सकती हैं वह है क्रिकेट। ऐसा प्रतीत होता है कि आदमियों की सभी बर्गो के लिए मनोरंजन का ये सर्वव्यापक साधन है। भड़कीले क्रिकेट के सफेद कपड़ों में बाढ़ लगे मैदान में जो इस प्रयोजन के लिए ही बनाए गए हैं में खेलने वाले लड़कों के समूहों से लेकर झुग्गियों के अधनंगे बच्चे एक पत्थर के सामने डंडे से कबाड़ और कूड़े में खेलने वाले तक, क्रिकेट हमेशा वहां है। एक बार रॉब और कालारोडो से आया हुआ उसका मित्र फिलीप पुराने शहर में चर्च के नजदीक एक धूलभरी सड़क पर घूम रहे थे एकदम से उन्होंने स्वयं को मुस्कुराते हुए, चिल्लाते हुए बच्चों के बीच पाया जिन्होंने प्रसन्नता से उन्हें अपने क्रिकेट के खेल में शामिल कर लिया।

कैम्पस में सारा दिन और देर रात तक खेल होते रहते हैं। जब मैं और रॉब सुबह या देर रात घूमने के लिए जाते हैं तो कोई-कोई क्रिकेट खेल रहा होता है। बिना इस बात का ध्यान दिए कि हवा में आती हुई गेंद के रास्ते में कौन है मैं शायद ये जोड़ सकती हूं। यहां तक कि दोपहर दो बजे जब तापमान 100 डिग्री में होता है और सूरज आपके माथे पर सुई की तरह चुभ रहा होता है वे लोग धूप में भी खेल रहे होते हैं।

हम सब जगह खरीदने के लिए क्रिकेट बैट देखते हैं। कल समाचार पत्र में एक महिला का व्यस्त ट्रैफिक में एक बैट घिसते हुए फोटो था, चूंकि वह बैट बेचती है और उसकी गोदी में उसका बच्चा सो रहा था। बैटों को भारतीय क्रिकेट स्टारों के चित्रों से सुसज्जित किया जाता है। सुस्पष्टतः क्रिकेट का दीवानापन गुजरात तक ही सीमित नहीं है परंतु ये पूरे भारत में है। भारतीय विश्व कप खेल रहे हैं इसलिए सब कुछ थम सा गया है। खेल पृष्ठों पर क्रिकेट भरा हुआ है (और भारतीयों का एक दूसरा शौक-टेनिस का स्थान अस्थायी रूप से कम हो गया है) और एशियन ऐज हमारे द्वारा लिया जाने वाला समाचार पत्र ने अपने पृष्टों को पुनः संयोजित किया है ताकि विश्व कप के लिए समर्पित चार पृष्ठों को समाहित किया जा सके।

कभी-कभी आसमान में बादल छाए होते हैं और ये शुष्क चमकीला नीला नहीं नजर आता जो कि हम पिछले छः महीनों से रोज देखते थे। मानसून आने वाला है परंतु ये अभी एक मास की दूरी पर है। सभी हिंदी फिल्मों में कम से कम एक दृश्य ऐसा होता है जिसमें नायक और नायिका खुशी से बौछारों में कूद-फांद करते हैं। अब मुझे पता है कि कई महीनों तक बारिश न होने के बाद अब कई सप्ताह तक आर्द्रता के पश्चात् बारिश होने से कितनी राहत मिलती है।

33

हिमालय में शिविर

जून आरम्भ

अहमदाबाद की मशहूर गर्मी से बचने के लिए हमने पहाड़ों की एक यात्रा की योजना बनाई। कोई भी भारतीय जो गर्मी से बचने के लिए पहाड़ों पर जाने का खर्च उठा सकता है वह भी यहां आते हैं, काफी विचार-विमर्श के उपरांत अंत में हमने पश्चिमोत्तर भारत में कैंपिंग यात्रा पर जाने का विनिश्चय किया। कोलारोडो में हमारे वहां रहने और पहाड़ों पर चढ़ाई करने की पृष्ठभूमि, हिमालय के लिए हमारे दस दिवसीय केंपिंग यात्रा, दृश्यों और चुनौतियों के लिए तैयारी नहीं की थी। ये एक ऐसा अनुभव है जिसे हम हमेशा याद रखेंगे और भारत में रहने वाले या यात्रा करने वाले परिवार के लिए दिल से हम इसकी सिफारिश करेंगे। हिमालय में हमारे दो सप्ताहों के बीच मुझे और रॉब को यदि इस बात का पता होता कि जिस कैंपिंग और पर्व अभियान पर हम जा रहे हैं वह कितना कठिन है तो हम शायद इस पर नहीं जाते परन्तु हम इस बात से भी सहमत थे कि यह उन सर्वोत्कृष्ट कार्यो में से एक है जो हमने इकट्ठा किये हैं और शायद भविष्य में हम कभी ऐसा न कर पाएं। यह उन अनुभवों में से एक है जो इतने द्रिलक्षण होते हैं कि जब भी दिन के प्रत्येक क्षण आप इसमें भाग ले रहे होते हैं तो आप अपनी सांस थाम लेते हैं।

कैम्प की स्थिति, वे लोग जिनके साथ हम कैम्प पर गए और चढ़ाई की और ट्रेक पर चढ़ने के लिए शारीरिक दम खम ने इसे विशेष बना दिया। हिमांचल प्रदेश में दो स्थानों पर हमने कैम्प लगाए, दोनों खूबसूरत व्यास नदी की घाटी में, भूरी चट्टानों के बीच से बहती हैं। वहीं के एक तट की 6.600 फीट की ऊंचाई है और दूसरी तट की लगभग निचले कैम्प के ठीक ऊपर वृक्षों के साथ 9600 फीट की ऊंचाई है। पहले कैम्प में तम्बू सेब के ढलवा बगीचों के बीच लगाए गए थे और हमारे पीने के पानी की आपूर्ति रसोई तम्बू के पास के झरने से होती थी। रसोई में ईंटों और मिट्टी का एक चबूतरा था लकड़ी जलाने के लिए, इसमें एल.पी. गैस के भी कुछ चुल्हे थे। प्रत्येक खाने में हमारे द्वारा खाई जाने वाली फलियों को पकाने के लिए कुछ प्रैशर कुकरों के साथ एल्यूमिनियम के अनेक बड़े पात्र भी थे। खाना बनाने की सभी तैयारियां तीन पुरुष रसोईयों द्वारा मिट्टी के रसोई के पास फर्श पर या तम्बू के पीछे लकड़ी के मेज पर की जाती थी।

हमारे दल में लगभग 40 लोग थे जिनमें अधिकांश लोग 8 से 20 वर्ष के युवा थे और हमारे जैसे कुछ परिवार भी थे जिनमें अविभावक और बच्चे थे, हम सभी गुजरात राज्य से थे। निचले कैम्प में पहले कुछ दिन तक हम एक दूसरे से जान पहचान करते रहे। दो छोटी चढ़ाईयों पर गए और एक दिन हमने चट्टानों पर चढ़ाई की और नदी पार करने में सक्षम हुए। मैंने पाया कि बच्चों सहित अधिकांश भारतीय तंदरुस्त रहने के लिए नियमित व्यायाम नहीं करते हैं इसलिए दल के अनेक लोगों के लिए अधिकांश क्रियाकलाप चुनौती भरे थे। छोटी चढ़ाईयां मेरे और रॉब के लिए बहुत आसान थीं और दूसरे अन्य व्यक्तियों की तरह लम्बी चढ़ाईयों की थकावट हमने भी अनुभव की परन्तु इसने हमें और साथ ला दिया। ऊपर चढ़ते हुए हम व्यस्क हांफ रहे थे और एक दूसरे को रास्ते में प्रोत्साहन दे रहे थे हमारे बच्चे पहाड़ी बकरियों की तरह ऊपर चढ़ रहे थे। घाटी में सीधी ढलाने थी, इसलिए जैसे ही हम कैम्प से बाहर निकले ऊपर जाने के लिए केवल सीधी चढ़ाई थी।

हम सभी जल्दी ही कैम्प के जीवन से अभ्यस्त हो गए (दिनभर की चढ़ाई के लिए सुबह पांच बजे उठना, इसके पश्चात् हम अगले दिन सुबह छः बजे तक सोए रहे), सुबह की चाय सूखे दूध, पानी, और रंग के लिए चाय तथा खूब सारी चीनी खाने वाले तम्बू में सुबह आठ बजे नाश्ता जो सफेद डबल रोटी, मक्खन और जैम, दूध का मीठा दलिया और सुगंधित चावलों का मिश्रण था। उसके बाद चढ़ाई, व्यास नदी के तेज प्रवाह को दोनों किनारों पर दो व्यस्कों से बंधे रस्सों के सहारे पार करने के क्रियाकलाप डेढ़ (1:30) बजे चपातियों और चावलों के लिए फलियों की चटनी, मिश्रित सब्जियां और शायद दही का लंच उसके बाद विश्राम और फिर चाय और शायद फिर चट्टानों पर चढ़ाई। इसके बाद सात पैंतालिस बजे सूप, चावल, फलियों, सब्जियों का डिनर।

हमने एक सार्वजनिक बस में बहुत तीखी, बहुत तंग, बहुत घुमावदार और कुछ कटी-फटी सड़क पर जो रोहतांग दर्रे को जाती है, जहां पर बर्फ है और जो लेह और लद्दाख जाने का रास्ता है जो 500 कि.मी.दूर है हमनें कष्टदायक यात्रा की। बस ने सड़क के बीच दर्रे से लगभग आधी दूरी पर हमें उतार दिया और ऊपरी कैम्प के लिए अपने सारे साजो समान के साथ हम सीधा 700 फीट ऊपर घिसट कर ले गए। यहां हम एक दूसरी ही दुनिया में थे। ऊंचे अल्पाइन के वृक्ष जिन पर सफेदी छायी हुई थी। लेवेंडर और बैंगनी जंगली फूल जो केवल एक या दो इंच चौड़े थे जिनमें पांच पत्तियां थीं। घास के मैदानों पर.छोटी जंगली (मंड/आयरिस खिली हुई थी। ये स्थल पेड़ों के नजदीक था परंतु कैम्प के दोनों तरफ शंकुधारी और पर्णपात्ती दोनों तरह के ऊंचे पेड़ों का जंगल था। पेड़ दूर-दूर फैले हुए थे और उनके नीचे कुछ ज्यादा नहीं उगा हुआ था। पेड़ों में गांठे थीं और उनके बड़े-बड़े तनों में घुमाव थे और उनके द्वारा गिराए गए पत्तों के बीच वे दानवों की तरह खड़े हुए लग रहे थे।

जॉर्डन तीन अन्य लड़कों के साथ एक तम्बू में सोया और रॉब और मैं तथा लड़कियां एक दूसरे तम्बू में सोए। दोनों तम्बूओं में इतने सारे लोग और काफी सामान भरा हुआ था। परंतु इसका फायदा ये था कि पास-पास होने से हम सब गर्म अनुभव कर रहे थे। बाहर बहुत ठंड थी। दोपहर को हिम-बरसात हुई और जैसे ही हम मौसम से बचने के लिए अपने तम्बूओं में घुसे हमारे निडर कैंप नेता राजेन्द्र जडेजा ने एक छाते के साथ हमारे तम्बू में बाहर खड़े होकर जोर से कहा, "नाओमी बाहर आओ हिमपात हो रहा है।" ऊपरी कैम्प बेस कैम्प से छोटा था। चूँकि दूसरी रात नाओमी बीमार हो गई और अगले दिन मैं और वह कैंप में इकट्ठे रहे अगले दिन मुझे रसोईयों को देखने का मौका मिला। वे तीन स्थानीय व्यक्ति थे। दो युवा थे और तीसरा पचास के अंतिम दशक में था। वे सब बहुत विश्वास और खुशी से अपना कार्य कर रहे थे। कच्ची सामग्री नियमित रूप से कैंप में आदमियों की पीठ पर आ रही थी जिसे वे शायद सड़क से लाते थे। मुझे लगता है चावल, फलियां, शुष्क दूध और चीनी जैसी खाद्य सामग्री बड़े-बड़े बोरों में आती हैं और पूरे सत्र के लिए होती हैं। एक बार मैं रसोई में गर्म पानी माँगने के लिए गई और एक रसोइए ने एल्यूमिनियम की बड़ी पिचकी हुई केतली को जमीन से उठाकर गर्म होने के लिए कोयलों पर रखा। एक दूसरा एक टेबल पर जिस पर पहले से ही ताजा धनिया, हरी मिर्चे और अन्य सामग्री बारीकी से रखी हुई थी पर एक प्लेट में नारियल घिस रहा था ये सारी सामग्री हमारे शाम के खाने के लिए थी (राजेन्द्र ने मुझे पहले ही बताया था कि उसे निचले कैंप के मुकाबले ऊपरी कैम्प का खाना अधिक अच्छा लगा। निचले कैम्प में शायद इतना स्वादिष्ट नहीं था)।

शायद ऊपर खाना इसलिए भी अच्छा था क्योंकि रसोइया कतिपय चाव के साथ कार्य कर रहे थे। तीनों व्यक्तियों के जोर-जोर से बोलने और हंसने की आवाजें हर समय किचन से बाहर आकर पूरे कैम्प के निवासियों को सुनाई देती थी। पहली शाम को जब हम अपनी चढ़ाई से वापिस आए

तो उन्होंने हमें प्रसन्नता से बताया कि उन्होंने अपने टूटे-फूटे रेडियो पर सुना है कि इंग्लैंड में वर्ल्डकप प्रतियोगिता में भारत ने सुपर सिक्स में जगह बना ली है। बात सब जगह फैल गई और तीनों ने काफी खुशी मनाई जिसमें हम सभी ने भाग लिया। कोई किचन से एक घड़ा उठा लाया और उसे उल्टा करके रसोइयों के तम्बू के सामने बजाकर एक पहचानी सी धुन निकालने लगा हम सभी नृत्य में शामिल हो गए। जो लगभग गोल-गोल घूमकर एक घंटे तक चला। प्रातःकाल के समय दोनों कैम्पवासी एक गाना गाने लगे और जो भी गुजराती भाषा समझ सकते थे एक प्रशंसापूर्ण लहजे में हंसकर उसकी तारीफ करने लगे।

ऊपरी कैंप में हमारे पहुँचने के थोड़ी ही देर बाद ये स्पष्ट हो गया कि बूढ़ा रसोईया कभी जूते नहीं पहनता था, हमें किसी ने बताया, बर्फ में भी नहीं। कई बार मैंने उसे और उसके सहयोगियों को बहुत ठंडी पहाड़ी नदी में, जिसके पानी का उपयोग हम पीने और कपड़े धोने के लिए करते हैं। खाना बनाने वाले बर्तनों को धोते हुए देखा था। वह नंगे पैर ठंडे पत्थरों और कीचड़ में उस स्थान पर जहां कपड़े धोते थे, खड़ा हो जाता था। बहुत जोर से वह बर्तनों को साबुन के पाऊडर से मांजता था। फिर वह उन्हें इंतजार कर रहे अपने सहयोगियों की तरफ उछाल देता वे उन्हें अच्छी तरह खँगालते थे। लगभग सात मिनटों में बर्तनों और कलछियों को चमका देते थे और किचन में उनके स्थान पर रख देते थे। खाना बनाने के दौरान तम्बू के बीच में वे आग के चारों और बैठ जाते खाना हिलाते रहते, बात करते, धूम्रपान करते, हँसते पर कभी ठंड महसूस नहीं करते थे। वे हमेशा मजे में रहते थे।

मैं उस प्राकृतिक सौन्दर्य का वर्णन करने का प्रयास करूंगी जो हमें कैम्प में कुछ दिनों तक घेरे रहा। पर शायद मैं उसका कुछ ही वर्णन कर पाऊं क्योंकि मैं जिन भी विश्लेषो का प्रयोग करूंगी वह इसके साथ न्याय नहीं कर पाएंगे। घास की जिन ढलानों पर हमारे तम्बू लगाए गए थे, व्यास

नदी घाटी के दूसरी ओर की ढलानों के सामने थी। यद्यपि घाटी का तल इतना चौड़ा था कि इसे गांरज नहीं कहा जा सकता था। यहां से पहाड़ियां सीधी ऊपर उठती थीं। इसलिए अपने कैम्प से हमें यह भ्रम होता था कि दोनों ओर की पहाड़ियां एक दूसरे के बहुत पास हैं। हमारे तम्बू के झरोखे से पहाड़ों की पूरी शृंखला नजर आती थी जो नदी तट से 16000 से 17000 फीट ऊंची थी1 नदी के नजदीक सेबों के ढलवा बागान शंकुधारी वन के काफी बीच तक जाते थे। जो घास के ढलानों और छोटे पेड़ों को समाहित किए हुए थे। जिन पर इस्पाती भूरे रंग के पत्थर हमसे ऊपर की तरफ उठते थे। बियाबान शृंखला की प्रत्येक छोटी घाटी के चारों ओर विस्तृत घाटियों को जन्म देती थी। जिनके बीच में बर्फ थी। प्रत्येक सुबह जब हम उठते थे और तम्बू के झरोखे से बाहर झांकते थे तो हमसे ऊपर कुछ हजार फीट पर बर्फ की नई चादर चमकती नजर आती थी पर ये पुरानी पड़ी बर्फ को कभी नीचे नहीं धकेलती थी।

हम पहाड़ के थियेटर में दर्शक थे जो हमें दिन के चौबीसों घंटे जीवन के परिवर्तनशील परिप्रेक्ष्य को दिखाता था। प्रत्येक सुबह जो चीज हमें सबसे पहले दिखती थी वे थी ऊँचाईयां जो स्पष्ट रूप से प्रातःकालीन सूर्य की रोशनी में मीनारों की तरह हमारे पीछे सुनहरी चमकती हुई ऊपर उठती थी। बहुत शीघ्र इन मीनारों का चुंबन लेने के लिए बादल आ जाते थे और उनके चारों ओर अजीब सी शक्लें बनाते थे। दोपहर के समय ये घने हो जाते और तब तक जब तक कि घाटी से ऊपर उठकर घुमड़ते रहते जब तक वह चोटियों से नीचे की तरफ ना आ जाएं। फिर हल्की सी बारिश होती या सुबह सूर्योदय से पहले मौसम साफ हो जाता था अधिकांशतः घनघोर बारिश होती। यदि ये साफ हो जाता तो शाम बहुत स्पष्ट होती और रात बहुत ठंडी और यदि ऐसा नहीं होता तो हम तम्बू में सूखे रहते। (परन्तु जैसी ठंड होती हम जिनसें ये आशा की जाती थी कि ठंड के अभयस्त हो, से सभी लोगों की तरह अपने आपको पहाड़ी कैम्प में जमता

हुआ सा पाते) रात की गहराईयों में बादलों से वंचित बर्फ घाटी में हमें हमारा चुपके से स्वागत सा करते हुए प्रतीत निचले कैम्प से ऊपर ढलानों में हवा इतनी साफ थी कि एक दिन हमनें भरी दोपहरी में बुध को उदय होते हुए देखा। बेस कैंप से चढ़ाई करते समय ढलवा बगीचों से हम सीधा ऊपर आते गए सीधा जंगल में। जिनमें पहाड़ियों पर मनुष्यों और जानवरों के चलने से असंभव रूप से तंग रास्ते उत्कृष्ट हो गए हैं। गिरे, हुए पेड़ और चट्टानें ऊपर छुपी हुई पहाड़ी से हमारी तरफ गरजता हुआ झरना, सैकडों फीट हमारी तरफ छलांग लगा रहा था। ये भीगे हुए गुफा में फर्न और काई के ऊपर फैल रहा था जिसमें झरनों से चिंह्ति एक छोटा सा मंदिर था। मुझे इस स्थान का इतिहास नहीं मालूम है पर शायद लोगों ने इस स्थान की प्रकट शक्ति को मानकर यहाँ पर एक पूजास्थल का निर्माण किया था।

निःसंदेह इस जल में मदहोश करने वाली कोई शक्ति थी जो पहाड़ी पर चारों ओर फैल रही थी हम सब झरने की ओर उसकी नीचे की चट्टानी नदी में खेले-कूदे और निःसंदेह हम सबने जल के पीछे उस पवित्र जगह पर विशेष शांति का अनुभव किया। एक अन्य दिन घंटों तक हमने जंगल के एक दूसरे रास्ते पर एक बड़ी क्लिफ जिसका नाम ईगल प्वाइंट था, चढ़ाई की। हमारा मार्गदर्शन करने के लिए एक गाइड था और दो स्थानीय व्यक्ति जो ऊपर हमारा लंच तैयार करने के लिए सारी सामग्री और बर्तन लाद कर ले गए। वन पथ पर हम कृतज्ञता से पेड़ों की छांव में बैठ गए और दोनों व्यक्तियों ने एक बर्तन में खिचड़ी गर्म की और पत्थरों से बनाए एक चूल्हे में एक दूसरे में चाय बनाई। हमने अपने साथ लाए हुए कटोरों में कच्चे प्याज और तीखे अचार के साथ खाना शुरू किया। खाना इतना स्वादिष्ट कभी नहीं लगा था। इसके बाद हमने थोड़ा विश्राम किया फिर हम तीन-चार घंटों तक पहाड़ी से नीचे उतरते रहे। घर की ओर का ये रास्ता उतना वृक्षों से भरा हुआ नहीं था। जैसे हम घाटी के बीच से

निकल रहे थे रास्ते के प्रत्येक मोड़ पर हमारे सामने नई चोटियां और गिरी पिंड आ जाते थे। नए दृश्य आपको अंदर तक भर देते हैं। और आप ऐसा अनुभव करते हैं कि आपकी आंखों से जिसने आपके अंदर प्रवेश किया है उसने आपको किसी तरह से बेहतर बना दिया है। घंटों की उतराई की यात्रा से और गुरुत्वाकर्षण से बचने के प्रयास में प्रत्येक कदम के साथ आपकी जांघे, और टखने हिलने और कांपने लग जाते हैं। छोटे से गाँव में कैम्प के नजदीक सुविधाजनक रुप से गंधक का एक गर्म पानी का झरना है। अवसर मिलने पर अपनी माँसपेशियों को आराम देने के लिए रॉब उसमें कूद जाता। ये झरने एक पुराने मंदिर के प्रांगण में सार्वजनिक स्थान पर हैं जो सार्वजनिक स्थल है। ये गांव और इसके मंदिर और जलाशय अनेक तीर्थयात्रियों के लिए एक गन्तव्य स्थल है जो यहां पर एक ऐसे स्थान पर जहां भारत के महानतम् ऋषियों में से एक वशिष्ठ और उनके शिष्यों ने तपस्या की थी पूजा करने आते हैं। प्रत्येक दिन सैकड़ों लोग इस मंदिर में आते हैं और यदि आप कैंम्प में हैं तो नहाने के लिए यही एकमात्र स्थान है क्योंकि कैपिंग ग्राऊंड में कोई और जगह नहीं है। एक तंग रास्ता महिलाओं के नहाने के घाट की तरफ जाता था जिसे नहाने और डुबोने के दो भागों में बांट दिया गया है। रोज़ा नाओमी और मैंने अपने अर्न्तवस्त्रों के अतिरिक्त अपने सारे वस्त्र उतार दिए और चिकने पत्थर की सीढ़ियों से होते हुए पानी के उस क्षेत्र तक पहुंच गए जहां पर लगातार गर्म पानी बह रहा था। किसी भी समय यहां पर छः से दस महिलाएं और बच्चे नहा रहे होते हैं और लाइन में खड़ा होकर पाइप खाली होने का कोई इंतजार नहीं करता है। हम शेष सभी लगभग नग्न और गीले शरीरों के साथ अपने शरीर पर साबुन और शैंपू लगाकर पानी में उन अनेक बाहों और टांगों के साथ शामिल हो गयी जो पहले से ही नहा रही थी। महिलाएं नलको के नीचे अपने लंबे बालों को धोने के लिए झुकती हैं या बच्चों को नहलाती हैं या कुछ कपड़ों को धोती हैं। एक बुढ़िया जिसके चेहरे पर भूरी लकीरे थीं मुझे निहारती रही जब मैं अपनी लड़कियों को नहला रही थी और इसी

बीच वो मेरा साबुन इस्तेमाल करती रही। झरने के पानी का तालाब इतना गरम था कि मैं उसके अंदर नहीं जा सकी परंतु स्थानीय बूढ़ी महिलाएं गरम पानी में कई मिनट बिता सकती हैं। यद्यपि मैं इनमें अनेक बार नहाई परंतु लड़कियों ने कैंप में हमारे दस दिनों के प्रवास के दौरान इन लोकप्रिय पानी में केवल एक बार ही स्नान किया।

कैम्प के हमारे इस समूह में काफी भाईचारा था। इसमें कॉलेज जाने की आयु के कई लड़के थे जो या तो राजेन्द्र की सहायता करने वाले काऊंसलर थे या कैम्प के सहभागी जो नाओमी और उसके जैसे छोटे बच्चों की ओर हमारे जैसे मध्य आयु वर्ग के लोगों की रास्ते में काफी सहायता कर रहे थे। ये लड़के बहुत स्फूर्तिवान, मृदुभाषी, और साफ-सुथरे थे। जो मेरी जानकारी के अनुसार व्यवहार और शिष्टाचार की सीमाओं का उल्लघंन किए बिना काफी अच्छा समय बिता रहे थे। हमारे पर्व के दौरान वो कुलाचे भरते हुए आगे निकल जाते और फिर कुछ समय पश्चात् मैं उन्हें खराब रास्ते पर किसी बच्चे की सहायता करते हुए या किसी अन्य किशोर को कैम्प पर सीधी चढ़ाई चढ़ने में प्रोत्साहन देते हुए देखती। मैं उनसे बहुत प्रभावित हुई और मुझे इस बात की प्रसन्नता हुई कि हमारे बच्चों को उनसे दोस्ती करने का अवसर मिला।

रिपोर्ट लिखने में सच्चाई बरतने के कारण मैं ये वर्णन कर सकती हूं कि हमारे सारे परिवार के साथ-साथ अनेक कैम्प की समयावधि के दौरान इस कारण से या उस कारण से लघु अवधियों के लिए बीमार पड़े। अधिकांशतः ऊँचाई का अभ्यस्त होने की बीमारी थी जिसके लक्षण सिरदर्द, थकान थी। इसलिए हम सभी आरोहणों पर नहीं जा सके थे। ऊपरी कैम्प से बर्फ में ऊंची झील पर खत्म होने वाली एक दिन की लंबी चढ़ाई थी जिस पर केवल रॉब, रोज़ा और जॉर्डन ही गए थे। मैं नाओमी के साथ कैम्प में ही रही और अनेक बार किचन में गई। याद करने पर ये छोटी-मोटी असुविधाएं ही लगीं।

हमारे परिवार ने विशेषकर जॉर्डन ने अन्य कैम्प के लोगों से दोस्ती कर ली और डिनर पर अहमदाबाद में हम एक परिवार से तो मिल भी चुके हैं। हमारा वापिस जाने से पहले उनसे मिलने का फिर इरादा है। हमारे बहुत शानदार अनुभव के बाद इन कैम्प के लोगों के साथ एक भाईचारा सा हो गया है। आने वाले काफी समय तक हमारे लिए ये यादें सहेज कर रखने वाला एक खजाना है।

एक अंतिम टिप्पणी अहमदाबाद की गर्मी के विषय में मेरे सारे ई-मेलों के जवाब में मैं ये सूचित करना अपना कर्तव्य समझती हूँ कि अब मानसून आ रहा रहा है। आसमान बादलों से भरा हुआ है। नमीयुक्त हवा बह रही है, हवा में भारीपन है गर्मी उतनी झुलसाने वाली नहीं है और गर्मी से आराम है।

34

रोज़ा के जन्मदिन की पार्टी

जून अन्त

मेरा ग्यारहवां जन्मदिन वैसा नहीं था जैसे विशेष जन्मदिन थे। मैंने अपना जन्मदिन आई आई एम कैम्पस में कार्य कर रहे स्टाफ के बच्चों के साथ मनाया। चूंकि हम एक-दूसरे की भाषा नहीं समझते थे इसलिए हमने मुस्कुराहट, नृत्य और बहुत सी भंगिमाओं द्वारा एक दूसरे के साथ संप्रेक्षण किया। 21 जून सोमवार को मैंने अपने सभी मित्रों को आमंत्रित किया और हम लगभग डेढ़ घंटे तक नाचते रहे। ये बच्चे कई तरह के लोक, धार्मिक और बॉलीवुड के नवीनतम नृत्य जानते थे और उन्होंने कभी नृत्य सीखा भी नहीं था नृत्य करके थकने के बाद हमने केक और आइस्क्रीम खाई। प्रत्येक ने मुझे अपने केक में से छोटा सा टुकड़ा खिलाया। हम और नाचे। एक घेरे में बैठकर हमने उपहार खोले। प्रत्येक व्यक्ति ने तालीयों और शोर के बीच में मुझे उपहार भेंट किए। फिर एक तरह के अर्पण के समान मेरे उपहार खोले। उपहारों में पेन से लेकर हार, नेलपॉलिश और मेकअप का सामान था। मुझे कई लिपस्टिक, बालों के क्लिप और बिंदियाँ (जिन्हें हिंदू महिलाएं अपने माथे पर लगाती हैं) मिलें हम फिर नाचे मेरे परिवार ने टॉफियों के बंद पैकेट सबको दिए, यहां टॉफियों को सभी लोग "चॉकलेट" कहते हैं चाहे वह चॉकलेट ना हो। प्रत्येक गुब्बारे के साथ जाना चाहता था और गुब्बारा पाकर काफी प्रसन्न थे।

हम नहाने के लिए गए उस स्थान को जो फुटबाल और क्रिकेट का मैदान हुआ करता था, पर अब मानसून शुरु होने के बाद एक झील बन गयी थी। हम इधर-उधर फिसले एक-दूसरे पर गेंदें फेंकी और पानी में छपछपाहट की। उस रात मैं और मेरे पिताजी पिछले गेट से दर्जी से मेरा चोली सूट (ब्लाऊज और स्कार्फ के साथ स्कर्ट) लेने गए। दर्जी की पत्नी ने मेरे जन्मदिन पर उसके लिए चॉकलेट लाने पर जोर दिया। चूंकि यहां पर आपके जन्मदिन पर उपहार देने की प्रथा है। अगले दिन उसने मेरा चोली सूट तैयार करके दिया और साथ में दो चॉकलेट भी। अगले दिन मैं अपनी सबसे अच्छे मित्र हिना के घर उसके अभिभावकों के आर्शीवाद लेने के लिए गई। प्रार्थना की स्थिति में अपने हाथों को आधा झुकाते हुए मैंने कहा, "नमस्कार"। उन्होंने मेरे माथे को छुआ और इस विशेष अवसर पर मेरे लिए अच्छे वर्ष की कामना की।

मैं अपने ग्यारह वर्ष की होने पर किसी परिवर्तन को नहीं बता सकती हूँ सिवाय इसके कि मेरे पिताजी मुझसे अधिक गणित करवाते हैं।

35

गाँधी-आश्रम की यात्रा

चार जुलाई को हमने पिछली दिवाली की बची हुई कुछ आतिशबाजी को जलाने का निश्चय किया। परंतु पुराने पटाखों को जलाने के खतरे से बचने का फैसला किया। जब मैं पिकनीक और बॉल के खेलों के बारे में और उन लुफ्तों की किस्मों के बारे में सोचती हूँ जिसका मजा उठाने में हम अमेरिकन बहुत आगे हैं, मुझे घर की याद आती है और वापस जाने के विषय में खुशी से सोचने लगती हूँ। इस समय यहाँ सुबह है और मुझे नींद नहीं आ रही है। आधा घंटा पहले पेड़ों पर सुबह के पक्षियों ने घर के अंदर की टिड्डयों के साथ सुर मिलाना आरंभ कर दिया है और मेरे मगज में हमारे यहां पर अन्तिम कार्यो के विषय में सोचना शुरु कर दिया। इससे कोई बोझ नहीं पड़ रहा था पर ये नींद उड़ाने के लिए काफी था। कल मैं अपने बच्चों और हिना को यहां पर गांधी आश्रम ले गया। महात्मा गांधी का जन्म गुजरात में हुआ था और वकील बनने के और दक्षिणी अफ्रीका में रहने के बाद वह भारत लौटे और बीस वर्षो तक इस आश्रम में रहे और कार्य किए। इस स्थान से उन्होंने अरब सागर के तट की और महान नमक यात्रा आरम्भ की ओर विश्व को दिखा दिया कि किस प्रकार सविनय अवज्ञा शताब्दीयों के विदेशी शासन का नाश कर सकता है।

साबरमती नदी जो अचानक पानी से भर गई है के दूसरे किनारे पर एक बड़े भू-भाग में आश्रम है। कुछ सप्ताह मानसून से पहले नदी पतली

सी धारा थी या यूं कहिए कि शहर के बीच में समतल चौड़े रेत के बीच से पतली सी धारा गुजर रही थी। नदी के दोनों तरफ आठ महीनों तक खुली जगह धोबियों और धोबिनों छोटे-छोटे खेतो, भैंसों और कीचड़ और रेत में खेलने वाले झुग्गियों के बच्चों के कब्जे में रहती हैं। नाओमी और मैंने कुछ औरतों को आश्रम से नदी की ओर जाने वाली सीढ़ियों पर नहाते और कपड़े धोते हुए देखा।

जैसे ही आप आश्रम में प्रविष्ट होते हैं बाईं और छोटी समकालीन इमारतें नजर आती हैं जिनमें गांधी जी के जीवन और कार्यो के विषय में स्थायी प्रदर्शनी है। ये एक लेखों चित्रों और उन पत्रों की प्रतियों की एक श्रृंखला है जिनमें गाँधी जी ने अपने विभिन्न विचारों का, भारत से अंग्रेजों को बाहर करने से लेकर अहमदाबाद के कपड़ा मजदूरों को संगठित करने और आश्रम के दिनोदिन के कार्यो का वर्णन है। गांधी जी ने कहा था कि उनका जीवन एक संदेश है और नाओमी ने उनके एक जीवंत आकार के फोटो को देखकर टिप्पणी की, मम्मी "लो कितने दुबले और गरीब हैं"। मुझे लगता है कि वो इस अवलोकन से शायद बहुत प्रसन्न होते क्योंकि उन्होंने अपने दैनिक जीवन को और आश्रम के जीवन को मजदूरों और ग्रामीणों के जीवन के सदृश्य बनाने का भरसक प्रयास किया।

एक अन्य पट गाँधी जी और उनकी बहन के बीच हुए वार्तालाप को दर्शाया जा रहा था, जिसमें उन्होंने उनसे एक बार कहा था कि वह गाँवों में जाए और महिलाओं को नियमित रूप से कपड़े धोने के विषय में समझाए। वापस आने पर उसने अपने भाई को स्पष्ट किया कि उसे जो औरतें मिली उन्होंने उसे बताया चूंकि उनके पास एक ही साड़ी है वो उसे कैसे धो सकती थी? गाँधी जी ने टिप्पणी की, उस समय तक वह इस बात को नहीं समझे थे कि जिन लोगों के वे नेता हैं वो कितनी अधिक गरीबी में रह रहे थे (रोहितन मिस्त्री नामक एक भारतीय ने बहुत शानदार नॉवले, जिसका नाम 'ए फाइन बैलेंस' है, में एक सब्जी बैचने वाली ऐसी ही महिला का वर्णन किया है। वो किस प्रकार अपनी इकलौती साड़ी को धोती थी और सुखाती थी। वह अपनी साड़ी को अपने चारों ओर आधा

लपेटकर सूरज के सामने अपनी टमाटरों की टोकरी के साथ बैठ जाती थी और साड़ी का आधा हिस्सा अपने साथ सूरज के सामने फैला देती थी; बाद में वह सूखे हुए हिस्से को अपने शरीर पर लपेट लेती और शेष भाग को सूखने के लिए फैला देती।)

एक अन्य विषय जिसमें गाँधी जी को रूचि थी वह था हिन्दूत्व से अस्पृश्यता का उन्मूलन। वे पक्के हिंदू थे परंतु वो अक्सर अस्पृश्यता को धर्म पर एक धब्बा मानते थे। उन्होंने एक अस्पृश्य व्यक्ति और उसके परिवार को आश्रम में रहने के लिए आंमत्रित किया और अपने परिवार और आश्रम के दूसरे निवासियों के लिए खाना पकाने को कहा गाँधी जी और उनका परिवार ब्राह्मण या सबसे ऊंची जाति के थे इसलिए वह वही खाना खा सकते थे जो एक ब्राह्मण ने पकाया हो। गांधी जी ने ये घोषणा कर दी कि जो कोई उस तथा कथित अस्पृश्य द्वारा पकाए हुए खाने को नहीं खा सकता है वह आश्रम छोड़े दे। गाँधी जी की पत्नी कस्तूरबा और उनकी बहन ने आश्रम छोड़ दिया। कस्तूरबा दो महीने बाद वापिस आ गयी और धीरे-धीरे उनका हृदय परिवर्तन हो गया। परंतु उनकी बहन कभी वापस नहीं आयी। वह अस्पृश्य जाति के लोगों को 'हरिजन' कहते थे। जिसका अर्थ भगवान के बच्चे हैं। मेरा अपना ये सोचना है कि गाँधी जी को ये पता था कि इस शताब्दी के बाद भी भारतीयों के जीवन में जातियों के आधार पर इतना अन्तर होगा। उन्हें काफी हैरानी होती और शायद मायूसी भी। आश्रम में प्रवेश द्वार के दायीं ओर नदी की ओर एक छोटा सा साधारण घर है जिसमें आश्रम में अपने आवास के दौरान गाँधी जी और उनकी पत्नी रहते और कार्य करते थे। वह कमरा जिसमें विदेशी प्रमुखों और अन्य अतिथियों से मिलते थे, में बैठने के लिए पतली सी सफेद चटाई, लकड़ी का छोटा सा डैस्क, एक अन्य छोटा मेज और एक चरखा है जिसमें वो उनसे मिलने वाले अतिथियों से बातें भी करते और चलाते थे। एक दीवार पर पेंट किए गए उनके जीवन घटनाक्रम में लिखा है कि जब वो और उनकी पत्नी तेरह वर्ष के थे तब उनकी शादी हो गई थी। जब वे बच्चे थे तो पड़ोसी थे। हमारी यात्रा के अंत में उस व्यक्ति ने जो आगंतुकों का मार्ग

दर्शन करता था ने चटखी पर नाडम्मी और हिन्ना को सूत का तना दिया। पतला सा एक सार धागा जहां पर उंगलियां सूती धागे को पकड़ती हैं जादुई रूप से बाहर आ रहा था। ये इतना आसान लग रहा था परंतु लड़कियों ने पाया कि ये उतना आसान नहीं था। हिना इस आश्रम में पहले कभी नहीं आई थी और वह और रोज़ा प्रदर्शनियों को इकट्ठा देख रही थी और अन्य भवनों की स्वयं खोज बीन कर रही थी। अंत में वे गांधी जी के घर में बैठ गई। हिना चरखा चलाने लगी और रोज़ा अपनी डायरी में अपनी पसंदीदा तीन बंदरों जो बुरा नहीं देखते, बुरा नहीं सुनते और बुरा नहीं बोलते हैं कि तस्वीर बनाने लगी। नाओमी ने चरखे की तस्वीर बनाई। जॉर्डन ने प्रदर्शनी स्थान पर काफी समय बिताया और गांधी जी द्वारा तीस ने दशक में हिटलर को लिखा हुआ पत्र पढ़ा। जिसमें उन्होंने लड़ाई की तरफ उठने वाले उसके कदमों को रोकने का आग्रह किया था।

भारत में हमारे आवास को समाप्त करने का कितना बढ़िया ढंग जहाँ से तुम्हें ये मेरा अंतिम संदेश है मुझे तुम्हें ये पत्र लिखने में उतना ही आनंद आया जितना अपने यहां पर रोमांच का। इस जानकारी ने कि मैं अपने विभिन्न अनुभवों के विषय में तुम्हें लिखाना चाहूंगी उन्हें सहने की और उनका एक बेहतर अर्थ निकालने की मुझे शक्ति दी। मुझे लगता है कि पत्रों के माध्यम से मैं ज्यादा उपस्थित और जागरूक रही जितनी कि मैं अन्यथा होती इन्हें पढ़ने के लिए और प्यार भरी प्रतिक्रिया देने ने लिए तुम्हारा धन्यवाद। प्यार सहित-ऐलिस।

36

पश्चलेख

हमारे अमेरिका वापस आने को नौ मास बीत चुके हैं। मुझे लगता है कि मैंने अपने भारतीय अनुभवों को इस पुस्तक में वर्णन किया है मैं पारगमन गृह के विषय में भी लिख रही हूँ। घर वापस आना बहुत अच्छा है। घर आने का मार्ग उबड-खाबड़ रहा। हम सब अपने-अपने अलग तरीकों से घर वापस आए।

चौदह-वर्षीय जॉर्डन ने भारत को पीछे छोड़कर अपने मित्रों और सहपाठियों के साथ भावना रहित और दृढ़ता से पुनः सम्मिलित होने का विनिश्चय किया। उसने त्वरता से देखा कि सुदूर देश में उसके समय ने उसे अपने समकक्षों से इतना अलग कर दिया है कि उसने पीछे बिताए अपने समय को भूलना ऐसे प्रारम्भ कर दिया मानों बर्फ में से कोई कदमों के निशान मिटा रहा हो। उसने अपने अनुभव को नकारा नहीं परंतु वह दृढ़ता से आगे बढ़ता गया। वह घर में अपने पहले कुछ महीनों के दौरान इनका वर्णन करने के लिए उत्सुक नहीं था। यद्यपि बाद में मैंने कार पूलों में अपने स्कूल या फुटबाल के साथियों के साथ वार्तालाप किया और उसे स्वेच्छा से अपने भारतीय अनुभवों को बताते हुए सुना।

नाओमी ने प्रसन्नता से और सुदृढ़ता से जो सामने आया उसे कबूला और उसने अपने वापसी का इसी प्रकार स्वागत किया। यद्यपि उसकी अनुपस्थिति में कुछ संबंध परिवर्तित हो गए थे पर उसने इन सबका बहुत ध्यान नहीं दिया और कभी कभार ही जीवन में पुनः प्रवेश का प्रयास किया। वह शायद असुनियोजित भारतीय जीवन को याद करती है। क्योंकि कभी-कभी वह उत्कंठा से शेड्यूला और दैनिक रूटीनों से अपनी स्वतंत्रता को याद करती है। उसे घर की पढ़ाई तो याद आती है। वो कहती है कि मेज पर दिन में केवल दो घंटे ही बैठना पसंद करेगी और शेष समय वह स्थानीय घोड़े पर या अन्य यात्राओं पर व्यतीत करना पसंद करेगी। मैं सोचती हूँ कि यदि हम उसे भारत नहीं ले गए होते तब भी वह ऐसा ही कर रही होती।

रॉब को वाशिंगटन डी.सी. और विश्व बैक में अपनी जीवन चर्या में शामिल होने की आवश्यकता थी। ऐसा उसने शांति और सुशिष्टता से किया, कभी-कभार आई. आई. एम परिसर में अपने आरामदायक कार्य प्रबंध के विषय में वह उत्कंठा से बताता। अभी तक तो में और रोज़ा उत्तर अमेरिकी महाद्वीप में पूरी तरह से स्थापित नहीं हो पाएं हैं। रॉब हमसे हमेशा सुदूर रहता हैं और शायद हम एक स्थान पर स्वयं को कभी ना पाएं। हमारा एक हिस्सा हम आधी दुनिया पार छोड़ आए हैं। रोज़ा ने कमरे के एक कोने में एक बड़ा सा पूजा-स्थल बना लिया है। जिसमें उसने हमारे द्वारा भारत में प्राप्त किए हुए हिंदू देवताओं की मूर्तियां रखी हैं। भारतीय फिल्मी तारिकाएं पश्चिमी पॉप संगीत के नायकों और नायिकाओं के साथ उस कमरे की दीवारों को सुशोभित करते हैं। उसने हिना के परिवार के कुल देवता की तस्वीर अपने गले के ताबीज में लगा रखी है। वे आसानी से एक स्थानीय शिक्षक से साप्ताहिक कथक नृत्य की कक्षाएं भी लेती हैं। उसने अपनी पाँचवी कक्षा की सहपाठिनों और स्वामी भक्ति को पुनः निर्धारित कर लिया है। (ग्यारह या बारह वर्ष की आयु में लड़कियों की

सामाजिक जीवन को कभी-कभी सैनिक शब्दावली का प्रयोग करके उचित ढंग से वर्णित किया जा सकता है)। उसने इस वर्ष का अधिकांश हिस्सा पुराने संबंधों को पुन: बनाने या नए संबंध बनाने में अक्सर पीड़ादायक ढंग से व्यतीत किया है। उसे उसके मित्रों के उसके भारतीय अनुभवों के बारे में तथस्ठता से हैरानी होती थी। इस प्रक्रिया से उसे गुजरते हुए देखकर मुझे उसकी आयु में अपने सामाजिक जीवन की याद आती है। ये एक ऐसा समय होता है जिसमें हम अपनी वास्तविकता में इस प्रकार केन्द्रित होते हैं कि हम औरों की तरफ ध्यान ही नहीं दे पाते हैं। रोज़ा की एक बहुत ही दयामयी और प्रतिसंवेदी अध्यापक की मदद से रोज़ा अपनी कक्षा के सामाजिक जीवन में पुनः धीरे-धीरे सम्मिलित हो गई। स्कूल सामाजिक और नागरिक क्रिया-कलापों में वैतनिक कार्य पर अर्न्तविलित होने के मुझे अनेक अवसर वापिस आने पर मेरा इंतजार कर रहे थे परंतु मैं किसी में भी शामिल नहीं हुई मैं केवल अपने बच्चों की कक्षा अभिभावक बैठक में ही गई और समितिकार्य और अन्य समूहों से दूर ही रही जो मुझे मेरे परिवार से दूर ले गए थे। ये कुछ बैठके और मेरे परिवार के घर आने के विभिन्न तरीको ने और रॉब के व्यापारिक यात्राएं मेरे लिए पर्याप्त प्रतिबद्धता थी। हालांकि ये मुश्किल था मैं सोचती हूँ कि हमारी वापसी प्रत्येक संबंधित के लिए काफी अच्छी बन पड़ी क्योंकि मैंने केवल इस पर ही ध्यान दिया।

अंत में मैंने ये पाया कि यदि आप कुछ नया करना चाहते हैं और, जोखिम भरा भी क्योंकि ये अंजाना होता है-चाहे ये कुछ भी हो। बिना किसी खुलेपन से और बिना किसी डर के ये अच्छी बात होगी यदि आप इसे जाने और इससे जो भी मिले उसे स्वीकार करें। जब भी मैं इस पत्रों को पुनः पढ़ती हूँ मैं ये देखती हूँ कि हमारे अनुभवों ने हमें जो कुछ दिया वो उसके समकक्ष ही था जिसके लिए हम बिना किसी डर के आगे बढ़े।

मेरा ये मानना है कि ये रोमांचकारी और संभाविक रूप से अच्छे समयों पर ही नहीं बल्कि अन्य सभी तरह के अनुभवों पर भी लागू होता है।

इस बात को एक बर्ष से ज्यादा हो गया है। जब मेरे पिताजी की मृत्यु हुई थी और मैं अमेरिका में अपने परिवार के साथ उनके शैय्या पर शामिल हुई थी। इससे भी मुझे कुछ प्राप्त हुआ और उसमें जो कुछ भी था वह प्राप्त होता रहेगा क्योंकि वहां मैं अपने सूटकेस के साथ भारत का खुलापन भी लाई थी। अब यही खुलापन इस देश में जीवन में लाने में मुझे कठिनाई होती है।

शब्दावली

आश्रम	धार्मिक नेता विद्वान या अध्यापक का पवित्र निवास
अहमदाबादी	अहमदाबाद शहर का निवासी
ऑटोरिक्शा	एक तिपहिया वाहन जिसमें तीन व्यस्कों या स्कूल जाने वाले अठारह बच्चों के लिए स्थान होता है।
आयुर्वेद	चिकित्सा की एक भारतीय पौराणिक प्रणाली जिसमें जड़ी-बूटियों, खनिजों और मालिश का उपयोग किया जाता है।
बाजार	शहर का वाणिज्य केंद्र, अक्सर पुराने शहर में
बाजरा	एक तरह का अनाज
बिंदी	सजावट की एक रंगीन वस्तु जिसे भारतीय महिलाएं अपने माथे पर लगाती हैं।
बी.जे.पी.	इस पुस्तक के पत्रों को लिखने के दौरान भारत में सरकार चलाने वाला प्रमुख सहयोगी भारतीय जनता पार्टी।
बॉलीवुड	बम्बई और हॉलीवुड, भारत में फिल्म निर्माण का केंद्र
ब्राह्मण	सबसे ऊँची हिंदू जाति का सदस्य

खास्ट	जन्म के समय अर्जित किया जाने वाला सामाजिक स्तर।
चपाति	गोलाकार, चपटा, असमतल भारतीय ब्रेड।
चारपाई	लकड़ी के खांचे वाले रस्सियों का बिस्तरा।
छनुका	दिसम्बर में मनाया जाने वाला रोशनीयों का यहूदी त्योहार।
छनकिया	छनुका के दौरान प्रयोग किए जाने वाला दीपदान।
दाल	अधिकांशतः भारत में प्रत्येक खाने में प्रयोग की जाने वाली सब्जी
धर्मशाला	तीर्थयात्रियों के लिए निवास-स्थान।
धोबी	कपड़े धोने वाला।
धोती	घुटनों की ऊँचाई तक का पुरूषों द्वारा पहने जाने वाला कपड़ा जिसे कमर के चारों ओर बांधा जाता है तथा कभी-कभी टांगों भर भी बांधा जाता है।
डोली	पहाड़ी मंदिरों पर कुलियों द्वारा ले जायी जाने वाली कुर्सी।
गाँधी जी	मोहनदास करमचंद गांधी जिन्होंने 1947 में ब्रिटेन से भारत की आजादी का नेतृत्व किया, जो गांधी जी को महात्मा कहकर संबोधित किया जाता है। जी एक उपसर्ग है जिसे सम्मानीय, वरिष्ठ या अधिक आयु के व्यक्तियों के नाम के साथ लगाया जाता है।
घाट	पानी को जाने वाला चबूतरा या सीढ़ियां।

घी	साफ किया हुआ मक्खन जो खानां बनाने के काम आता है जिसे धार्मिक आयोजनों और चिता की अग्नि की लकड़ियां जलाने के लिए प्रयोग किया जाता है।
घुजराती	गुजरात राज्य की स्थानीय भाषा
गुरू	एक शिक्षक
हनुमान	भगवान राम के सबसे बड़े भक्त जो बंदर के रूप में है जिनकी हिंदूओं द्वारा इनकी भक्ति की विशेषताओं के कारण पूजा की जाती है।
हिंदी	अधिकांश भारत में बोली जाने वाली भाषा।
इंडिपेडेंस	भारत की ब्रिटिश शासन से आजादी जो 15 अगस्त 1947 को आरम्भ हुई।
इंदिरा गांधी	1966 से 1977 और फिर 1980 से 1984 तक भारत की प्रधानमंत्री।
जैन	हिंदू धर्म के बहुत नजदीक का एक भारतीय धर्म जिसकी विशेषताएं अहिंसा और प्रकृति का सम्मान है।
जलेबी	खमीर उठाए हुए और तले हुए मैदे से बनी मिठाई।
कत्थक	भारत की एक प्राचीन नृत्य-शैली।
खिचड़ी	चावल, फलियें और मसालों से तैयार एक पकवान।
खोल	काला आईलाइनर।
लस्सी	दही का पेय पदार्थ।
मसाला	प्याज और लहसुन इत्यादि मसालों का मिश्रण।

मटका	पानी इकट्ठा और ठंडा करने के लिए पानी का बड़ा और गोलाकार पात्र।
मेंहदी	हिना।
मानसून	गर्मियों में सारे उपमहाद्वीप में छाया रहने वाला बरसात का मौसम।
नीम	औषधिय गुणों से युक्त पत्तों और फूलों वाला एक पेड़ जिसकी टहनियों से दांत साफ किए जाते हैं।
पार्टीशन	तत्कालीन भारतीय उपमहाद्वीप का पाकिस्तान और भारत दो स्वतंत्र देशों में 1947 में विभाजन।
पपाया	लाल और संतरी रंग का खरबूजे जैसा एक बड़ा फल
वरशिय	भक्ति आयोजन या पूजा।
पूरी	अच्छी तरह तली हुई समतल रोटी।
राजस्थान	गुजरात के एकदम उत्तर में एक राज्य।
रिक्शा	यात्रियों के लिए, यातायात के लिए तिपहिया
रूपी	मुद्रा की भारतीय इकाई, एक रूपयें में 100 पैसे; 42 रूपयों में एक डॉलर (1999)
सलवार-कमीज़	भारतीय महिलाओं द्वारा साड़ी के विकल्प के रूप में पहने जाने वाली लम्बी कमीज और खुली पैंट।
सिक्ख	सिक्ख धर्म का एक सदस्य जो मूलतः हिंदू धर्म का एक उप-सम्प्रदाय था। सिक्ख पुरूषों की विशेषता, पगड़ी में बँधे हुए लम्बे केश और दाढ़ी है।

स्वामी	धार्मिक पुरूष की पदवी।
तबला	वाद्यों का जोड़ा।
थाली	धातु की एक बड़ी प्लेट में परोसा जाने वाला शाकाहारी खाना जिसमें अनेक पकवान होते हैं। इस्पात से बने हुए डिब्बों का एक सेट जिसमें खाना ले जाया जाता है।
ट्यूब-रोज़	एक बहुत खुशबू देने वाला सफेद फूल
वालडोरफ स्कूल	शिक्षा में कलाओं पर विशेष रूप से बल देने वाला एक विद्यालय।